De lector a escritor
El desarrollo de la comunicación escrita
Instructor's Manual

Michael D. Finnemann
Augustana College

Lynn Carbón Gorell
The Pennsylvania State University

Heinle & Heinle Publishers • A division of Wadsworth, Inc.
Boston, Massachusetts 02116

Copyright © 1991 by Heinle & Heinle Publishers

All rights reserved. No parts of this publication may be reproduced or transmitted in any form or by any means, electronic, or mechanical, including photocopy, recording, or any information storage and retrieval system, without permission in writing from the publisher.

Manufactured in the United States of America.

Heinle & Heinle Publishers is a division of Wadsworth, Inc.

ISBN 0-8384-2233-0

10 9 8 7 6 5 4 3 2 1

TABLE OF CONTENTS

1 General Introduction
2 Basic Principles
    Writing as Communication *2*
    Writing as a Process *3*
    Reading to Write *3*
    Authentic Texts *4*
    Functional Presentation of Language Structures *4*
    Instructor Support *5*
5 Structure of the Program
    Textbook Organization *5*
    Grammar Appendix *6*
    Organization of a Unit *7*
9 Unit Notes
    Unit 1: La descripción *9*
    Unit 2: La narración *21*
    Unit 3: El reportaje *31*
    Unit 4: La opinión *43*
    Unit 5: La exposición *51*

General Introduction

Skill in written communication is one of the most important tools a person can possess. First, effective communication is a factor in the success of almost every activity that is based on human interaction. Second, the refinement of thought processes and the development of compositional skills go hand in hand. It follows then, that the goal of students' skills in written expression should receive attention "across the curriculum," including in foreign languages.

De lector a escritor: el desarrollo de la comunicación escrita is a process-oriented, reading-to-write approach to intermediate and advanced (third and fourth year) Spanish composition that uses authentic texts as models for compositional analysis. *De lector a escritor* is designed to be completed comfortably in one academic semester, but can be easily adapted to a quarter system by eliminating certain subunits. Although the program is designed to serve as the core material for a course that focuses on composition, it is sufficiently rich in topical content and flexible enough in structure to be used as the basic text in Spanish conversation and composition courses as well.

The basic components of the program are the **Student Text** and the **Instructor's Manual**. The **Student Text** is organized into a preliminary unit, five basic functional units (description, narration, reporting, opinion, and argumentation or thesis development) and an appendix with language review material. With the exception of the preface and language review appendix, the material in the student text is presented exclusively in Spanish. This **Instructor's Manual**, in English, follows the structure of the student text and provides the instructor with analyses of the structure and content of the model texts in the program, discussions relevant to the activities in the student text, and answers to grammatical activities found in the text.

The program has been developed in accordance with six guiding concepts. They are:

- writing as communication
- writing as process
- reading to write
- the value of authenticity in text models
- the functional presentation of language structure
- instructor support

This introductory section briefly discusses each concept and its general relationship to the structure and content of the program. Following sections discuss the organization, specific components, and activity types in more detail.

Basic Principles

Writing as Communication

Writing is, in part, a process of interaction between the reader and the writer. The writer has a general purpose (to inform, persuade, entertain, etc.) as well as an intended audience (self, a known reader or readers, general readers, etc). The writer must recognize the characteristics and needs of that audience if he or she is to communicate his or her purpose effectively. Furthermore, in addition to the constraints an audience places on communication, students will come to recognize another constraint — the fact that the content of a text is almost invariably determined by a "controlling idea" or "thesis." The thesis may be either implicitly or explicitly present in the text, but in either case, it can usually be stated in the form of a simple sentence containing a noun phrase or the "subject/topic/theme" (that you are writing about), and a verb phrase or the "predicate/comment" (that you state your views on subject/topic/theme). If the writer clearly conceives and articulates the thesis or controlling idea, it serves to limit the content and guide the development of the composition. Many activities in this program aid the student in clarifying his or her purpose for writing, reflecting on the needs of the reader, and identifying and developing a composition's controlling idea.

WRITING AS PROCESS

Good writing is never accomplished in a single draft. Instead it is a process involving stages of idea development, re-evaluation of ideas and re-writing of the text with both the intended message and the reader in mind. It is the goal of this program to engage the student in the entire process of composition for the purpose of organizing and clarifying communication. To this end, *De lector a escritor* incorporates a number of features essential to a process writing approach, such as the use of pre-writing activities to help students develop thematic content as well as the organizational skills and linguistic tools they need to communicate successfully in the written mode. The authors recommend the use of draft and revision procedures to develop writing skills as well as the use of peer editing.

READING TO WRITE

The authors assume that one of the most effective ways to learn to write well is to learn to read well; that is, in taking the role of a close reader with respect to a text, the student will learn to recognize the effect that the author's decisions about the organization and language of a text have on the reader. It is hoped that students' awareness as readers will then transfer to their own writing efforts. The activities in *De lector a escritor* encourage students to act as readers in the writing process in order to verify both that they have accurately and effectively communicated their intended meanings and that they experience the intended responses on the part of their readers. Specifically, activities aid the student as reader to comprehend and decode the text structurally and linguistically; identify the voice, attitude, and intent of the author, and understand how the general structure of the text and the specific language work to guarantee authorial intent. Peer editing serves this end precisely. The peer reader gives the writer valuable criticism on any points in the composition where the communication process breaks down.

AUTHENTIC TEXTS

Authentic texts are the most accurate representations of target language use directed at a specific audience. Furthermore, they are more stimulating and motivating to students from a cultural point of view. This program is structured around texts that are written by native speakers of Spanish for a native Spanish-speaking audience, representative of each unit's form of written discourse and focuses on either an interesting topic of Hispanic culture (whenever possible) or a topic with a universal, timeless appeal. The texts comprise a balance of literary and non-literary sources from a variety of regions.

It is important for students to understand clearly two things when working with these texts. First, the readings are presented as examples for study and *not* as models for direct imitation. The goal of textural analysis is not to produce compositions that rival the readings in polish and sophistication, but rather to help students develop an appreciation of good composition and an awareness of some principles of writing that they might want to use in their own compositional efforts. Second, while the authors have endeavored to find manageable authentic texts, this does not mean that all the readings are going to be easy for students to read. Students are *not* expected to understand everything in each text nor do they need to understand it completely in order to read it for a general appreciation of its lines of organization. *De lector a escritor's* ample pre-reading activities should sufficiently prepare students to read and analyze the texts.

FUNCTIONAL PRESENTATION OF LANGUAGE STRUCTURES

Grammar is not the major objective of *De lector a escritor*. The program strives to avoid the well-known tendency for composition courses to degenerate into glorified grammar review courses. Nevertheless, the authors recognize that the language system cannot be ignored in a composition course. Consequently, each unit focuses on a limited set of language topics that relate directly to the writing goals included in that unit. The language points addressed, however, generally reflect traditional problem areas for students at the intermediate and advanced levels. A Grammar Appendix provided at the end of the student text presents a functional overview of the Spanish language (as compared and contrasted with English) and serves as the reference for the specific language activities contained in a unit. By "functional" the authors mean that the linguistic explanations and practice in *De lector a escritor* emphasize the relationship between form and meaning by focusing on the communicative effect of formal choices. In general, it is assumed that the student knows the formal paradigms or can review them from another source.

The language activities typically tell the student to review a section in the appendix and then perform a contextualized language task which refers the student back to the actual content of the authentic texts in the unit.

INSTRUCTOR SUPPORT

This program gives special emphasis to instructor support. This detailed **Instructor's Manual** enables instructors without specific training or preparation in Spanish composition to teach it effectively. This **Instructor's Manual** includes:

- complete discussions of the structure and content of the authentic texts in the student text. This is important because this analysis is the starting point of all the activities in the textbook. The authors do not pretend to do critical justice to the literary texts in the student text; the discussions are intended to focus only on the organizational properties of those texts.
- discussion of student activities (rationale, execution, options, answers, and / or possible responses) wherever necessary.
- suggestions for additional activities wherever possible.

STRUCTURE OF THE PROGRAM

TEXTBOOK ORGANIZATION

Preliminary Unit: The purpose of the preliminary unit is to acquaint the student with the parts of a Spanish/English dictionary and how to use it to find the exact word you need. This unit also helps students understand the difference between denotation and connotation and how that affects word choice.

Units 1-5: Units 1-5 represent five specific types of written texts that follow a logical progression across the units. Each unit contains a list of writing and linguistic objectives organized around three to four authentic texts that range from short to long. The accompanying language activities move from sentence to paragraph level.

Unit 1 focuses on *description* and stresses the fact that descriptions, like all forms of writing, are organized around a purpose and are written from a perspective. The associated language objectives are the review and practice of the Spanish copula (**ser/estar** and related predicates), adjectives and adverbs, and comparative structures.

Unit 2 deals with *narration*, a written form that incorporates description as part of a temporal relation of actions and events. Compositional emphasis is placed on the authorial voice, the use of foreground and background for relating information and the role of dialogue and attribution of thoughts, feelings and observations. The language objectives are the review and practice of verb tense and aspect, in particular the interaction of preterit and imperfect verb forms, transitional expressions, and passive structures.

Unit 3, *reporting*, like the preceding units, focuses primarily on the representation and recreation of reality. Unit 3 stresses the requirements of "objectivity" and is based primarily on the news story as model. The language objective is to review and practice pronominalization as one means of maintaining references.

Unit 4 moves into the subjective domain of *opinion* and focuses on how the writer attempts to persuade his or her audience. It emphasizes that this kind of writing is subjective, but the arguments must be effective. The language topics include mood choice, pronouns, relative expressions, pronominalization, negation, and the use of **pero** and **sino**.

Unit 5, *exposition*, deals with the requirements of logical argumentation, exposition, and thesis development. This unit revolves around the development of a thesis statement as the organizing principle for longer, expository compositions. The language focus in Unit 5 is the use of logical and temporal relators, pronouns, pronominalization, reflexive structures, transitional and intensive structures, and other discourse elements such as "sentential adverbs," **modismos,** etc.

Grammar Appendix

The Grammar Appendix serves both as a comparative overview of Spanish and English as well as a reference for the specific language practice activities included in the program. As an overview, the appendix strives to relate language forms (morphemes, words and parts of speech, phrases, clauses, etc.)

directly to categories of meaning and function. The main components of the appendix are:

- Introduction: overview chart
- Predication: the verb phrase
- Complementation: the noun phrase
- Modification: the adjectival and adverbial phrase
- Relationships: prepositions and conjunctions

ORGANIZATION OF A UNIT

A. Objetivos/Objetivos lingüísticos

A statement of the content, structure and goals of the unit in two areas. **Objetivos** lists the specific compositional objectives of the unit, and **Objetivos lingüísticos** defines the language review objectives associated with the type of composition.

B. Introducción general

1. Rasgos del género

    This section gives a general definition and discussion of the compositional form on which the unit centers. It also links the language objectives to the compositional objectives.

2. Actividad(es) preliminar(es)

    A brainstorming activity or activities that make use of the notions presented in the **Rasgos** section.

C. Lecturas

Three or four authentic texts that serve as the nucleus of the unit. Texts may be excerpted at times but never adapted.

1. Lectura

    The title and author are given.

    a. *Introducción a la lectura:* The introduction to the reading provides the student with general information about the source, author, context, or special features of the text they are about to read.

    b. *Antes de leer:* The *Actividades* in this section are pre-reading activities designed to help students read the authentic text. They form a rough three-stage progression: 1. general brainstorming exercises to activate relevant world knowledge related to the reading, 2. activities designed to activate text-type schema, and 3. text-specific pre-reading activities that generally suggest a nonlinear reading strategy (particularly in the case of the more difficult texts) and/or prompts students to make guesses about the content and structure of the reading based on the title or introductory information.

c. *A leer:* An authentic, unedited (although occasionally excerpted) reading presented in its original format with the exception of the addition of a paragraph number for quick reference and glosses in Spanish (only where necessary).

d. *Después de leer:* A follow-up activity section with four subcomponents:

- *Preguntas de comprensión:* A series of factual questions presented in order the answers occur in the text. These questions help guarantee students' basic understanding of the text's contents. Some questions require computation or analysis and are focused on material directly relevant to the thesis of the text.

- *Enfoque en el contenido y la estructura:* A set of activities that help the student analyze the content and structure of the text. The activities are designed to highlight the theme and thesis of the text and to help students appreciate the reading's structural unity (controlling idea, coherence, cohesion, etc.) by analyzing paragraph organization (grouping and separation), transitions, and so on. A frequent strategy used in these activities is to make an assertion and then ask students to discuss it, supporting their positions by referring to concrete features of the text. For example, an activity may propose a representation (or several representations) of the structure of the reading and ask students to evaluate their relevance.

- *Enfoque en el lenguaje:* A set of activities that help students to focus on language (vocabulary and structures) in context by having them examine the language of the authentic texts. Although students are asked to produce forms on occasion, the primary goal of the language activities is to encourage students to observe language "at work" and to treat authentic texts as valuable sources of language material. Vocabulary activities, for example, frequently require students to seek, organize, and develop semantic fields implicit in the texts; the idea is to encourage students to regard language materials as a rich source of vocabulary. Students are frequently asked to locate, identify and explain the use of forms in the reading selection. The goal is help the student see how grammar works.

e. *Actividades de escritura:* A set of brief (one paragraph to one page), guided composition activities intended to help students learn to write paragraphs and to serve as the basis for peer editing. The purpose of these activities is to give students practice at the paragraph level before they attempt the longer composition tasks defined at the end of the unit.

2. Second, third (and fourth) **Lectura**
Follows the same organization as number 1, sections a-e.

D. Para resumir
This section reviews, synthesizes, and expands upon the compositional principles observed in the model authentic texts.

E. Actividades de escritura extendida
A set of activities for longer compositions (about 2 pages) that are more open-ended than the **Actividades de escritura** found at the end of each reading section. The **Actividades de escritura extendida** are intended to serve as alternative topics for the main composition of each unit.

UNIT NOTES

UNIT 1: LA DESCRIPCIÓN

Objetivos

The basic premise of each unit in *De lector a escritor* is that any formal effort to write is a decision-making process ultimately guided by two considerations:
1. the perspective and/or purpose of the writer, and
2. the characteristics and/or needs of the intended audience.

Both considerations taken together help the writer determine the selection and organization of information.

Good description, perhaps more so than other types of writing, must be guided by these considerations. This is so because the possibilities of description are infinite; it is never possible to exhaustively describe anything. Unlike narratives, for example, which may readily be organized around a time line and the behavior of the participants, the appropriate starting point and subsequent development of a description is anything but obvious. It is essential for the writer to define his or her controlling purpose and to adopt a perspective in the entity to be described. Possible controlling purposes are many: to inform, to entertain, to persuade, etc. They may even take the form of a thesis (a specific statement or claim about the entity). Depending on this purpose, the composition is organized from a particular perspective or combination of perspectives. This can be accomplished spatially, temporally, by sensory mode, objectively or subjectively, and by descriptive domain (physical, psychological, social, etc.), among other possibilities. Again, depending on his or her purpose, the writer may have to adjust content and structure to suit a particular audience or reader.

Objetivos lingüísticos

The various language activities in Unit 1 focus primarily on three sentence-level grammatical structures generally associated with the description of entities (concrete or abstract). These three structures are typical learning problems for intermediate students.

The copula: Unit 1 activities practice the choice of the existential **hay**, the copula (**ser, estar**) and related predicates (**tener** idioms, for example). These predicates are intimately connected with: 1. the presentation of entities in discourse (**hay**), 2. the labeling of entities (**ser**), and 3. the modifying of entities (**ser, estar**). The use of these and other expressions that translate as to be in English is an ongoing learning objective throughout students' education in Spanish.

Noun phrase modification: Unit 1 activities are designed to encourage the development of descriptive vocabulary and to draw students' attention to the various forms noun modification can take in both Spanish and English: suffixes, simple lexical items (determiners, adjectives), phrases (prepositional and past participial), and relative clauses.

Comparative structures: Since comparison represents a basic strategy in descriptions, Unit 1 gives students practice with comparative structures (equality and inequality) that include nouns, adjectives, verbs, and adverbs.

Actividad preliminar (p. 13-14): The goal of this activity is to help students appreciate the importance of defining one's perspective and purpose in descriptive writing and to recognize the relationship between perspective/purpose and content/structure.

UNIT NOTES

The Texts

The texts selected for this unit represent unedited descriptions of three different types of entities: people, objects, and places and environments. The first selection comes from a Hispanic newspaper oriented to a popular audience in the U.S. This text, a column of personal ads, is included to show how a writer may need to adapt the content and structure of a descriptive text to target a specific audience. The two other selections are short literary pieces by Colombian and Argentine authors. These two literary texts show how description can be used to make a statement or develop a thesis. They illustrate, in addition, the use of irony and metaphor as organizing devices in composition. In all three selections, students must determine the attitude and perspective of the writer in order to comprehend the message.

Lectura 1: "El correo del amor"

Introduction (p. 14): The first reading is a segment from a regular column entitled "**El correo del amor**" in *El Mundo*, a Hispanic newspaper published in Boston. The column is both an advice column and a forum for "personal ads." This text is included for several reasons: 1. it involves the description of people, which is inherently interesting to students; 2. it represents a popular text type with compositional properties easily recognizable to students, and 3. it illustrates the interaction between writer and audience and its potential effect on the content and structure of a composition.

In short, although the authors hope that students find the reading enjoyable and interesting because of its focus on people and relationships, it is not a frivolous inclusion. Personal ads, as is the case with all advertisements, contain descriptions carefully designed to appeal to a given public or audience. They are audience-directed compositions, since the descriptions must be intelligently tailored by the writer to achieve personal ends. Consequently, these ads are organized to do two things: 1. to target the correct reader and potential partner, and 2. to present oneself in such a way as to then appeal to that reader and potential partner. Students as readers will detect a number of different motives and value systems underlying the content and structure of the various personal ads.

In addition to the specialized content, the economic restraints of cost and space dictate the structure and therefore the content of the descriptions in the personal ads. As a result, the writers must make decisions about what to include and what to leave out.

Analysis of text structure and content: Although always subject to variation, the informational content (and to a lesser degree the structure) of personal ads is fairly uniform and predictable. The general structure of a personal ad might be characterized as follows:

- describe self moving from the general to the physical to the personality.
- describe ideal partner.
- indicate motive and intentions, either directly or indirectly.
- list contact information and send picture, write, call, etc.
- use romantic "line" (optional).

The writer will almost invariably begin with self-identification and self-description that moves from general classifications (sex, nationality, social status) to personal characteristics. This is generally followed by a set of requirements or a description of the ideal partner. Obligatory categories of personal description, with minor variations include nationality and origin, sex, age, height, weight, general appearance, employment and economic status, current social status, religion, personal qualities, likes and dislikes, habits, hobbies, etc. The writer will at some point implicitly or explicitly indicate his or her motive(s) for seeking a partner and his or her ultimate intentions. There are instructions or a proposal for making contact. Finally, it is not uncommon to conclude with a romantic "line" to encourage response.

Antes de leer (pp. 14-15): Exercise A is a group activity designed to show students that perspectives vary and influence perception even at the level of basic description. The second phase of the activity requires the group to come to some common agreement on the content and structure of the description. The 50-word limit will force choices.

Exercise B is an individual activity requiring students to marshall personally relevant vocabulary and to think in terms of organizing descriptions around key traits and comparing and contrasting various types (public and private, real and ideal, self and friend, etc.).

Exercise C is a pre-reading activity requiring students to predict the reading's content and structure based on their schematic knowledge of personal ads. The activity also encourages personal values clarification and alerts student to possible messages underlying the text. The activity lends itself to paired work.

Enfoque en el contenido y la estructura (p. 18): Exercise A is a group activity which should produce something similar (but not necessarily identical) to the schema suggested in the previous analysis of text structure and content. Alternately, the instructor might have the class discuss the first personal ad (P1) as a straightforward example of the schema and then compare the other personal ads, discussing deviations from this pattern. For example:

UNIT NOTES

Which ads leave out data?, What kind of data is left out? (Personal appearance?), Why might P5 delay data about his height and weight?, etc.

Exercise B is another individual or group activity designed to elicit through comparison the categories of description characteristic of such ads and to probe the various purposes and motives that govern their content and structure. The students might do a comparative chart in order to group and classify the adds more effectively. The chart could then serve as the basis of a brief comparative composition.

Exercise C is an individual activity requiring students to focus on the content and structure of an individual ad as evidence of the writer's personality and motivation. This activity will involve speculation, but it should be grounded in the data.

Enfoque en el lenguaje (p. 18-20): The choice of language in personal ads is intimately related to the writer's purpose and to the potential reader's assumed needs. Since the writer wants to encourage responses from the audience he or she has targeted, the ad's language must allay fears and encourage trust. The terms **caballero** and **dama** are favored over **hombre** and **mujer** in these ads, to avoid sexual innuendos and ennoble the enterprise of seeking a partner. The term **mujer**, when it is used, places an accent on gender. The very frequent use of the diminutive **damita** in these ads communicates an attitude of endearment, reverence, and protectiveness. The terms **honesto, honrado** and **hogareño** are frequently used in the descriptions to appeal to the security interests of the reader. They address the reader's need to know that the writer's self-description is honest and accurate, that his or her intentions are honorable, and that the goal is a meaningful and lasting relationship. In Spanish, **honesto** also carries connotations of chastity, or at least lack of promiscuity. Two of the ads make reference to skin color (**color indio**), suggesting this is a culturally relevant category of description for the reading public.

The text is a good source of vocabulary for describing people in physical, personal, motivational, and social terms. It also gives ample illustration of the various structures that are used in noun phrase modification: 1. suffixes (dam*ita*), 2. simple adjectives (**divorciado, romántico**), 3. phrases (**de buen carácter, de buenos sentimientos, con no más de 20 años**), and 4. relative clauses (**muchacha** *que* **le guste cocinar**).

To appreciate the choice of terms used in Exercise A, the class might discuss the meaning and use of the American English usage of the term *dame* (cognate of **dama**) associated with the period of 1930-1950.

As part of Exercise B, students should look up the terms **honrado** and **honesto** in one or more good dictionaries and speculate on their meanings *vis a vis* their English cognates. **Honesto**, for example, can refer to chastity or nonpromiscuity. Students should note that English does not have a close equivalent for **hogareño**.

In Exercise C, a list of categories is included to encourage students to collect and organize this vocabulary by semantic fields and to recognize the variety of structures one might use in doing the compositional activities at the end of the unit.

Exercise D is an individual activity that asks students to expand on the descriptive vocabulary in the text in a personally relevant way.

These are the answers to Exercise E: **Anuncio #1: Soy, Estoy, Tengo, Tengo, Tengo, Tengo, Tengo, Soy. Anuncio #5: Soy, Tengo, Soy, son, sea. Anuncio #11: Soy, Soy, Tengo, Soy, Estoy.**

The answers to Exercise F include various possibilities for comparisons. Students should endeavor to produce the requested mix of structures and comparative types.

Actividades de escritura (pp. 20-21): Exercise A is a paired activity that will require students to negotiate and come to an agreement on the type of roommate they are looking for. The pair might draft separate lists of requirements first and then come to agreement on five important ones which will serve as the basis of the ad. It is likely they will need to use adjective clauses (in both the indicative and the subjunctive).

Exercise B encourages contrastive description. Although the subjects differ only in terms of age and purpose, students can speculate reasonably about other differences (origin, marital status, etc).

Lectura 2: "Preámbulo a las instrucciones para dar cuerda al reloj"

Introduction (p. 21): The second reading is a short, ironic piece by Julio Cortázar describing in essentially negative terms what would normally be a welcome gift, a watch. The description is thesis driven; the basic idea is that along with the watch come unpleasant obligations and preoccupations associated with time, care of the object, and social status. The thesis is developed inductively and stated explicitly in the last sentence. The irony is seen in the terms that Cortázar invents to refer to the object, in the insistent repetition of the phrase **te regalan**, and in the play on words that characterizes the concluding sentence.

Analysis of text structure and content: The structure of the text might be represented as follows:

Title: preamble equals a warning
Text based on repetition of phrase (**No**) **Te regalan**

UNIT NOTES

1. Metaphorical characterizations of watch
   a. Watch labeled in terms of things
   b. Watch personified through a label
   c. Watch related to individual as a "part of the body"
2. Statements characterizing the consequences of the "gift"
3. Conclusion stating thesis with ironic twist

The text is purposefully entitled a *preamble*; a preamble is a general statement that precedes a text. In this case the preamble is ironically intended as a warning against using the watch, to be read before the instructions for winding it. It is ironic because, clearly, no manufacturer would warn the buyer not to use the product. The body of the text is held together by the repetition of the phrase **Te regalan**. This repetition is used stylistically to drive home the irony of the notion of the watch as a "gift." The statements in the paragraph have a three-part internal structure.

First, there is an internally structured sequence of metaphorical names for the watch. The first set labels the watch in terms of other things (**un pequeño infierno florido, una cadena de rosas, un calabozo de aire**). The watch is then personified as a small stone cutter (**ese menudo picapedrero**) chipping the owner's life into little fragments. Finally, a series of labels relates the watch to the individual as an extraneous but intrusive part of one's person (**un nuevo pedazo frágil y precario de tí mismo, algo que es tuyo pero no es tu cuerpo, un bracito desesperado colgándose de tu muñeca**).

Second, we see a series of statements about the personal consequences of attaching a watch to one's wrist (**necesidad de darle cuerda, obsesión de atender a la hora, miedo de perderlo, tendencia a comparar**). These are ironically stated as other "gifts" associated with this watch.

Finally, the last sentence is a summary statement of the thesis and adds the final ironic twist that inverts gift and receiver: you are not the receiver of a gift (the indirect object), you *are* the gift (the direct object). In short, your life has been given over to preoccupations of various sorts, including care of the object, time, fear, and invidious comparisons.

Antes de leer (pp. 21-22): Exercise A is a vocabulary-development activity intended to help students pull together positive and negative descriptive vocabulary. The activity again points to the relationship between personal perspective and description. The students' descriptions should reveal something about their values and preferences.

Exercise B is a personalized activity in which students should write one to two sentence statements that relate descriptions of people to anticipated gifts;

for example, *My father is sports-minded so I will probably buy him a pair of good quality running shoes* (functional reason).

In Exercise C, students should eventually surmise that the reading will have to do with important considerations that should be read prior to using a watch. Ask students to speculate about what these considerations might be.

Enfoque en el contenido y la estructura (pp. 23-24): In Exercise A you might also ask students if the thesis is explicitly stated in the text at some point. They should be able to identify that it is stated in the last sentence.

In answering Exercise B, number 3, students should recognize that Cortázar inverts the direct and indirect objects.

Enfoque en el lenguaje (pp. 24-25): The sequence of terms that the author uses to refer to the watch show that naming is a powerful descriptive device. These particular names are good examples of the use of metaphor. A linguistic metaphor is an implied comparison of things that come from two widely different realms. But the comparison must be apt in some sense; that is, a basic trait of one term must be attributable to the other. For example, the hearer must perceive (or come to perceive) that a watch shares properties with **infierno, cadena, calabozo**; namely, that a watch can represent agony, constraint, and imprisonment. The irony of the names is generated by the contradictions embodied in the noun-modifier combinations. The negative implications of owning a watch are more insidious because they come in the guise of a beautiful gift (**infierno florido, cadena de rosas**), which makes it difficult to see the problem (**calabozo de aire**). Furthermore, the emphasis on smallness (**pequeño, menudo, pedazo, bracito**) enhances the thesis because the watch's size is completely out of proportion in comparison to the effect it has on one's life.

Exercise A is intended to help students understand the nature of linguistic metaphors and to recognize the irony embodied in the contradictory noun-modifier combinations. Ask students to look up the definition of metaphor in the dictionary.

The answers to Exercise B are: **está, fue, es, estás, es, estar, hay, es, eres**.

The answers to exercise C are: 1. peor...de, 2. menos...que, 3. más...que, 4. tanto como, 5. tan...como, 6. mejor...que, 7. tanto como, 8. carísimo, 9. más...del, 10. más...de lo que.

Actividades de escritura (p. 25): Exercise A is intended to encourage subjective descriptions of both objects and personal states and emotions. **Antes de leer**, Exercise A (p. 21) could serve as the basis of this task.

Antes de leer, Exercise B (p. 22) could serve as the basis of this Exercise B.

Exercise C is meant to encourage a composition which describes the subject in personal and symbolic (rather than objective or physical) terms. Such a composition might include a thesis, for example: *These days running shoes are a status symbol.*

Lectura 3: "Canning y Rivera"

Introduction (p. 26): The final reading by Argentine journalist and writer Roberto Arlt describes a place (a major intersection in Buenos Aires) in terms of its ambience. This text is thesis driven. The thesis or controlling idea is explicitly stated in the first sentence: Canning y Rivera is a series of things — a sentimental hub, a refuge for vagrants and cheap philosophers, and a necessary pathway for people in various occupations. The remainder of the text develops this thesis in spacial terms. Arlt also uses metaphors to aid the description and characterization of the relevant "spaces." The two major spaces (the café and the bustling intersection) reflect two different social worlds.

Analysis of text structure and content: The structure of the text might be summarized as follows:

Canning y Rivera

P1 Thesis states that the intersection is the city's sentimental hub.
   The hub has two parts: the corner and the café.

El café

The description moves from the outside world to the interior of the café.

P2 Transition paragraph relates café to theme of idleness.
P3 Café's ambience is like that of a secular church, a refuge (metaphor).
P4 Describes café interior.

Hormiguero humano

The description moves from the café to the outside world.

P5 Intersections are like an anthill (metaphor).
   Description begins with the outdoor tables of the café.
P6 Outside world contains working women who pass in groups.
P7 Flirtation shows the transitory interaction of two worlds.
P8 Describes the "human parade".

- *Canning y Rivera:* The three segments of the text are interrelated but independently coherent descriptions of the same ambience. The first, Canning y Rivera, is in essence a one-paragraph capsule description of an intersection. It identifies the location and presents two major themes associated with it. These themes are then developed in the other two segments: 1. the café as hangout for the (young) wealthy leisure class, and 2. the variety and bustle of human activity that takes place outside the café at the intersection. These two worlds have only passive and passing interaction. The café-dwellers observe the outside world through the window or from tables on the sidewalk, and there are minor flirtations between the lazy youths and the working girls who pass.

- *El café:* This segment contains three paragraphs that focus on the café. In the first paragraph, the author addresses the reader directly (**usted**) and re-introduces the theme of leisure and laziness associated with the intersection.

  The second paragraph identifies some of the types of people that idle away at the café, which serves as their refuge. The café is compared to a church, a place of meditation and spiritual activity. But in this case, the habitues of the café are secular and engage in spiritually useless activities. The café also serves as a window to the world outside that is populated by the other half of society — the working class. The spatial description of the café implies two worlds, that of the idle and that of the employed.

  The third paragraph describes the internal atmosphere of the café in terms of its overpowering stultifying effect on one who enters it (**se pasa sin vuelta**). The interaction between the waiter (**un plantígrado resignado**) and the customers reflects the contrast between the two worlds within the café itself. The final, elliptic sentence sums up the self-absorbed behavior of the café's customers from the point of view of the waiter, a worker like those who pass outside.

- *El hormiguero humano:* This section contains four paragraphs that focus on the kind of people and activities that are associated with the intersection. The title and first paragraph state the theme by using a metaphor for the intersection as a human anthill in full activity. The description begins with the café (where the previous section left off). the author looks at the young café dwellers, their posture and dress reflecting their casual attitude, and wonders how they can afford it. **Nadie le mete la mula al mozo** is a reference to their cheap tipping behavior. The youthful idlers are not necessarily rich; they just desire to lounge and be idle. The second paragraph moves to the world that passes by the café. The author mentions specifically the working women of various occupations who pass in groups of various sizes and implies that their passing may be socially motivated (to see how the other half lives? to flirt?).

  The third paragraph shows the transitory and insubstantial nature of the interaction between the two worlds. The idle men watch the women and flirt. Their laughing response to the working woman's retort reinforces the theme of the carefree, untroubled idleness of the café dwellers. The last paragraph generalizes the scene to show that the intersection is a buzzing microcosm of the urban life that lies outside the café. It describes the nationalities and types of people that pass, and it is obvious that within this society nationalities have identifiable, commonly accepted associations with certain trades and activities. The last sentence has the a cinematic effect as it moves away from the buzzing intersection to expose the **dorado cielo azul de la mañana**.

A brief note on the suicide mentioned in the initial paragraph. When first mentioned, it is still not clear what the incident might have to do with the basic theme of lazy ambience. But a little reflection indicates that even something as dramatic and determined as an attempted suicide is transformed by the environment (especially that of the café) into something that is casual, lazy, and an ineffectual effort — that is, the woman's fall was broken by the éawning of the café.

Antes de leer (pp. 26-28): Exercise A is a group discussion activity that should prepare students to read the description for its portrayal of an ambience. You might ask students to compare and contrast two of the places mentioned in number 1.

Exercise B is a personalized activity designed to promote descriptive vocabulary development and spatial analysis.

Exercise C is an activity that facilitates students' reading of the passage and encourages guessing about its possible content and structure.

Exercise D is an activity that facilitates the reading of this particular text through the recognition of derivational morphology. Students should note that the addition of these suffixes produce new nouns (person: **gorrero**, place: **hormiguero**) and adjectives (**esquinero, verdadero, despensero**).

Enfoque en el contenido y la escritura (pp. 30-32): Exercise A is a group-discussion activity that should help students appreciate the fact that the essential structure of the text is presented in the introductory section.

As students do Exercise B, instructors might want to point out the third paragraph as a particularly good example of paragraph development and one worthy of analysis. Students might try to outline P4 producing an outline similar to the following:

1. Frase temática:

    Tesis = En una esquina así se pasa sin vuelta.

2. Desarrollo/Explicación:

    a. El cliente:

    1. En cuanto entra se siente contagiado de pereza.

2. Los brazos le empiezan a pesar.
3. La mirada se le llena de neblina.
   b. El mozo:
   1. Está acostumbrado a la clientela, es un **plantígrado resignado**.
   2. No protesta.
   3. Sirve lentamente, como un mártir.
3. Resumen/Conclusión: Cinco de propina y la mesa ocupada tres horas.

As students do Exercise C and discuss the meaning of the spaces described and the spatial metaphors used, the instructor should ask students to discuss the progression of space in the text to see if they can identify the movements in the last two subsections of the text (café: exterior to interior, etc.) They should also discuss the significance of P7 (**el piropo**).

In part of Exercise D's discussion, students are invited to look for some indication of the author's attitude implicit in the descriptions. It is not really important to come to any agreement regarding what that attitude is, but the discussion and arguments should be supported by specific references to the reading.

As students do Exercise E, they should appreciate the fact that in any well-written text, nothing is truly gratuitous or superfluous. The instructor should guide students to understand that the author must have mentioned the incident for a reason and that it must contribute in some way to the theme or thesis of the text.

Enfoque en el lenguaje (pp. 32-33): Some examples that students should find as they do Exercise A are: **vago, desocupado, la atorrancia, estarse sentado/recostado, squenun, fiaca, dejarse estar, meditar, pereza, despatarrar, no hacer nada, los zánganos, gozar**. The authors have asked a number of Argentine colleagues about **squenun** and none could tell us exactly what the term means. Nonetheless, students should be able to surmise in general that the term is a noun referring to a person and relates to the idea of idleness.

The answers to Exercise B are:
1. es, es / está, hay, Hay, están, está, están, está. 2. eran, estaba, estaban, Había, Eran, Estaban, Hacía, Era, había, Era.

The answers to Exercise C are:
1. tanto...como, 2. tan...como, 3. más...que, 4. más...que, 5. menos...de lo que, 6. más...que, 7. tanto...como, 8. como/tanto como/más que, 9. igual que.

Actividades de escritura (pp. 35): The point of Exercise A is to reveal personality indirectly through description of one's personal space. One might introduce this activity by asking students first to list three personality traits that they feel their rooms reflect, and then list three descriptive facts about the room associated with each personality trait.

Exercise B strives to have students describe various levels. Students might start by simply jotting down as many words and phrases as possible in English, giving little thought of the end product. They would then examine this descriptive material, looking for a main idea, focus, or starting point.

Students might begin Exercise C with a short paragraph summarizing the various types of students they can identify and then indicate their reasons for selecting the type they intend to describe in more detail. Students should reveal their attitude toward the chosen type implicitly through their description, rather than through a direct statement.

Actividades de escritura extendida (p. 35-36): Both the Cortázar and Arlt readings share the theme of time. An additional topic for composition would be to ask students to write a thesis-driven composition that relates the two texts in terms of what they might reveal about time from an Hispanic perspective.

Unit 2: La narración

Objetivos

Students will learn that narration is generally organized according to the time order of the events it narrates and requires decisions involving the foreground and background of facts. Since narration involves the weaving together of descriptions of entities and events, this subunit builds naturally on the preceding one. Students will also recognize that narrative texts, like descriptive ones, can be organized around a thesis which may be either explicitly or implicitly present in the text.

Objetivos Lingüísticos

Tense/Aspect: These language activities focus student attention primarily on the interplay of various aspectual forms in past-tense narration; primarily the effect of the preterit/imperfect alternation in the foreground and background of events. Students should learn that these forms appear together in a narrative and that each plays an indispensable role in relating events. Students should recognize that aspect is a system of meaning that goes beyond the preterit/imperfect distinction to include the perfect constructions (**haber** + **-do**) and progressive constructions (**estar** + **-ndo**). It is assumed that students already know the verb forms themselves; emphasis is on their use.

Modification in the Verb Phrase: Unit 1 features aspects of noun phrase modification. Unit 2 focuses on verb phrase modification, or adverbial structures, and the basic meaning categories that they reflect. Structurally, adverbials can take the form of simple adverbs, adverbial phrases, prepositional phrases, participials, and adverbial clauses. These structures modify verbs in terms of time, frequency, duration, space, quantity, degree, emphasis, comparison, manner, purpose, cause, and reason. Students are asked to identify adverbials and the type of information they supply.

Actividad Preliminar (p. 38): The point of this activity is to make students aware that even in relating events and incidents orally, they engage in a process of composing and editing; that is, they make decisions about what to tell and how to tell it. Old stories improve with the telling because each time they are told, the organization improves. Students are here asked to tell a novel incident in order to experience this decision-making process.

The Texts

The texts in Unit 2 represent a variety of narrative items presented in order of type and increasing level of complexity: 1. short, humorous narratives or jokes collected from a variety of sources, 2. a personal letter written by a young Spanish woman, 3. a short piece of literary narrative by Latin American author Marco Denevi, and 4. a journalistic recount of a well-known Spanish legend.

Lectura 1: El humor

Introducción (p. 39): Even humorous stories and sayings have fairly strict structural and organizational requirements that must be met in order to be "funny." Jokes, for example, are short narratives, usually told in the past tense, which must "set up" the listener for a surprise which generally takes the form of the punch line. The timing of the punchline is very important; it must be delayed until the last possible moment.

Analysis of text structure and content: **"No es lo mismo"**: These are examples of linguistic humor. They take advantage of idiomatic expressions and the ambiguities inherent in language as well as the effect a change in form has on meaning.

Chistes: **"La bicicleta"** is a joke based on the notion of stupidity — that of the student who followed instructions literally and that of the professor who assumed that anyone could ride a bicycle. The joke has three main parts, progressing from situation (student directed to complete a task) to complication/problem (student has a bicycle but is delayed) to conclusion (interchange between the professor and the student and the punchline).

The professor sets up the punchline by asking what happened and suggesting a logical explanation for the delay (a flat tire). The structure of the last line is important; the punch line must be saved for the very end of the joke. The placement of the main clause (**dijo el alumno**) and the ellipsis visually delay the punchline. Note how the following change in the last line would cause it to lose some of its impact: —**No, es que no sé montar en bicicleta—, dijo el alumno.** In order to heighten the effect of the punchline, the choice of vocabulary and descriptive information emphasizes the theme of time (speed, delay): **vuelva aquí enseguida, veloz medio de transporte, en cuestión de cinco minutos, pero transcurrió casi media hora, empujando lentamente.**

"El Fiat 600" is another joke based on the idea of stupidity. Again, there are three parts: the situation is established (accident), a complication occurs (a man passes and asks a question), and the conclusion or punchline is reached (the response of the car owner).

The type of car (a Fiat 600 is a very small car) and its description (**volcado con las cuatro ruedas hacia arriba**) are essential to the punchline because they enable the image of a little baby on its back. The passerby's obvious and stupid question sets up the punchline. The humor resides in the response which creates the humorous image (a very small car upside down compared to a baby on its back).

"Un curso de telepatía" is again a three-part joke: the situation (student taking a correspondence course in telepathy), the complication/problem (has not received course material), and the conclusion/punchline (interaction of the student with the voice on phone). The humor is based on a play on the idea of two different forms of communication over a distance (mail vs. telepathy) as well as the schema of an educational course which implies materials, study, and outcomes (pass or fail). The joke requires the element of a correspondence course in order to make a humorous comparison of study by mail and study by telepathy.

"Humor gráfico": This cartoon is visual humor aided by language. It represents the humor that arises from impossible situations. All three jokes presented previously depend on language. While they do not require visual aid, language is essential in each case to convey the humor. Contrary to these jokes, the visual content of "Humor gráfico" is alone sufficient to carry the humor, even in the absence of the caption.

Antes de leer (p. 40): The objective of these activities is to get students to appreciate the different sources and types of humor that they encounter and to examine to some extent their own particular senses of humor. Students should realize the limits of language alone in conveying humor.

Enfoque en el contenido y la estructura (p. 42): One structural feature of jokes is that they are stated economically — the only information that is given is what is necessary to make the punchline work. This exercise is designed to help the student do two things: 1. appreciate the fact that the composition of a joke requires considerable prior thinking about the needs of the listener, and 2. to recognize that the humor of the joke depends heavily on the implicit information and images evoked by the explicit content of the joke. For example in the first joke, the image is of a somewhat authoritarian professor whom students obey without question. (The joke is on the professor in the sense that his students are so well trained to obey him that they do not question him.) In the second joke, the image of a Fiat being compared to a baby because of its size and position creates a humorous image. In the third joke a serious inquiry is answered by a patronizing female on the other side. The humor lies in the fact that the victim is taking a spurious subject (telepathy) by what some might consider a spurious means (a correspondence course); in other words, he gets what he deserves.

Actividades de escritura (p. 43): In Exercise A, students are asked to expand the narration of one of the jokes by filling in the descriptive content that is implicitly assumed or imagined by the listener.

Exercise B tests the students' ability to translate visual humor into language without the benefit of visual support.

Exercise C is an expansion of exercises A or B into a longer narrative.

Lectura 2: Una carta de Túnez

Introducción (p. 43): The text is an unedited personal letter written by a young Spanish woman to her sister. It recounts the events of a trip to Tunisia with several friends. The text is clearly thesis driven, even though the writer was probably not entirely conscious of the fact. The thesis, that travel ought to be an adventure, is stated in the next-to-last paragraph of the letter, but it has been implicitly developed throughout the narrative in the author's choice of which events to relate and in the specific use of certain kinds of descriptive vocabulary and expressions. The letter also represents an example of a composition written to a known audience; the reader and writer share certain background knowledge.

Analysis of text structure and content: The six paragraphs of the letter represent clear divisions in the narrative. The structure of the letter might be represented as follows:

UNIT NOTES

Beginning of trip	P1	Assembling at the airport
The trip itself	P2	The car/the capital city/en route
	P3	The commotion the women caused en route (**Furor en el camino**)
	P4	A consequence of the flirtation
The end of trip	P5	Conclusion/summary statement of the implicit thesis, that travel should be an adventure
Closing of letter	P6	Closing of the letter

The descriptive content reinforces the implicit thesis (travel = adventure) by highlighting various notions such as:

- lack of planning/impulsive action:

    entre pitos y flautas, no llevaba más que una rebeca, con un despiste de narices, a caza y captura del hotel, no teníamos ni flores de cómo funcionaban las calles, FIAT-UNO + 5 personas + 5 equipajes botando

- accidental, unexpected, dramatic, or unique events:

    viento huracanado, de casualidad, nos pegamos una perdida, perderse 1000 veces, tener un flechazo, lo que hacíamos nosotros no hacía nadie

- danger/excess:

    jolgorio, un sitio auténtico navajeros, parajes inhóspitos

- purposeful flirtation/courting and laughing in face of danger:

    pero muertos de risa, causar furor, causar revolución, provocar en plan bestia, pasar un montón

Antes de leer (pp. 44-45): In Exercise A, students reconstruct the logical order of a letter and decide on sensible paragraph breaks.

Exercise B alerts the reader to expect information exclusive to the writer and the intended reader; students should be encouraged to identify those parts of the letter that imply shared knowledge between the two. It then draws student attention to the general schema of "telling about a trip" as the organizing principle of the narrative. The reader expects a series of incidents in time order; some sensory description of people, places, and things; expression of emotional reactions (enjoyment, nervousness, etc.), as well as references to hotels, food, transportation, etc.

Enfoque en el contenido y la estructura (p. 47): In Exercise A, students should recognize a structure similar to the one given in the previous analysis.

Exercise B points to the inductive development of the thesis. Throughout the entire letter the description (suggesting lack of planning, flirtation, thrills, excitement, danger, excess) has supported a thesis which is not stated until the end of the next-to-last paragraph, that travel should be an adventure. This is an example of inductive development.

Enfoque en el lenguaje (pp. 47-49): Exercise A asks students to identify the verb forms and to explain the author's choices between *preterit* and *imperfect* in context. Students should recognize that the imperfect is used to relate background events and descriptions, while the preterit relates the sequence of actions and events in the foreground.

Exercise B is preparatory to the writing activities in the next section. The point is that observation as well as written description and narration are both ultimately guided by mental schema; that is, sets of descriptive categories, some of which are generally shared and some of which reflect personal orientations.

When these categories from Exercise B are represented as an ordered list of questions (Exercise C), the list can serve as an effective organizing device for writing.

Actividades de escritura (p. 49-50): Exercise B requires the student to relate and interweave background descriptions with the narrative sequence of events.

Lectura 3: El cuento "Génesis"

Introduction (p. 50): This short narrative by Latin American writer Marco Denevi is a good example of a composition with an implicit thesis. The text has a surprise ending akin to the punchline of a joke; as a consequence, the writer must manipulate the reader through a controlled presentation of information in order to guarantee the effect of the ending.

Analysis of text structure and content: The structure of the text can be represented as follows (s = sentence):

UNIT NOTES

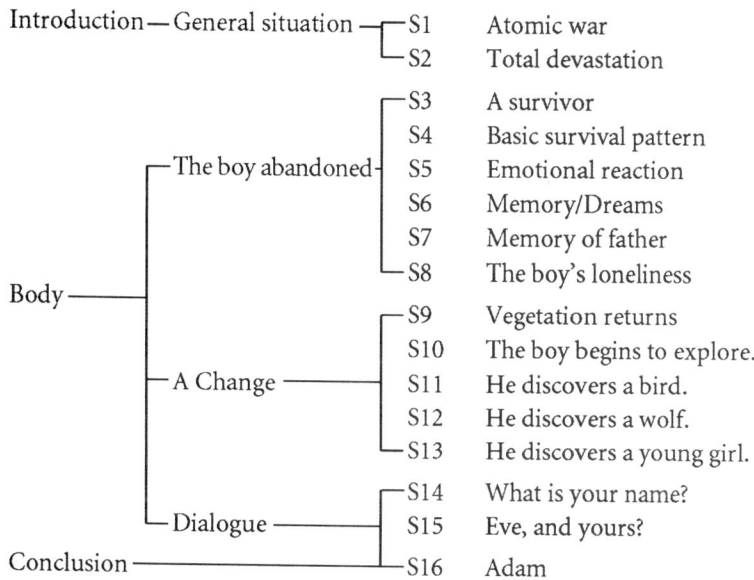

The title suggests the biblical book of Genesis and the story of the Garden of Eden. It is apparent from the beginning that the narrative retells Genesis in its essential outlines as a new cycle or rebirth of civilization after some future nuclear war. But the reader does not really become aware of the intent of the author until the dialogue at the end, which functions much as a punchline in a joke. The author implicitly raises a question: Are we now living in civilization's first cycle? The reader then recognizes that the boy's "father" may in fact represent God of the Bible's Old Testament: the pilot of a spaceship (spaceship Earth?), who smiles and admonishes, wrapped in flames and residing in the clouds. The text has an implicit thesis: Maybe civilization has already had its second chance and is not doing much better than the first time.

Antes de leer (p. 50): Exercise A again draws students' attention to the fact that the names Adam, Eve and Eden are loaded with descriptive associations that we probably all share: nudity, lack of self-consciousness and shame, naiveté, physical beauty, naturalness, simplicity, grace, lack of either intelligence or stupidity, curiosity, etc.

Enfoque en el contenido y la estructura (pp. 51-52): In Exercise A, the authors favor structural option #1 as indicated in the previous analysis, although there is certainly room for debate.

Enfoque en el lenguaje (p. 52): As an extension of Exercise A, students might consider the effect that changing the aspect of the verbs has on the meaning of the story.

INSTRUCTOR'S MANUAL

Actividades de escritura (p. 52): Exercises A and B ask students to project the story of the new (old?) Adam and Eve. Students might consider maintaining the Genesis story line, in which case they must in some novel sense expel Adam and Eve from the idealized Garden of Eden and put them into a real world.

Exercise C asks students to continue the story of Adam and Eve, but to give it a different conclusion from the biblical story.

Lectura 4: "Teruel y sus amantes"

Introduction (p. 53): "Teruel y sus amantes" is a thesis-driven journalistic text that moves from description (of a region and city, Teruel) to narration (a story of star-crossed lovers). The unifying thesis appears in the transition between the description and narrative: namely, the region of Teruel has spawned a passionate, idealistic type of person motivated by the principles of love, fidelity, and equality. The narration must bear out all three principles.

Analysis of text structure and content: The structure of the text may be represented as follows:

The title is ambiguous: **"Teruel y sus amantes"** Assuming one knows that Teruel is a region and a city, **amantes** can refer to the lovers associated with Teruel or simply to people who love Teruel.

As the first word in each paragraph (**Teruel**) indicates, the three beginning paragraphs form a structural unit. Each paragraph describes some aspect of Teruel (the region or the city) and, in each case, the underlying function of description is to establish Teruel as "unremarkable" or "non-noteworthy" on the surface in order to enhance the effect of the transition to come in P4. P1 states that Teruel, like all Spanish provinces, has a coat of arms that symbolizes the region. P2 describes Teruel in external geographical terms as a harsh region and the source of rivers that are at once important, but are unrecognized for their importance. P3 describes the town of Teruel as a classical provincial capital, charming and representative, but nothing out of the ordinary.

P1 also serves to introduce the thesis implicitly via a description of the coat of arms: the bull as the symbol of blind impulse or unrestrained passion, and the star as a compass for spiritual emotion or passion (**afanes poco terrenales**).

P4 is transitional. It connects the description of the region (**esta tierra**) to the narrative unit that follows and clearly states the thesis that guides the text: one might not expect it of the region (it must be discovered), but (**pero**) it has produced a passionate people **en cuyos corazones palpitan tres ideales profundamente: el amor, la fidelidad y la igualdad.** The highest symbol of these principles is the story of the Lovers. The author is then obligated to fulfill the thesis; that is, to show how the legend of the Lovers reflects the ideals of love, faithfulness, and equality. The fact that **Amantes** is capitalized here, but not in the title, suggests that the ambiguity of the title is intentional.

P5-12, dealing with the legend of the lovers, form the second major structural unit of the text. It is composed of several subunits.

P5-7 are a subunit which functions to establish the "reality" of the legend of the lovers. P5 contrasts the fictionality of the superficially similar story of Romeo and Juliet with the legend of the **Amantes**. It describes the two actual mummies placed to recreate the climactic moment: Diego in his coffin (**brazos cruzados**) and Isabel looking down at him. P6 gives details of the actual discovery of the remains of the lovers and the parchment which testifies to historic events. P7 concludes the subunit by making a general comment about Spain and the legend, and acts as a transition into the narrative. The reader now knows that the narrative will emphasize the tragedy.

P8-12 are a narrative subunit which relates the actual story. P8 gives the background situation up to the day of Isabel's marriage to Azagra, a man whom she does not love. P9-11 focus on the contiguous days of the wedding and the funeral. In P9, Isabel refuses to run away with Diego, citing her oath before God and her honor; Diego falls dead on the spot. P11 is set off by itself because it captures the dramatic climax of events, Isabel's death.

P12 concludes the narrative and summarizes the thesis in the final paragraph: the passion of these Lovers was so great that they literally died for love (unlike Romeo and Juliet, who had to poison and stab themselves to get the same effect).

Thus, the author satisfies all three elements of the thesis by showing how the story illustrates the principles of love (the **Amantes** died for love), fidelity

(Isabel remained faithful to her word and ultimately, in death, to Diego), and equality (love ignored the economic differences between Isabel and Diego).

Antes de leer (pp. 53-54): The discussion of *Romeo and Juliet* and *West Side Story* in Exercise B could focus on the elements that make them so powerful dramatically; that is, what makes them tear-jerkers? The schema for these stories should help students read the narrative part of the text.

Exercise C is simply intended to facilitate the reading of a difficult text. In order to guarantee that students read the original text, the instructor might require them to note additional information for each paragraph.

Enfoque en el contenido y la estructura (pp. 58): In Exercise A, students must evaluate and discuss the claims made by the authors of the textbook.

Exercise B asks students to consider the effects of rearranging the order of the text's paragraph. A well-crafted text should not permit such changes.

Students should evaluate the diagram in Exercise C. It is somewhat different than that given in the previous analysis. Instead, it is intended to highlight the special nature of P1 (introduction), P4 (transition/thesis), P7 (transition), and P12 (conclusion to story and summary of thesis), while maintaining the essential relationships of the various segments. Students should note that P4, P7, P11, and P12 are substantially shorter than the other paragraphs in the text. In each case, the length is a clue to the paragraph's special function. P12 is separated out because it contains the climax of the narrative.

Enfoque en el lenguaje (p. 59): In Exercise B, number 2, the preterit form of **querer** means *tried to* as opposed to *wanted to*. In number 3, the imperfect **recriminaba** suggests the unreal, dreamlike quality of Isabel's state of mind; Diego and his words are in the background and have not fully impinged on her consciousness.

Actividades de escritura (pp. 59-60): Exercise A requires students to make an effort to create a unified description from various kinds of observations, including actions and appearances, and to unite a physical description with a psychological one. All information about outward appearances and actions should contribute to a single underlying statement of the form: X is/was (adjective).

Exercise B is based on the negative image that the authors assume most readers will have formed of **el rico hombre** named Azagra, who is **maduro y opulento de bienes**. The image probably involves notions of a man who is old, fat, arrogant, or in some sense unworthy of Isabel's hand.

Exercise C gives students a chance to write some dialogue, which is an integral part of narrative prose. In preparation for the activity, the instructor might draw student's attention to the Spanish punctuation conventions for representing written dialogue that appear in the various texts of Unit 2.

INSTRUCTOR'S MANUAL

Actividades de escritura extendida (pp. 60-61): Exercise D: The Hispanic magazine *Tú Internacional* publishes addresses and short descriptions of Spanish speakers from a variety of countries who are looking for pen pals. The publisher's address is:

Editorial SAMRA, S.A de C.V
Lucio Blanco 435
Azcapotzalco. C.P. 02400
México D.F
México

Exercise E requires students to construct the fable or short story in such a way that the chosen proverb could serve as the last sentence (or punchline) of the narrative; that is, the narrative should inductively develop the thesis explicitly expressed by the proverb.

Unit 3: El reportaje

Objetivos

The main goal of Unit 3 is to help students gain an appreciation of the requirements and difficulties of objective reporting of facts and events. The student will learn to distinguish between statements of fact and opinion, gather information, summarize and synthesize information accurately and economically, and write journalistic reports.

There are a number of common types of reporting that students have undoubtedly encountered; to name a few: newspaper and magazine articles, newsletter items, summaries of various types (the prècis, plot summary, abstracts of articles), syntheses and condensations (*Reader's Digest*, for example), minutes of meetings, and informational forms of various kinds. Unit 3 focuses on the journalistic "report" (news items and human interest articles). The authors have chosen this type of report because of its clearly definable compositional features and because students are already familiar with news style, although they may not be aware of the explicit characteristics of this style.

Unit 3 builds on the writing skills practiced in the units on description and narration, since these types of discourse are central components of news reports and human interest stories. Although the communicative goal of Unit 3 (objective reporting) differs from that of Unit 4 (statement of opinion, persuasion) and Unit 5 (thesis development and logical argumentation), it also forms a natural transitional step in the development of expository writing skills. Journalistic style teaches writers to identify central themes, theses, and information (headlines), condense and summarize essential facts (the news lead) and to develop the summary in further detail (body of the report). Furthermore, news reporting is clearly writing for a defined public; the writer must keep the needs and interests of the reader clearly in mind.

Newspapers and news magazines have at least three basic functions: to inform the public, to interpret events while influencing and/or reflecting public opinion (editorial pages), and to entertain. While such publications have a basic obligation to inform the public, they must also compete to attract and maintain a readership; these constraints help account for the content and structure of the publication and for the form and style of its journalistic reports. Newspaper articles follow a fairly well-known format that has evolved to engage and accommodate the busy reader.

Objetivos lingüísticos

While the language objectives relevant to the compositions in Units 1 and 2 were primarily (simple) sentence level, Units 3-5 focus on complex sentence structures and the relationships between sentences and the composition's thesis. The main language objective in Unit 3 is the use of cohesive devices.

Pronominal Reference: Students observe, evaluate, and practice the use of basic pronominal structures (subject, object, reflexive, and relative pronouns) in context. Among other things, the activities are designed to make students aware of the following:

- The limited use of subject pronouns. Their use is generally limited to human referents and these pronouns are used only where context requires it.
- Distinctions among direct, indirect, and prepositional object pronouns.
- The effect of the use of the reflexive pronoun as subject filler (dummy subject) or object filler (dummy object). If the reflexive is omitted, the sentence must be interpreted as having a specific subject in the first case and a specific direct object in the second.
- The different functions and meanings of restrictive and nonrestrictive relative clauses in descriptions.

Transitional Phrases: These phrases include conjunctive language forms that maintain the connection between thoughts by indicating the temporal, causal, and logical relationships among ideas and sentential adverbial forms that show the attitude or judgment of the speaker or writer with respect to the ideas. Students will be encouraged to identify and evaluate these devices in context and to practice using them in productive activities based on the content of the authentic texts.

Actividades preliminares (pp. 65-66): As a group activity involving the entire class, identify an event or topic and compose a short news article in English.

1. Brainstorm a list of possible story ideas and vote to decide on one.
2. Determine the important features and facts of the story by first identifying the reading audience and asking "What would the reader want to know?"
3. In small groups, construct leads for the chosen story in which all relevant journalistic questions are answered with appropriate emphasis. Compare each group's lead. Choose the best lead, or compose an optimum lead from the options presented by the small groups.
4. Based on the lead, discuss how the body of the article should develop the elements of the lead. Consider the additional questions that the lead will raise in the minds of the reader. How many additional paragraphs are necessary? What is the topic of each? In what order should the topics be developed?
5. Construct a brief concluding paragraph.
6. Construct an appropriate headline. Time permitting, this might again be done as a small group exercise and the results compared.

The Texts

The four texts in Unit 3 represent a variety of news or journalistic feature items presented by type and in increasing order of complexity: 1. a "short" news item highlighting a scientific achievement in the Hispanic world (the development of a breed of mini-cows in México), 2. a "hard news" item concerning a fundamental socioeconomic issue in Latin America (land reform in Paraguay), 3. a news feature of historical and cultural interest (a celebration in México commemorating legendary Indian woman Malinchi), and 4. a major feature article of "Big C" cultural interest (the life and death of Spanish classical guitarist Andrés Segovia).

Lectura 1: "El audaz lechero de las minivacas"

Introduction (p. 66): The first text is a short news story of human interest included here to help students appreciate a contribution by the Hispanic world to modern science, as well as to illustrate the basic features of the news article format.

Analysis of Text Structure and Content: The structure of the news item might be represented as follows:

Headline		Focuses on person
Lead	P1	Summary lead answers most of *Who?*, *What?*, *When? Where?*, *Why?*, and *How?* questions.
Body	P2	Information on scientist and reasons for developing the breed
Conclusion	P3	Current status of the project and future directions

The headline refers tantalizingly to "**minivacas**" but clearly features a person ("**el audaz lechero**") in relation to the "**minivacas**". It is not clear from the headline that the individual mentioned is the Mexican scientist who developed the cows. The reader can surmise, however, that an individual will be the focal point of the article. Since the newspaper is directed to Hispanic readers in the U.S., the article naturally features as an implicit theme the fact that the achievement is due to the vision and effort of a scientist of Hispanic (Mexican) origin.

The article has three paragraphs. The first is the summary lead, which directly or indirectly answers four of the five basic journalistic questions in the following order: *When?*, *How?* (after 30 years of study with considerable effort), *Who?* (Mexican scientists and researchers), *Where?* (México), and *What?* (developed a miniature cow). The obvious question, *Why?*, is left unanswered for the moment, inviting the reader to continue.

P2 is the body of the article. It expands on the information in the lead in two ways: 1. it specifies and features *Who?* (Juan Manuel Berruecos), and 2. it answers the question Why? (as a solution to an economic problem). The placement of the comma in P2, sentence 1 serves to isolate and feature the individual. Note the difference in these two sentences:

1. **El profesor Juan Manuel Barruecos, fue quien tuvo la idea...** (Prof. Juan Manuel Barruecos, it was he who had the idea...)

    vs.

2. **El profesor Juan Manuel Barruecos fue quien tuvo la idea...** (Prof. Juan Manuel Barruecos was the one who had the idea...)

UNIT NOTES

The content of P2 naturally compares the "mini-vaca" to a normal cow in order to point out the advantages of the smaller breed. P3 concludes with a statement about the current status of the project and its future directions or end goal.

Actividades de escritura (p. 71): As an alternate activity, ask students to evaluate the effect of changing P2 and P3 in the following way:

P2 El profesor Juan Manuel Barruecos, fue quien tuvo la idea de procrear estas miniaturas. Tiene 30 miniaturas y calcula que para fines de 1988 va a tener alrededor de 500 cabezas, las que luego se convertirían en miles de minivacas.

P3 Según Barruecos, el mundo no se puede expandir y la única solución es reducir a los animales, ya que alimentarlos y mantenerlos resulta muy costoso. Estas vacas serán una comodidad para las pequeñas haciendas: puesto que si una vaca adulta normal necesita una hectárea de terreno para desarrollarse, en este mismo espacio podrían entrar 8 de las minivacas, y cada una produciría entre 4 y 5 litros de leche diarios.

In doing this activity, students should notice how this change disrupts the flow of information and postpones the answer to the crucial questions raised in the lead: Why develop a miniature breed?

Lectura 2: "Preocupa en Paraguay la invasión de tierras por campesinos: PC"

Introduction (p. 71): The second reading is a combination "quote" and "event" story that relates two fundamental and complex socioeconomic problems common to many regions of Latin America: 1. the concentration of most of the land in the hands of a few owners, and 2. population growth and the resultant migration to urban areas. This migration in turn strains the cites' resources and results in slums, political unrest, and land seizures.

INSTRUCTOR'S MANUAL

Analysis of Text Structure and Content: One possible representation of the article is as follows:

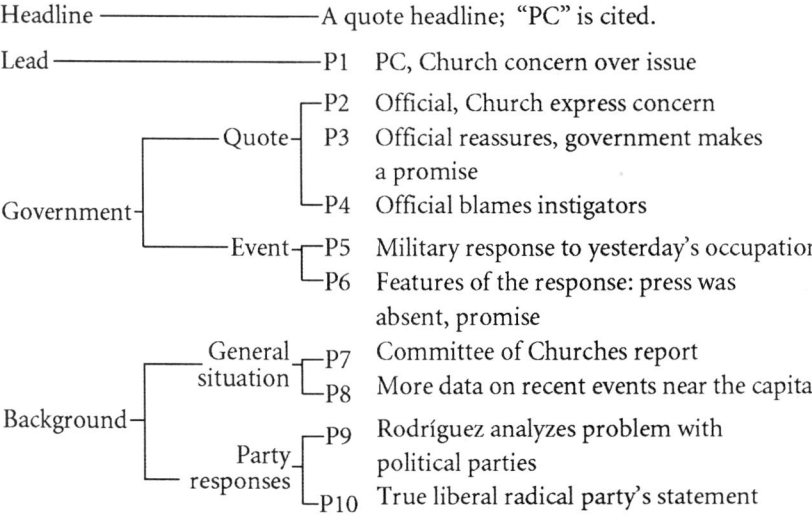

Headline ———————— A quote headline; "PC" is cited.
Lead ———————— P1 PC, Church concern over issue
- Government
  - Quote
    - P2 Official, Church express concern
    - P3 Official reassures, government makes a promise
    - P4 Official blames instigators
  - Event
    - P5 Military response to yesterday's occupation
    - P6 Features of the response: press was absent, promise
- Background
  - General situation
    - P7 Committee of Churches report
    - P8 More data on recent events near the capital
  - Party responses
    - P9 Rodríguez analyzes problem with political parties
    - P10 True liberal radical party's statement

The headline summarizes the essential content of the story. There is concern in Paraguay about the invasion of land by **campesinos**. The colon and acronym PC indicate that the statement of concern is attributable to an entity of some sort.

P1 is the lead. It is essentially an indirect quote lead summarizing and combining what are apparently two official statements related to the phenomenon of land occupation by peasants. One statement is by the Catholic Church of Paraguay and the other by the party in power. The news story will necessarily have to expand on the position of both groups and will likely quote sources representing each.

The body of the article comprises two main units. P2-6 deal with the current government's position and its response to the problem. P7-10 provide background information about the reactions of the Church (in the form of statistical data) and the political parties.

P2-4 form a subunit around statements by government representative Insfran. P5-6 relate a specific event associated with the social problem, an actual case of occupation, and the government and military response. The abundance of quantitative expressions is a natural consequence of the theme; it is a large problem producing drastic responses. P6 adds details about the manner in which the military action took place (without knowledge of the press) and reports government assurances in the wake of the event.

UNIT NOTES

Subunit P7-8 reports a study conducted by the Committee of Churches which gives statistics describing the magnitude of the problem. P7 gives two background economic statistics that indicate the degree of concentration of land ownership: the percentage of land concentrated in the hands of large land owners and the percentage of the population that is essentially landless. P8 gives statistics related to recent land occupation in and near the capital. This statistic is chosen to dramatize the desperation of the peasants in a way that strikes close to home, near the capital city.

P9-10 are a subunit detailing the recent responses of the political parties. P9 refers to the recent coup by President Rodríguez that deposed Alfredo Stroessner, dictator of 34 years (the implicit purpose of this information is that there is supposedly a "new deal" in progress). P9 also refers to a meeting of political parties to discuss the problem. P10 predictably gives the most radical party's response to events; that is, the party most likely to claim to represent the disenfranchised and to adopt a critical view of the government's policies and efforts.

Enfoque en el contenido y la estructura (p. 74): Possible answers to the questions in Exercise C involve: the tone and content of the article, which suggest that the new government is still in a tenuous "honeymoon" period politically; it is simultaneously engaged in restrained military action against the invading peasants, meetings with various political parties on the problem, and the giving of assurances (related to land reform and relocation of peasants). No one is yet openly critical of the government, and even the most radical nongovernment party limits its response to citing statistics that remind everyone of the scope of the problem. The author is somewhat critical, referring to unsubstantiated government claims about "instigators" and exclusion of the press from events.

Enfoque en el lenguaje (pp. 74-76): Exercise B focuses on attribution. In writing reports, students should learn to appropriately represent both direct speech acts (quotations, dialogue) and indirect speech acts (reporting what someone else said with a variety of clarifying predicates. For example: X heard/felt/suspected/wondered/assumed/meant/intimated/alleged...).

These predicates are "modal" expressions which give critical indications of the relationship between the speaker/subject and the idea in the embedded clause, not to mention the attitude of the writer. Students should be able to identify the following expressions: **según, dijo, recordó** and **opinó** in the text. Students might be asked to generate a list of important predicates in Spanish and English.

INSTRUCTOR'S MANUAL

Actividades de escritura (p. 76): As an alternate activity, first ask students why the article was not written as a hard news story using the military action in P5-6 (the military action) as the lead. The answer is probably that the article is a "follow-up" on the event which was probably reported in the day before's newspaper. Next, have pairs or small groups of students rewrite the content as an event story, using the material in P5-6 as the lead. Also, have students attempt to combine P5 and P6 into a complex one-sentence lead. Students should note the changes that would have to be made to accommodate all of the present content of the story. Compare and evaluate the results. One possible solution is the following. Have students compare this solution to theirs and evaluate its relative merits.

Lectura 3: "A La Malinchi, discreta pero sincera devoción"

Introduction to Text (p. 77): This is a recent news article dealing with a topic of deep-seated cultural significance to Mexican society, the Conquest and the legend of La Malinchi. The article is in part an in-depth report woven around a hard news story (the Festival of San Juan Bautista). The headline raises a question which the story must answer, and the lead posits a thesis which must be developed.

Analysis of Text Structure and Content: One possible representation of the structure of the text might be summarized as follows:

UNIT NOTES

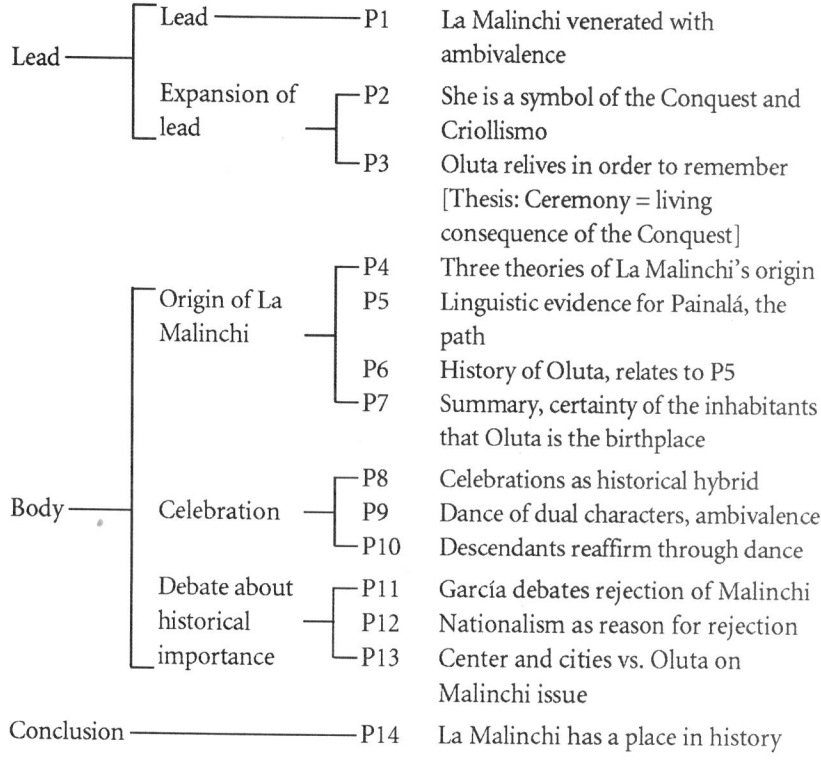

The large print headline alludes to an ambivalence with respect to the topic of the article, La Malinchi, raising a question that must be answered: Why is La Malinchi celebrated with "**discreta pero sincera devoción**"? The bulleted subheads feature the content of major segments of the news story in order of development:

- **Oluta rememora a la sagaz y bella mujer** (developed in P1-3).
- **Su origen, nombre y obra aún se discuten** (developed in P4-7).
- **Atavíos aztecas en la Fiesta de San Juan** (developed in P8-10).

P1 is a summary lead which answers the following journalistic questions: Who? (La Malinche, the people of Oluta), What? (the Festival of San Juan Bautista), Where? (Oluta, Veracruz), When? (Today, June 24), and How? (in a veiled and discrete manner). The question Why? is left purposely open as an inducement to read further. P2-3 expand upon the lead and explain why La Malinchi is treated with ambivalence. P2 explains why the devotion is "discreta" and P3 indicates why it is "sincera". P3 also states a central thesis of the article: "**la ceremonia es el dato vivo de la conquista española, presente en la memoria de los indígenas veracruzanos**".

The body of the article contains three main subunits. P4-7 develop the issue of the debate about the origins of La Malinchi and present data in support of Oluta as her birthplace. P4 raises the question and gives a place name reference from colonial histories. P5 discusses the relationship between the place name reference and Oluta. P6 gives information on the evolution of the name "Oluta". P7 concludes the subunit by stating that the issue was settled politically in 1831. P8-10 focus on the Festival of San Juan. P8 identifies the Dance of the Conquest as the historical remembrance of the role of La Malinchi. P9 describes the structure and performance of the actual dance which portrays the dual nature of La Malinchi through two female dancers. P10 serves as a sort of conclusion (así) to the subunit — namely, the dance shows that the inhabitants of Oluta recognize their descendance from La Malinchi.

P11-13 form a subunit focusing on the historical debate concerning La Malinchi's role in history. More specifically, the unit summarizes a book which discusses the nature of the historical rejection of La Malinchi and argues against it. P14 is a brief concluding statement affirming the place of La Malinchi in the history of Oluta.

Enfoque en el contenido y la estructura (p. 82-83): Here is an alternate exercise to accompany Exercise B. As the analysis above indicates, the headline and subheadlines reflect the structure of the article fairly close. Since headlines might be considered reduced leads, students could try to write a new, one-sentence lead for the story using just the language contained in the headlines. To do so they will have to experiment with various devices for condensing language (noun modifiers, relative clauses, parenthetical phrases, etc.). Students should also come to appreciate the effect that alternations in word order have on the meaning and the focus of the lead.

In Exercise C, after students identify a unifying theme for each of the paragraph groups, have them discuss the reasons for paragraph division with a given group.

Enfoque en el lenguaje (pp. 83-84): As they do Exercise A, have students observe the number of labels associated with the name of La Malinchi. These are in order: "**la sagaz y bella mujer**", "**mujer de controversia**", "**La Malinchi**", "**la legendaria india**", "**la mujer de mítica belleza y lúcida inteligencia**", "**esa sagaz y seductora mujer**", "**la celebre y bella traidora**", "**Mallicanalli Tenepal, Malinchi o Doña Marina**", "**la cacica entrometida**", "**la clásica entrometida y desenvuelta**". The capitalized article "La" connotes the unique, legendary status of La Malinchi. The descriptive labels emphasize her beauty, intelligence, free spiritedness ("**desenvuelta**"), legendary status and her controversial but crucial role in the history of the conquest ("**entrometida**"). The labels "**entrometida**" and "**desenvuelta**" contain quotation marks indicating that

UNIT NOTES

they are cited from historical sources. The title **"Doña"** suggests some respect and regard on the part of the Spanish conquistadors.

While doing Exercise B, students should note that one linguistic consequence of a theme involving argument and controversy is the need for transitional expressions of contrast, opposition and contradiction, clarification and emphasis, cause and effect, and summary and conclusion.

Actividades de escritura (pp. 84-85): Alternate Writing Activity 1. Have students write a brief in-depth report that analyses the local or regional significance of a ceremonial event that they are familiar with.

Alternate Writing Activity 2. Have students do general research on the history of Pocahontas and/or Sacagewia and write a report comparing their historical roles with that of La Malinchi.

Lectura 4: "Inventor de la guitarra"

Introduction (p. 85): This is an article from a popular news magazine in Chile of the *Time* and *Newsweek* variety, intended for a general but literate audience. It is a human interest story about Andrés Segovia, a world-renowned Spanish guitarist who recently passed away. It is thesis driven and employs metaphor as an organizational device.

Analysis of Text Structure and Content: A possible representation of the structure of the text might be as follows:

The quotes around **"inventor"** in the title clearly indicate that the term is meant to be taken in a special, non-literal sense. The text must clarify the intended meaning of **inventor**. The subtitle indicates that the article in part reports on the death of Andrés Segovia; his ripe old age and accomplishments are going to be subthemes, and the text will obviously eulogize Segovia. Some of the content is clearly predictable; readers will want to know at least the following: the circumstances of his death (Was it natural?, Painful?, Solitary?), a general biography and order of key events in his life, how his original interest in music developed, and the extent of his fame and his specific accomplishments.

It is important to note that the article does not begin in dry biographical terms ("**Andrés Segovia nació en ...**"). P1 is an analogy that forms part of the general thesis of the text. An analogy is a type of comparison (a relation of two equations such as Segovia/guitar;Paganini/violin) that must be appropriate in some sense. The statement of the comparison must be justified. The aptness of the analogy is seen in that one part of each equation is a musician while the other part is a "stringed" instrument but each of a different type, classical (violin) and non-classical (guitar). This difference is significant because the basic thesis of the article is that Segovia's artistry transformed the guitar into a classical instrument. The proportion is justified by the idea that both musicians were "geniuses of interpretation."

P2-3 form a major unit that relates the circumstances of Segovia's death. P2 gives Segovia's situation prior to death, points to his vitality (at age 94 he had no intention of dying, and had recently been very active), indicating that death was unexpected (he had been ill, but he recovered). P3 focuses on the immediate circumstances of death and answers questions that the reader will ask. There is a metaphorical transition (triggered by the word "**llamaradas**") into the next part of the text; the transition introduces the theme of immortality. P4-10 form a major biographical unit with several subunits. P4-7 is a major structural subunit that recounts the history of Segovia's developing career as an artist. P4-5 form an internal subunit with the theme of his early, intense interest in music. P4 begins with a quote describing the event that sparked his passion for music and establishes a metaphor (his passion was like flames and light "**llamaradas, luz**") that the author picks up later. P5 continues the theme of P4 (early and intense interest in music). The subtitle preceding P5 establishes another metaphor (music = the ocean).

The position of the subtitle (precedes the actual quote in P8, from which it comes, by four paragraphs) shows that it is a feature of journalistic style to tie text together with subtitles that anticipate later text. P6-8 form a subunit with the theme of the evolution of the guitar as a classical instrument. P6 reveals that Segovia began using the guitar in traditional ways (flamenco and popular music) and describes Segovia's professional appearance. P7 justifies the title "**inventor**" in the sense that Segovia's interpretive genius expanded the range

UNIT NOTES

of the guitar to include classical music. As with his use of "**inventor**", the author plays on the literal versus the figurative meaning of language again, when he says that Bach began to produce works just for him. It also alludes to the global nature of Segovia's reputation and fame.

P8 metaphorically summarizes Segovia's concept of music in general and of the guitar in particular. It restates the metaphor heralded by the preceding subtitle (music = the ocean) and expands it (instruments = islands). Music is also related to color. The guitar is equated to an entire orchestra, and its potential is compared to other classical stringed instruments (violin and cello).

P9-10 form a subunit with the theme of the recognition that has been bestowed on Segovia. P9 focuses on music-specific prizes and awards. P10 focuses on general honors for his artistic achievement.

P11 is a compact, concluding statement that capitalizes on the metaphor of music = light.

Antes de leer (pp. 85-86): In Exercise D, students are being asked to be aware of the fact that one builds an impression of people based partially on information and partially on conjectures and extrapolations from information. This activity relates directly to the issue of objectivity and subjectivity in descriptions and reports.

Enfoque en el lenguaje (pp. 90-92): As a background to Exercise B, tell students that the author makes use of a number of figurative devices involving implicit comparisons. An analogy compares things in relational terms often expressed as a ratio: Segovia is to the guitar as Paganini is to the violin. A metaphor is an implied equation of two things from very different realms of experience: music = ocean, instruments = islands. A simile is more literally expressed than a metaphor and uses *like* or *as* in an explicit comparison: the guitar is like a small orchestra. An image generally gives some visual form to a concept or idea: passion = flames, the sound of music = luminous.

Actividades de escritura (pp. 92-93): As an alternate writing activity, have pairs of students rewrite the story on Segovia as a brief news story announcing his unexpected death. Both the headline and lead must change. Compare and evaluate the results.

UNIT 4: LA OPINIÓN

Objetivos

Unit 4 is a bridge between Units 3 and 5. While the focus of Unit 4 is objective reporting of facts, Unit 4 explores the properties of compositions that state a point of view and frequently seek to influence the reader on a very subjective level, appealing to his or her values and basic emotions. Like the expository compositions in Unit 5, "Argumentation," subjective compositions are all thesis-driven; that is, there is always an underlying claim ("The author believes that ...") which must be supported by facts and arguments (logical or emotional).

Consequently, subjectively motivated compositions cannot be written in a haphazard fashion; they require utmost attention to compositional organization and style for at least two reasons. First, if their intent is to persuade, compositions of opinion (probably more than any other kind of composition) must be written with the reader's knowledge, values, attitudes and feelings in mind. For example, when trying to convince a nonsympathetic reader, it is often best to start with the strongest (least debatable or least controversial) arguments and end with the least convincing argument from that reader's perspective. This ordering prevents the reader from summarily dismissing the entire position.

Second, in order to be convincing or persuasive, the development of the composition must be perceived as based (to the greatest degree possible) on logic, reason, and fact in order to have the desired effect on the reader.

The activities in Unit 4 involve distinguishing statements of fact from statements of opinion, identifying the devices employed by writers to influence readers, and structuring arguments in order to have maximum influence on both sympathetic and nonsympathetic readers. The students are introduced to a basic expository paragraph structure (topic sentence, body, and conclusion) and they analyze the paragraph types (problem-solution and cause-effect) closely associated with subjective compositions.

Objetivos lingüísticos

As in Unit 3, Unit 4 continues to focus on complex-sentence structures and the relationships between ideas.

Mood: Mood choice (subjunctive versus indicative) in embedded clauses is relevant to Unit 4 because this choice relates to the status of the propositions in the mind of the speaker or writer. That is, mood choice reflects an individual's assessments of reality, truth, value, cause or necessity, as well as subjective judgments about specific propositions. A number of activities ask students to identify subjunctive and indicative forms in text-related sentences and to account for the choice of mood in context.

Cohesive elements: The language activities in Unit 4 work with two language phenomena associated with the "cohesion" of texts: pronouns and

UNIT NOTES

conjunctions, and transitional expressions. Pronouns are devices used to maintain reference in a text while avoiding redundancy of expression. Students are asked in examples drawn from the readings to classify pronouns in terms of form and function and to identify their referents in context. Transitional expressions can either relate the speaker to an idea or relate one idea to another (conjunctions). Various activities highlight transitional expressions and require students to assess their meanings in context.

Actividad preliminar (p. 97): As an additional activity, have students bring in a short editorial from an English-language newspaper along with an analysis which separates the content into statements of fact and statements of opinion, and logical arguments and emotional arguments.

The Texts

The readings in Unit 4 involve a statement of opinion and represent four different text types: a *review* of a critically acclaimed Argentine film, an eloquent *letter to the editor* of a Chilean news magazine from the wife of a **desaparecido,** a *news commentary* on the diversity of Hispanics in the United States, and an editorial from a Mexican newspaper comparing México and the U.S. in terms of political scandal. The first two selections are short and thematically related; therefore, they are combined as Readings 1A and 1B.

Lectura 1A: "La historia oficial"

Introduction (p. 98): A movie review was chosen as the lead item for Unit 4 for two reasons: first, reviews (of books, movies, etc.) provide a good transition from Unit 3 (reporting) to Unit 4 (opinion) since they involve elements of both compositional types. The reviewer must report certain basic descriptive and factual information about the film as well as formulate an opinion that serves as a positive or negative recommendation to the readers. Second, students should be reasonably familiar with the general content and structure of movie reviews and thus able to discuss their properties with minimal prompting. "**La historia oficial**" is a critically acclaimed film that deals with a particularly chilling aspect of the political violence that has rocked regions of Latin America — namely the fate of the orphaned children of **desaparecidos.** (This film is available in Spanish in many well-stocked libraries and video rental stores.)

Analysis of Text Structure and Content: The authors represent the structure of the text as follows:

Introduction	— P1	General appraisal of director and the film's success
Topic of film	— P2	The national drama involving adoption of the children of **los desaparecidos.**
Plot summary	⎡ P3	The protagonist as member of the privileged class
	⎨ P4	Family crisis related to the political crisis
	⎣ P5	The personal crisis of the protagonist

As the introduction of the review indicates, the author considers the film one of the best produced in Argentina, a country which is achieving ever greater recognition for the quality of its films. The author limits his commentary to the topic of the film, excluding other aspects such as the quality of the acting, the technical aspects of the film, etc. The commentary is basically a nonevaluative content summary structured as indicated. Like any good review, however, the plot summary stops short of giving away the conclusion. The thesis or controlling idea of the review is contained in the last sentence of P2 — the film maker tries to present the personal dimensions of the drama through his choice of protagonist.

Antes de leer (pp. 98-99): Films are compositions, and in Exercise B, students should try to identify the central thesis of one of these films; that is, the statement that the film maker is trying to make. The second part of the task is to reflect on the devices used by the film maker to get his or her statement across to the audience.

In Exercise C, the student is asked to identify in general terms the typical structure and content of a film review. The purpose of reviews is to help the public choose wisely among a number of options. A movie review must give the reader a clear sense of what the film is about without giving away its conclusion. The reviewer critiques the film along any of a number of dimensions (directing, acting, screenplay, technical quality of the film, etc.) and ultimately makes a recommendation (implicitly or explicitly) to the reader.

Enfoque en el contenido y la estructura (p. 101): In Exercise C the authors opt for **Estructura A**, but, as always, the point of the activity is to encourage discussion or debate that will help students refine their sense of composition structure.

Lectura 1B: "El lector tiene la palabra"

Analysis of Text Structure and Content: This letter was chosen for two reasons: first, it has a relatively transparent structure marked by a clear statement of purpose, and second, the writer effectively uses a number of devices to

UNIT NOTES

accentuate the tragedy of the situation and evoke emotion in the reader. Here is a possible structure for the letter:

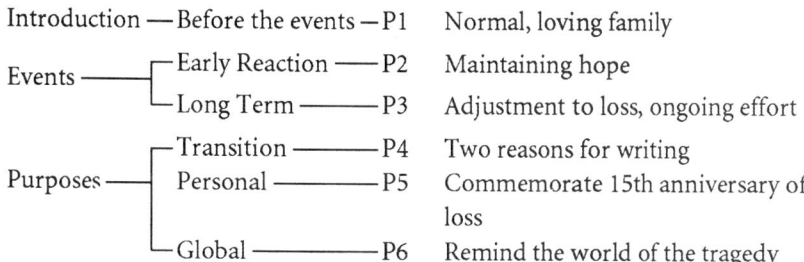

P1 is a brief statement recalling the writer's normal, happy past. Brevity has an impact; it is a simple statement of what has been lost and destroyed. The author purposely does not idealize family life before the tragedy, but emphasizes the presence of love. This strategy actually heightens the sense of tragedy — what was lost was not some exceptional fortune or privilege, but simply family life with its natural joys and sorrows.

In P2 the author retells initial events and reactions as a series of painful memories. The repeated use of the infinitive **recordar** leaves unstated (for the reader to fill in) the family's emotional reactions to the memories described. The placement of the ellipses (provided they are not editorial deletions) appears to be a carefully calculated device to make the reader reflect on the statements that precede the ellipses. The first set, for example, suspends the reader and cause him or her to consider the poignancy of a scene in which a father is taken away in the presence of a daughter barely four years old. Furthermore, the use of the indefinite **se** and imperfect verb endings evokes a sense of protracted suffering and remoteness in time as well as an image of a faceless authority to which there is no appeal.

P3 describes the ongoing reality that arises with the passage of time and the painful adjustment to life without the loved one. The author asks a set of questions that highlights the ultimate cruelty of a regime that expects victims to accept their tragic fate, and mocks their agony and inquiries with ingenious lies.

P4 simply states the two-fold purpose of the letter; each purpose is developed in a separate paragraph. P5 states the personal purpose to mark the fifteenth anniversary of the event and recall the specific facts related to the fateful day. P6 moves to what the writer presents as the more general and more important purpose, to make sure that society never forgets the tragedy. This paragraph is an excellent example of a problem-solution structure. The structure might be summarized as follows:

S1   Purpose (to expose the problem)
S2   Rationale behind purpose
S3   First condition for solution of the problem (**Para ello...**) is to become aware of the problem.
S4   Second condition for solution (**Para ello...**) is to know the truth.
S5   Final (most important) solution (**También...**) is to punish the guilty. This is necessary for two reasons:
  1. In order not to forget and let history repeat itself
  2. In order for the nation to recover its dignity
S5   Conclusion: Restates in a new way the importance of achieving the stated purpose.

Antes de leer (p. 103): Students should be able to anticipate the special traits of a letter to the editor. The most obvious ones are that, unlike a personal letter, it will identify a problem or issue and state a position or reaction related to it.

Enfoque en el contenido y la estructura (pp. 105-106): The authors choose Estructura B, but debate is encouraged.

Enfoque en el lenguaje (pp. 106-107): Vocabulary for Exercise A includes: **detenido, humillaciones, burlas, amenazas, dolor, mentiras, clandestinidad, detención, Comisaría, tortura, justicia, crimines, castigados, práctica inhumana, desaparecidos.**

Lectura 2: "Los Hispánicos"

Introduction (p. 108): This reading is a news commentary from the *Los Angeles Times* in which the author clearly rejects the term "Hispanic" as a distorting label for Spanish-speaking populations of the United States.

Analysis of Text Structure and Content: Here is one possible structural organization of the reading:

UNIT NOTES

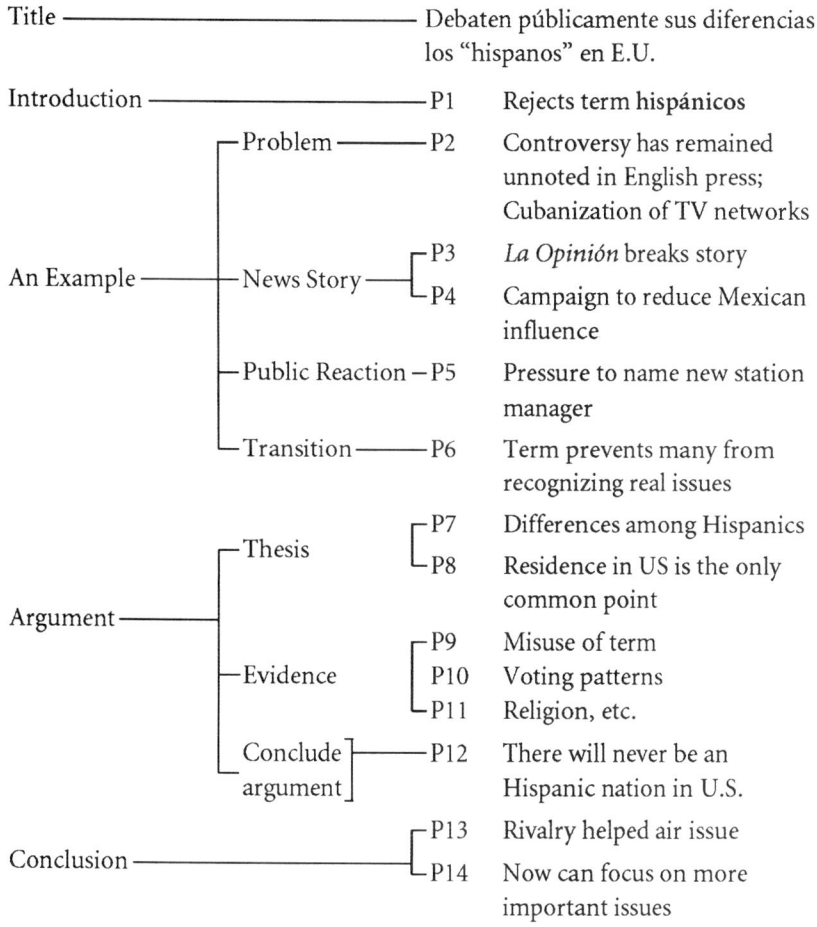

The title and subtitles of the article summarize its thesis and essential argument. But the title does not necessarily indicate that it is a news commentary instead of a straight news report.

P1 states the author's position, which is developed in two parts. The first is a report of a case in point (P2-5), a controversy between Cubans and Mexicans over control of Spanish television. P6 serves as a transition into the second part of the article, which is a thesis statement (P7-8) followed by supporting arguments (P9-11) and a conclusion to the argument (P12). P13-14 serve as a general conclusion to the article.

INSTRUCTOR'S MANUAL

Lectura 3: "Irangate: Traición a la Patria"
Analysis of Text Structure and Content:

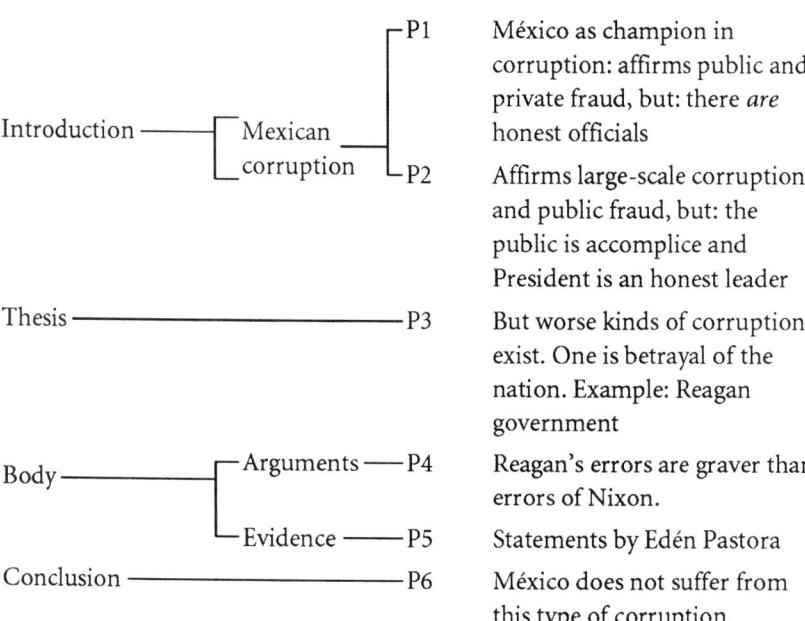

- Introduction — Mexican corruption
  - P1: México as champion in corruption: affirms public and private fraud, but: there *are* honest officials
  - P2: Affirms large-scale corruption and public fraud, but: the public is accomplice and President is an honest leader
- Thesis — P3: But worse kinds of corruption exist. One is betrayal of the nation. Example: Reagan government
- Body
  - Arguments — P4: Reagan's errors are graver than errors of Nixon.
  - Evidence — P5: Statements by Edén Pastora
- Conclusion — P6: México does not suffer from this type of corruption.

    The title of this text clearly suggests the thesis that it will develop, namely, that Irangate is a case of high treason. The two introductory paragraphs characterize public and private corruption in México, a country with a reputation for corruption. Besides introducing the theme of official corruption, these paragraphs have at least two other important functions with respect to the editorial's thesis. First, they concede that México is rife with corruption and enumerate its forms and consequences. The Mexican author must do this since he is going to charge another nation with corruption and must preempt its countercharges. Second, each paragraph ends with a reaffirmation of the noncorrupt side of Mexican society; in particular, the second paragraph cites the integrity of the Mexican president, who maintains a noble tradition of respect for the self-determination of nations and for nonintervention in foreign matters. These affirmations set up the indictment that the author plans to make against the Reagan administration later in P3.

    P3 states the thesis of the editorial. The first part says that there are other forms of corruption from which México does not suffer, the worst of these being high treason. The author notes and discards as an historical exception the case of Santa Anna selling Mexican territory. The second part of the thesis is that the Reagan administration committed high treason by violating the U.S. Constitution as well as basic laws and morality to satisfy its imperialistic desires. Reagan was able to do this through the argument that there was a need to defend the prestige of the presidency (**...ya fue bastante con Watergate**).

The author intensifies his claim in P4, contending that the crimes of the Reagan administration (Irangate) were worse than the errors of the Nixon administration (Watergate), since Reagan claims to be above the same laws that brought Nixon down. According to the author, this claim to impunity is incredible; it overrides any possibly legitimate justification for Irangate (**...no se trata ya de...**).

In P5 the author presents evidence of Irangate crimes by citing a primary source, Edén Pastora, an admired rebel leader turned member of the CIA. It is important for the author to note that Pastora was once an admired rebel leader; this lends credibility to his evidence. In P6 the author concludes by emphatically restating his thesis.

Unit 5: La exposición

Objetivos

The focus of Unit 5 is expository composition involving thesis development. Students learn that a thesis or controlling idea may be explicit or implicit in a text and that it may be developed deductively or inductively. They are shown the typical structure of an essay that explicitly states a thesis and proceeds to develop it deductively. The unit presents a number of strategies for developing the thesis and focuses on a cause and effect organization as a device frequently associated with expository writing.

Unit 5 activities ask students to identify the thesis of a text and determine whether its development is inductive or deductive. Students are also asked to compare and evaluate various representations of a given text's structure. Several activities help students to analyze in some detail the structure and content of key text paragraphs. The compositional activities require students to make a thesis statement (a claim about reality), give logical support and verifiable evidence for a position, point out weaknesses in alternative positions and attack them with counterarguments and draw conclusions.

Objetivos lingüísticos

Unit 5 continues to focus primarily on pronominalization and transitional expressions. These are both aspects of language that contribute to the cohesion of a composition. Language activities focus on the occurrence of these structures in the unit readings and ask students to consider their meaning in context.

The Texts

The three texts presented in Unit 5 are journalistic essays presented in order of increasing length and complexity. Each essay develops a thesis that is explicitly stated in the text. The first develops its thesis inductively through a description of its subject, the Emperor Hirohito of Japan. The title of the second text states a thesis with respect to its topic, the recently deceased Spanish artist Salvador Dalí; however this thesis is developed inductively in the text and made explicit at the end. The third is an extended essay from the Spanish Catholic journal *Razón y fe* that criticizes a particular trend in American movies. It is an excellent example of the standard organization of an expository essay: statement of the theme or topic, limitation of that theme, statement of a thesis, presentation of arguments and facts in support of the thesis, and a concluding statement.

Lectura 1: "Hirohito"

Introduction (p. 133): "Hirohito" is a recent, unedited essay about the former Emperor of Japan from the Spanish newspaper *ABC*. Although the theme is not Hispanic, the article is included here for two reasons. First, the text is a very interesting, somewhat poetic example of a composition based almost exclusively on descriptive devices. Second, the description is guided by a thesis. The author's purpose clearly goes beyond the simple description of a living person at a given point in time to serve as a vehicle for describing the author's perception of Hirohito as the last vestige of a timeless but fading era of emperors and empires.

UNIT NOTES

Analysis of Text Structure and Content: The authors represent the structure of the text as follows:

The title "Hirohito" establishes the theme of the reading but gives no indication of its thesis or controlling idea. This idea is developed inductively in the reading and is stated clearly in the last sentence — Hirohito is the symbol of an elegant but fading past that contrasts sharply with the mundane, artificial, and trivial present. The thematic structure of the composition alternates topical elements of person (Hirohito) and place (Garden of the Tokyo Palace) to create a description of a scene. The author is not merely describing a person, but a regal scene of eternal yet fading substance. Hirohito represents more than a person; he is a symbol of an era.

P1 introduces the topic of Hirohito and states the situation. It is one sentence long and is front loaded with descriptive phrases that precede the kernel of the sentence: "**Hirohito posa para los fotógrafos.**" This sentence structure sets a static descriptive tone that evokes throughout the composition the frozen image of a photograph rather than the movement and action of a film clip.

P2 broadens the topic to include place as essential to the thesis. The author senses that he is not talking specifically about a person, there is "something about the place." (This notion returns at the beginning of P6). The verbs in P2 again reflect static inaction (**observa, toca**).

P3-5 are grouped together because they return to a visual description of Hirohito, but each paragraph is thematically distinct. P3 describes his age and health, P4 his posture and outward appearance, and P5 his gestures and movements. P3 gives information about the failing health of Hirohito, but the purpose is to underscore the enduring and eternal qualities of his presence. P4 creates the contrasting image of an oriental essence dressed in Western clothes and of a passing era of regal simplicity eclipsed by Western styles and values. P5 restates the theme of the enduring quality of Hirohito's presence evidenced in his gestures and movements that belies his Western garb.

In P6 the author reintroduces the theme of place as essential to the overall thesis. Again, the author is not responding to an individual, but to a human symbol of another era who is inextricably bound to this place. The author is viewing a scene that transcends time and space. He makes the transcendent nature of the scene vivid through a negative comparison with two other scenes that the reader recognizes: Reagan waving from the window of a military hospital while recovering after one of his countless operations, and Felipe González in a sports coat and jeans under the elegant skylight of Moncloa Palace. There is nothing accidental about the specifics of these two comparisons. First, any appropriate comparison with Hirohito must involve a major political leader. The author chooses a contemporary American president known to everyone and the Spanish prime minister (of major importance to the Spanish reader). The comparisons are precise. Reagan is pictured in illness as a direct reflection of P3 and Felipe González is pictured in elegant surroundings dressed in casual Western attire. Hirohito's "essence" is contrasted with the "appearance" of these two other world leaders. Hirohito evokes the image of a common universal man, but, unlike the other leaders, he is not associated with the world of the commonplace things and events.

The last sentence is a precise statement of the implicit thesis that determines the text's structure and content. The notion of person and place are subsumed into a single scene.

Antes de leer (pp. 133-135): Exercises A-D are group discussion activities intended to help students contextualize the reading by pooling any information they already have about the topic and to predict in basic terms the content of the reading by contrasting the notions of empire and emperor with modern society. Students should be able to talk about the images and associations that such terms evoke. If anyone in the class has seen the film "The Last Emperor," this might serve as a good springboard for discussion.

Enfoque en la estructura (pp. 136-137): Analysis activities such as Exercises A-C are best done interactively in pairs, small groups, or as a whole-class discussion.

Enfoque en el lenguaje (p. 138): Before students begin Exercise A, point out that the text's thesis presents a paradoxical notion of disappearance, passing, and immortality, a fading reality that leaves behind a lasting essence. The language of the text reveals this in phrases such as: **materia llamada a la eternidad de los dioses, un ser de otro tiempo, los sueños de antaño, un mero espejismo, la imagen del hombre, aquel soberano distante, poso de siglos, un pasado que se aleja... pero que recupera, estela inmortal, línea de una sombra,** etc.

Students' discussions in Exercise B should mention that the static photo-like quality of the description is the result of a focus on the position and appearance of the subject rather than on his actions. Also, the frequent use of past participles evokes images of resultant states rather than of actions.

After students complete Exercise C, they should conclude that the author clearly favors the image cast by Hirohito over those cast by Reagan and González, as the comparison in the last paragraph shows. Furthermore, the quote marks around the terms "**vencido**" and "**común**" are meant to imply that Hirohito is neither.

Actividades de escritura (pp. 138-139): Exercises A and B require the student to develop a thesis through description, to use description to make a statement that goes beyond the description itself.

Lectura 2: "Dalí, figura emblemática del siglo XX"

Analysis of Text Structure and Content: Here is one way to organize the text's structure.

The title states the thesis of the text — Dalí is an emblematic figure of the twentieth century. It is not clear from the title alone what this means.

P1 is a general introduction of the subject's importance to the world of art. P2-5 compose the main body of the essay. P2 focuses on the relationship between Dalí's psychology and his art. P3-4 form a subunit which deals with Dalí's artistic development. P5-6 represent a second subunit on Dalí as a public figure. The thesis is clarified in the last sentence of P5: Dalí is emblematic of the twentieth century in that, in addition to being a consummate artist, he was also a "wheeler and dealer" in the business of art. P6 outlines the official reaction to Dalí as an artist and public figure. The last sentences of the paragraph restate the thesis: Dalí was an exemplary figure designed by himself for the twentieth century.

Antes de leer (p. 140): Exercise A is a group discussion activity that is designed to activate and pool student knowledge and impressions of the world of art in preparation for reading.

Exercises B and C are advanced organizers designed to have students predict the text's content and to read actively for information. They can be done as individual or paired activities.

Enfoque en el contenido y la estructura (p. 143): In Exercise D, the authors opt for **Estructura C**, but this is a judgment call. The other structures can all be justified. The point again is to encourage student analysis and discussion.

Lectura 3: "El nuevo cine violento: ¿Exacerbación o catarsis?"

Introduction (pp. 148-149): This text is an essay giving a Spanish perspective on the relationship between American popular culture (in particular movies) and the sociopolitical climate of the United States under the **Reagan** administration. To facilitate the use of this text, certain paragraphs have been omitted, and the reading has been divided into five parts. Each part is followed immediately by questions and language activities in order to facilitate comprehension.

Analysis of Text Structure and Content: The basic structure of the essay is given in its titled subsections.

Part 1: The title specifies the essay's topic: a recent type of film characterized by violence. It also posits a question that the article will presumably answer: How does this type of film affect the viewer? Does it make things worse or does it serve as a release? A specific question that the title suggests is: Does violence in film heighten or reduce the viewer's tendency to violence?

P1 states the importance of violence as a theme in cinema and shows how it has passed from an ingredient to a central theme. The author believes that violence can be used well or badly and clearly views it as an important, even poetic, element in the right hands.

P2 limits the topic to one particular type of film, recent American films that exploit violence to boost morale under the banners of Reaganism and Rambomania.

Part 2: The title suggests that this section will explain the demand for violence in films of this kind. In P3, the author suggests that one must be objective and that he will not criticize violence indiscriminately. He purposely differentiates himself from overzealous critics of violence — an important move if he wants the reader to consider his arguments logically. The author defines a form of "good" violence that has the ultimate purpose of causing the viewer to reject violence. He observes that the need for therapeutic violence increases during periods of crisis. He also defines a "bad" violence that is motivated by profit and aggravates the tendency to violence in the viewer. He associates the new genre of film he discusses here with the second, bad type of violence. This thesis is proven and demonstrated in the next three parts.

Part 3: The title states that a basic theme of this type of film is the Vietnam War. The quotes around the term "**revisada**" suggest that reality is revised, altered, and distorted for certain purposes.

P4 contains a subthesis that maintains that the success of films like "Rambo" is not accidental, but rather part of a calculated plan to play to mass psychology. Evidence of a purposeful distortion is the fact that "Rambo" is "very loosely based" on a book that had totally different ideological aims.

In P5 the author refers to current discussions that analyze this trend in films as a psychological strategy for winning, on an individual and symbolic level, a war that was lost in reality. The purpose is to boost morale. The author uses an anecdote to suggest that such films legitimize violence: Reagan's response to the film was to say, "Now I know how to handle the next hostage situation." The author goes on to argue that this is more than a flippant joke; films like this play a role in justifying violent responses.

Part 4: The title suggests that the section will discuss the effect of this trend outside the U.S. In P6 the author states the hypothesis that this subgenre of film is a uniquely American phenomena. If the genre is exclusively a product of American political reality, then the films should be less popular outside the U.S. The author asserts that this is basically the case. But he has to deal with some apparent counterevidence: the fact that "Rambo" and "Rocky IV" are box office successes abroad. The author claims that this is the result of large publicity campaigns directed at youths, who are vulnerable in any society. But, he concedes, violence sells and he notes that Europe has its own growing racist sentiment.

Part 5: The title suggests that he will analyze violence in a recent Spanish film. To prove his previous hypothesis, he must show that this example is anomalous to Spanish society. In P7 the author reasserts that this type of violence is bound to U.S. political reality. He indicates that the Spanish film is a counterfeit; a direct imitation of the American subgenre, but not the product of Spanish reality. Still, he notes, the racism in Europe may become the basis of a trend that leads to violence.

Part 6: This section argues that the films are also of poor artistic quality. In P8 the author points to clumsy narratives, cheap production values (special effects are meant to carry the film and disguise its lack of content), bland acting (the genre turns the lack of talent of the actors who look good into a characteristic part of this kind of film), and poorly written screenplays.

Antes de leer (pp. 149-150): Exercise B is designed to facilitate students' reading of the article by getting them to predict its content and to establish a set of questions to guide their detailed reading.

Enfoque en el contenido y la estructura (pp. 162-164): Exercise B is designed to help students do two things: 1. identify the main idea of each paragraph in the reading and 2. analyze both the paragraph's internal structure and its function in the overall development of the essay.

Actividades de escritura (p. 164): As an additional activity, have students write an essay relating the readings on Hirohito and Dalí. A thesis might be formed around the idea that while Hirohito is described as a man from another era, Dalí is described as emblematic of the twentieth century.

De lector a escritor

DE LECTOR A ESCRITOR

EL DESARROLLO DE LA COMUNICACIÓN ESCRITA

Michael D. Finnemann
Augustana College

Lynn Carbón Gorell
The Pennsylvania State University

Heinle & Heinle Publishers • A division of Wadsworth, Inc.
Boston, Massachusetts 02116

Publisher: Stanley J. Galek
Editorial Director: A. Marisa French
Assistant Editor: Erika Skantz
Production Coordination: Hispanex
Production Supervisor: Patricia Jalbert
Manufacturing Coordinator: Lisa McLaughlin
Design and Composition: Greta D. Sibley
Cover Illustration: Mario de Jesús Rebolledo

Copyright © 1991 by Heinle & Heinle Publishers

All rights reserved. No parts of this publication may be reproduced or transmitted in any form or by any means, electronic, or mechanical, including photocopy, recording, or any information storage and retrieval system, without permission in writing from the publisher.

Manufactured in the United States of America.

Heinle & Heinle Publishers is a division of Wadsworth, Inc.

ISBN 0-8384-1990-9

10 9 8 7 6 5 4 3 2 1

Tabla de contenido

vii **Preface**

xi **Acknowledgments**

1 **Unidad preliminar: Para prepararse a escribir**
2   Los usos del diccionario
5   Para conocer mejor el diccionario
7   Las palabras en contexto

11 **Unidad 1: La descripción**
12 Introducción general
14 Lectura 1: «El correo del amor» por Dick Syatt
21 Lectura 2: «Preámbulo a las instrucciones para dar cuerda al reloj» por Julio Cortázar
26 Lectura 3: «Canning y Rivera» por Roberto Arlt
34 Para resumir

37 **Unidad 2: La narración**
38 Introducción general
39 Lectura 1: El humor y los chistes
43 Lectura 2: Una carta de Túnez
50 Lectura 3: El cuento «Génesis» por Marco Denevi

53	Lectura 4: «Teruel y sus amantes»
60	Para resumir

62   Unidad 3: El reportaje

63	Introducción general
66	Lectura 1: «El audaz lechero de las minivacas»
71	Lectura 2: «Preocupa en Paraguay la invasión de tierras por campesinos: PC»
77	Lectura 3: «A la Malinchi, discreta, pero sincera devoción» por Roberto Sosa
85	Lectura 4: «'Inventor' de la guitarra» por A. M. F.
93	Para resumir

95   Unidad 4: La opinión

96	Introducción general
98	Lectura 1: «La historia oficial» por Ezequiel Barriga Chávez y «El lector tiene la palabra» por Mercedes Sánchez E.
108	Lectura 2: «Los 'hispánicos'» por Frank del Olmo
118	Lectura 3: «Irangate: Traición a la patria» por Luis G. Basurto
127	Para resumir

128   Unidad 5: La exposición

129	Introducción general
133	Lectura 1: «Hirohito» por Alvaro Valverde
139	Lectura 2: «Dalí, figura emblemática del siglo XX» por Julia Sáez-Angulo
148	Lectura 3: «El nuevo cine violento: ¿exacerbación o catarsis?» por Francisco Moreno
164	Para resumir

167   Apéndice gramatical

Preface

Skill in written communication is one of the most important tools a person can possess for at least two reasons. First, effective communication is a factor in the success of most activities based on human interaction. Second, refinement of the thought process and development of compositional skill go hand-in-hand. It follows that development of written expression could receive attention "across the curriculum", including in foreign languages.

De lector a escritor: El desarrollo de la comunicación escrita is a process-oriented, reading-to-write approach for intermediate/advanced (3rd/4th year) Spanish composition, based on authentic texts as models for compositional analysis. It is designed to be completed comfortably in one academic semester, but can be easily adapted (eliminating certain subunits) to a quarter system. Although the program is design to serve as the core material for a course focused on composition, it is sufficiently rich in topical content and flexible in structure to be used as the basic text in Spanish conversation and composition courses.

Organizing Principles and Basic Features

Writing as Communication

Specifically, writing is a process of interaction between the writer and the intended reader. The writer has a purpose (to inform, persuade, entertain, etc.) and an intended audience (self, known reader(s), general reader(s), etc.), and must strive to communicate his purpose effectively to that audience. Students will come to appreciate that, in order to communicate purpose effectively to a given audience, the contents must be organized around a "controlling idea", which can usually be stated in the form of a simple sentence containing a "subject" (what you are writing about) and a "verb" (what you have to say about the subject). The controlling idea, if clearly formulated by the writer, serves to limit content and guide the development of the composition. Many activities in the program aid the student in clarifying purpose, reflecting on the needs of the readers and identifying and developing the controlling idea.

READING TO WRITE

One of the most effective ways to learn to write well is to learn to read well and analyze the effect of the organization and language of a text (hence the title *De lector a escritor*). Discussion and activities encourage the student to take the role of reader in the writing process in order to guarantee: 1) accurate and effective communication of intended meanings, and 2) intended responses on the part of the reader. Specifically, activities aid the student as "reader" to a) identify the audience and its requirements, b) identify the voice, attitude, intent of the writer/author, and c) analyze the reading structurally and linguistically to appreciate how the general structure of the text and the specific language work to guarantee the intent of the author.

AUTHENTIC TEXTS

The five units of *De lector a escritor* are structured around unadapted, authentic Spanish-language readings; that is, texts written by native speakers of Spanish for a native Spanish-speaking audience. The readings were chosen because they represent: a) good examples of the type of writing a given unit seeks to develop (description, narration, report, persuasion, thesis development), b) a topic of Hispanic culture or a topic of universal interest to college level students, and c) a balance of literary and non-literary writing. Two notes about "expectations" are in order. First, the readings are presented as examples for "study" and not as models for direct "imitation" — the goal of the text analysis is not to produce compositions that rival the reading in polish and sophistication, but rather to develop in students an appreciation of good composition and an awareness of some principles of writing that they might use in their own compositional effort. Second, while the authors have endeavored to find manageable authentic texts, this does not mean that the readings are necessarily "easy going". Students, however, are not expected to understand everything nor do they have to understand completely in order to read the texts profitably and appreciate their general lines of organization. Furthermore, the program features ample pre-reading activities to facilitate the reading process.

Writing as Process

Good writing is never a "one shot" deal. It is a "process" involving stages of idea development as well as stages of re-evaluation and re-writing of the text with both the intended message and the reader in mind. Consequently, the program incorporates features that relate directly to the treatment of writing as a process; for example, use of pre-writing activities to help students develop thematic content, organizational skills and linguistic tools to communicate successfully in the written mode, and use of a draft and revision procedure to develop writing skills.

Focus on Functional Language and Contextualized Language Practice

Although grammar review is not a major objective of the program, each unit will focus on a limited set of language topics that directly serve the writing goals of the unit. In most cases, these language topics also reflect traditional problem areas for students at the intermediate and advanced levels. Language explanations and practice in this program are "functional"; that is, they focus on the relationship between form and meaning and the communicative effect of making choices in form. A Grammar Appendix at the end of the Student Edition presents a functional overview of the Spanish language and compares/contrasts Spanish and English. Language tasks in the units refer students to the Appendix to review a relevant topic. The tasks focus on language in context; that is, they ask students to return to the authentic reading to observe and account for the use of language form in the context of the reading.

Basic Components of the Student Text

The basic structure of the Student Text is as follows:

Preliminary Unit

The program begins with a Preliminary Unit designed to review aspects of Spanish orthography and give some basic practice in the use of the dictionary.

Five Main Units

The five main units focus on each of the following compositional types in order: Description, Narration, Reporting, Persuasion, and Thesis Development. A unit begins with an introduction to the basic features of the compositional type followed by three or four representative authentic texts presented in order of length or difficulty. Each reading is a subunit with its own pre-reading (*Antes de leer*) and post-reading activities (*Después de leer*), including a set of short (1 paragraph to 1 page), text-related compositional tasks. Each unit ends with a section (*Para resumir*) that summarizes the compositional principles observed in the reading, presents composition-related language practice tasks, and defines several more extensive writing activities (2-3 pages) for the unit.

Grammar Appendix

The Appendix is a reference section designed to give a coherent functional overview of the Spanish language which supports the language oriented activities defined in the units.

Acknowledgments

The authors would like to thank the following reviewers for their helpful comments in guiding the development of the manuscript:

David C. Alley, *Georgia Southern University*
Susan Bacon, *University of Cincinnati*
Michael Brookshaw, *Winston-Salem State University*
John Chaston, *University of New Hampshire*
Malcolm Compitello, *Michigan State University*
Nicolás Hernández, *Georgia Institute of Technology*
Mary Ellen Kiddle, *Boston College*
Catherine Larson, *Indiana University*
Esther Levine, *College of the Holy Cross*
Pat Lunn, *Michigan State University*
Laura Lyszcynska, *University of Maine, Orono*
Terell Morgan, *Ohio State University*
Douglas Morganstern, *Massachusetts Institute of Technology*
Antonio Simoes, *University of Kansas*
Flint Smith, *Purdue University*
Dolly Young, *University of Tennessee*

The authors would also like to thank a number of people in the publishing industry for their guidance, technical support, encouragement and appreciation of the authors' need to balance general career demands with those of a textbook project. Specific thanks go to Stan Galek, Vice President and Publisher at Heinle & Heinle, Marisa French, Editorial Director of Spanish at Heinle & Heinle, Kristin Swanson, and José A. Blanco of Hispanex.

Mike Finnemann wishes to express his deepest appreciation to his wife Anne Bollati who, as ever, has been a good friend and an unflagging source of encouragement and wise counsel.

Lynn Carbón Gorell extends her thanks to K. W. for his unstinting support.

Both authors wish to thank the many students whose response to their teaching efforts over the years has helped shape the concept of this book.

UNIDAD

PRELIMINAR

Para prepararse a escribir

Objetivos

Después de terminar esta unidad, el estudiante podrá:

- identificar las partes principales del diccionario.
- interpretar la información de cada artículo del diccionario.
- encontrar las terminaciones apropiadas de un verbo.
- encontrar artículos específicos, incluyendo los sustantivos propios y las abreviaturas.
- reconocer las reglas de ortografía.

Introducción general

Las definiciones

Para comunicarse bien con otra persona, uno se vale de palabras cuyas definiciones suelen tener varios significados. Si uno habla de «nieve», y odia la nieve, esa reacción será parte del filtro que uno comunica cuando enfatiza el frío y la aspereza del invierno. Al contrario, si a uno le encanta la nieve, lo que se entenderá es la pureza, lo refrescante que es el frío y la belleza de estar afuera en ese mundo de blancura. Muchas de nuestras definiciones se atemperan según nuestro conocimiento, pero ese conocimiento puede ser matizado o distorsionado según nuestra experiencia.

Al trabajar con palabras de otro idioma, uno suele usar la primera palabra equivalente que se le ocurra. Sin embargo, cada palabra tiene varias definiciones, y son esos matices los que le ayudan a uno a hablar y escribir mejor.

Las definiciones de un diccionario suelen ser precisas y necesarias para el que quiera usar bien las palabras, pero las definiciones sesgadas — las que van más allá del significado literal — logran ser más provocativas y significativas.

Los usos del diccionario

Cualquier persona que quiere hablar y escribir bien necesita tener un diccionario y un tesauro de excelente calidad. Los dos juntos pueden proveer una mina de información útil.

Lo que un buen diccionario puede decirle

- significados y pronunciación de las palabras
- partes gramaticales del habla
- información de ortografía
- sintagma preposicional
- palabras dialectales de diferentes países hispanos
- el uso de la palabra (registro, nivel de formalidad, jerga, humor, vocabulario técnico, vocabulario tabú, vocabulario despectivo, etc.)
- modismos
- etimología de las palabras

Un tesauro le puede proveer sinónimos y antónimos y la información necesaria para saber la diferencia.

A. A describir

En la lista a continuación, escriba cada palabra y su propia definición en una hoja aparte. Luego busque las definiciones en el diccionario. Después, comente con sus compañeros qué diferencias han encontrado entre sus definiciones individuales y las del diccionario.

1. chauvinismo
2. grupo minoritario
3. patriota
4. discriminación

B. Nuevas interpretaciones

Primero, considere la palabra «suerte». Con un compañero de clase, analice las palabras que siguen. Escriban su propia definición de la palabra y la definición del diccionario. Entonces, lean la definición de un «experto» y, basándose en las tres definiciones, escriban un minianálisis o una nueva interpretación. Sigan el ejemplo.

Ejemplo:

Su definición:	**Si uno está disgustado con la vida, podría definir la suerte como algo que tiene o no tiene.**
Diccionario:	**Según el** Diccionario Larousse del Español Moderno, 1983, la **suerte es «causa hipotética o predeterminación de los sucesos; estado que resulta de los acontecimientos afortunados o no que le ocurren a una persona; azar, fortuna».**
Samuel Goldwyn:	«La suerte es la capacidad de reconocer una oportunidad y la habilidad de aprovecharse de ella».
Minianálisis:	**El diccionario enfatiza que la suerte es algo que ocurre inesperadamente.**
Nuestra:	La definición personal se enfoca en algo que no se puede controlar. Goldwyn, un productor que ha tenido mucho éxito, enfatiza qué es lo que uno hace con lo inesperado.

1. **genio**
   su definición
   diccionario
   Miguel Angel: «Genio es la paciencia eterna».
   Minianálisis

2. **palabras**
   su definición
   diccionario
   Confucio: «Las palabras son la voz del corazón».
   Minianálisis

3. **justicia**
   su definición
   diccionario
   William Penn: «La justicia es el seguro que tenemos sobre la vida, y la obediencia es la prima que pagamos para tener la justicia».
   Minianálisis

C. Yo lata mosca

Con la clase entera, discutan todos los posibles significados de la palabra *fly* de la lista que aparece abajo. ¿Creen ustedes que todos esos significados se encontrarían bajo un solo artículo en el diccionario? ¿Por qué sí o por qué no?

La palabra *fly* puede significar lo siguiente:

Nouns: *bug*
      zipper on pants
      theatre backdrop
      fishing gear

Verbs: intransitive   *to fly (like a bird)*
                            to fly (to escape)
                              to fly (to rush off in a hurry)
      transitive active   *to fly (to pilot a plane)*
      transitive passive *to fly (a kite, a flag, etc.)*

1. Usando varios diccionarios bilingües de español/inglés, primero busque la palabra *fly* en la sección de inglés. ¿Cuáles son las palabras del español que se mencionan allí?

2. Luego busque los equivalentes apropiados del español de los verbos y sustantivos de la lista de arriba. ¿Cuáles son las palabras del español que se dan para cada uno? Verifique sus definiciones mirando tanto en la sección de español como en la de inglés.

Para conocer mejor el diccionario

Cuando se usa cualquier diccionario, es sumamente importante que Ud. lea todos los artículos antes de decidir cuál palabra va a escoger. Al usar un diccionario bilingüe, éste le ayudará si primero sabe identificar las partes principales de un diccionario, si puede interpretar precisamente la información encontrada en un artículo, y si puede identificar las abreviaturas incluidas en cada artículo.

A. Conocer el diccionario

1. Ojee su diccionario. ¿Cuántas secciones principales contiene?
2. ¿En cuál sección encontraría Ud. información sobre las terminaciones de los verbos?
3. A continuación se presenta un artículo típico encontrado en un diccionario íntegro como el de la Real Academia Española:

> **parecer** *m.* opinion; look, mien, countenance ‖ *v* §22 *intr.* to appear; show up; look, seem; **me parece que** … I think that… ‖ *ref.* to look like, resemble each other; **parecerse a** to look like.

¿Puede Ud. aparear los siguientes elementos?

a. *m.*   1. referente
b. *v.*   2. verbo intransitivo
c. §22   3. masculino
d. *intr.*   4. verbo
e. *ref.*   5. ver sección 22 en el apéndice

4. ¿Puede Ud. aparear las siguientes abreviaturas?

   a. *obs.*   1. Colombia
   b. *Lat.*   2. sustantivo
   c. *s.*   3. masculino, plural
   d. *mpl.*   4. adjetivo
   e. *C.R.*   5. del latín
   f. *v. aux.*   6. Centro América
   g. *adj.*   7. masculino, singular
   h. *coll.*   8. Costa Rica
   i. *C. Am.*   9. verbo auxiliar
   j. *msg.*   10. obsoleto, anticuado
   k. *Col.*   11. coloquial

B. Usando el diccionario — del inglés al español

Busque en el diccionario el significado en español de las siguientes palabras y expresiones y escriba las palabras españolas equivalentes en una hoja aparte. ¡Ojo con las abreviaturas!

1. aboard *adj.*
2. bolt *intr.*
3. countenance *tr.*
4. domino *s.* (in game)
5. fit *m.* (in medical terms)
6. high *adj.* (river)
7. hum *s.* (of machine)
8. inside *s.*
9. left *(coll.)*
10. line *s.* (wrinkle)
11. mess *(coll).*
12. narrative *s.* (art of telling stories)
13. to hold one's own (idiomatic expression)
14. off *tr.* (slang)
15. performance *s.* (theatre)
16. pave the way (idiomatic expression)
17. resort *s.* (for help)
18. to set out *intr.* (on the road)
19. to take up with *(coll.)* (idiomatic expression)
20. value *tr.* (to think highly of)

C. Usando el diccionario — del español al inglés

Encuentre en el diccionario el significado en inglés de estas palabras o frases y escriba las palabras equivalentes del inglés en una hoja aparte. ¡Ojo con las partes de la oración!

1. aferrar *ref.*
2. atento *f.* (letter)
3. bote *(Méx.)*
4. bruñir *(C. Am.)*
5. buscón *mf.*
6. cabañuelas *(Méx.)*
7. carpeta *(Col.)*
8. clarificaba *tr.*
9. derrumbado *tr.*
10. doctorando *mf.*
11. enredar *intr.*
12. estudiado *adj.*
13. gallina *adj.*
14. lisonjero
15. mercancías *msg. (pl. -*as*)*
16. estar de buena luna
17. a las once y pico
18. naturaleza muerta *f.*
19. correr parejas
20. preso *mf.*

LAS PALABRAS EN CONTEXTO

Muchas palabras tienen un doble significado: uno denotativo y uno connotativo. El significado denotativo de las palabras es el que se encuentra en un diccionario. El connotativo resume todas las asociaciones, emociones y experiencias que se acoplan a la palabra. Las dos definiciones son importantes, pero la connotativa es frecuentemente más importante por su impacto emocional.

Esto se ve más claramente si uno observa el uso de dos palabras «diferentes». ¿Ud. preferiría tener un profesor que es un ordenancista firme *(firm)* o inflexible *(rigid)*. Las dos palabras significan más o menos lo mismo, pero tienen connotaciones muy diferentes. Normalmente pensamos que un ordenancista firme es uno que se guía por las reglas de una manera justa y equitativa. Un ordenancista inflexible es el que piensa que las reglas nunca deben romperse en ninguna situación. Admiramos a aquél y desdeñamos a éste.

La connotación tiene el efecto de cargar ciertas palabras — y ésta refleja los pensamientos del hablante o escritor. Por ejemplo, se puede describir a alguien como un burócrata. La palabra **burócrata** es una palabra respetable — o lo era. Ahora esa palabra sugiere una persona que vive del papeleo y que odia trabajar duro.

A. A discutir

Describa brevemente las connotaciones de las siguientes expresiones:

1. publicity hound
2. do-gooder
3. zealot
4. fanatic
5. bleeding heart

B. La connotación

Trabajando en parejas o en grupos, contesten las siguientes preguntas.

1. ¿Cuál es la diferencia entre estas palabras? ¿Cuál adjetivo prefiere Ud. que se use para describirle?

    listo   inteligente   sagaz   vivo   astuto   sabio

    Ahora, complete las oraciones usando cada palabra solamente una vez.
    a. Ella gana mucho dinero en la bolsa; por lo tanto, podemos decir que ella es _____.
    b. A razón de mis experiencias, cuando necesito consejo voy a este hombre _____.
    c. Ella siempre es la primera que contesta en clase. ¡Qué chica tan _____!
    d. Aunque no estudia mucho, él saca buenas notas probablemente porque es _____.
    e. El aprende los idiomas rápidamente; debe ser muy _____.
    f. Solamente hay que explicarle las cosas una vez; ella es una chica _____.

2. Ordene estas palabras de menor a mayor grado:

    miríada   profusión   muchos   varios
    algunos   unos   un tanto

3. ¿Cuál es la diferencia entre estas palabras?

    desear   anticipar   añorar   esperar   soñar   prever

4. Ordene estos sustantivos según el grado de aversión:

odio	aborrecimiento	repugnancia
abominación	enemistad	aversión
desprecio	repulsión	detestación

A PONERLO EN PRÁCTICA

A. Del español al inglés

En las siguientes oraciones, una palabra o frase aparece en cursiva. Busque las palabras en su diccionario y seleccione la más apropiada según el contexto de la oración.

1. It was a sight *asombroso*.
2. He consumed large quantities of vitamins in order to *cobrar fuerzas*.
3. I will follow you *por donde quiera*.
4. The company fired him *sin inmutarse*.
5. The movie was made *en exteriores*.
6. The child was eating a *paleta*.
7. He is a person *muy partido*.
8. He lives in a small *rancho*.
9. The eagle ate the *topo*.
10. There is no *casero* here during the winter.
11. Carlos is a real *populachero*.
12. The auctioneer *rechazó* the bid.
13. The visitors were separated from the prisoners by a *tela de alambre*.
14. A single *vistazo* told her that he was handsome.
15. He is a(n) *hijo de sus propias obras*.

B. Del inglés al español

En las siguientes oraciones, una palabra o frase aparece en cursiva. Busque las palabras en su diccionario y seleccione la más apropiada según el contexto de la oración.

1. *I came across* the books yesterday. Me _____ con los libros ayer.
2. This is a real *antique!* Esta es una verdadera _____.
3. We have to *carry out* the plan. Tenemos que _____ el plan.
4. Where is the coffee pot? ¿Dónde está la _____ ?
5. The battery is *down*. El acumulador está _____.
6. The old man left *to gather* firewood. El viejo salió para _____ leña.
7. She has *to hem* her dress. Ella tiene que _____ su vestido.

8. Are you going *to join* the association? ¿Vas a _____ la asociación?
9. No, I am going *to join* the Army. No, voy a _____ el ejército.
10. The two rivers *join* south of Monticello. Los dos ríos _____ al sur de Monticello.
11. There were nine pups in the *litter*. Había nueve cachorros en la_____.
12. The wounded man was placed on the litter. El herido fue puesto en la _____.
13. In the movie, the bandit *murders* the three hostages. En la película, el bandido _____ a los tres rehenes.
14. The students arrived *before* the professor. Los estudiantes llegaron _____ la profesora.
15. The woman decided *to exchange* the gifts. La mujer decidió_____ los regalos.

UNIDAD

1 La descripción

Objetivos

Después de terminar este capítulo, el estudiante podrá:
- definir los elementos básicos de una descripción.
- identificar los elementos descriptivos de cada lectura.
- distinguir las características que se utilizan para describir personas, lugares y situaciones.
- discutir el punto de vista o perspectiva de cada lectura.
- escribir una breve composición bien organizada que demuestre el uso de los elementos básicos de una descripción.

Objetivos lingüísticos

Después de terminar este capítulo, el estudiante podrá:
- utilizar los verbos **ser/estar** y otros predicados relacionados.
- reconocer y aplicar estructuras de modificación, adjetivos, frases y cláusulas adjetivales.
- utilizar estructuras comparativas.

Introducción general

Rasgos de la descripción

Un propósito común de la escritura es hacer descripciones del mundo que nos rodea: objetos, personas, lugares, ambientes, procesos, acciones, situaciones, y más. La descripción, como cualquier otra clase de texto escrito, requiere la elección y organización coherente de datos y observaciones. No es posible describir ningún objeto en términos exhaustivos; es imprescindible escoger los datos que se van a incluir en la descripción. ¿Cuáles son los criterios que se utilizan para tomar estas decisiones? Son el propósito del autor y, a veces, su percepción de las necesidades y expectativas del lector lo que va a determinar el contenido y la estructura apropiada de la descripción.

Propósitos posibles de una descripción

Tomemos un ejemplo. Supongamos que vamos a describir «una playa». Para describir la playa de una manera coherente es necesario elaborar la descripción de acuerdo con algún propósito específico o desde una perspectiva determinada. Es necesario preguntar «¿por qué y para qué (o para quién) se quiere hacer tal descripción?» Algunas posibilidades son:

- para captar los sentimientos que uno experimenta y para gozar de la playa de una forma indirecta, a través de la palabra escrita.
- para mostrar que la playa es un ambiente social con varios «tipos» sociales.
- para convencer a otros de que la playa está en peligro de deterioro y de que deben hacer algo para salvarla.

En el primer caso uno escribe por razones privadas, y la descripción va a enfocarse en las sensaciones y emociones estimuladas por varios elementos del ambiente de la playa. En el segundo caso, la descripción se dirige por una tesis, que el escritor quiere comprobar o mostrar a través de la descripción. Se describiría más bien a la gente y sus actividades en la playa que los rasgos físicos de la playa. En el tercer caso, el propósito es convencer a otro a comportarse de alguna forma. La descripción tendrá que tomar en cuenta al lector y lo que lo motiva.

Principios organizadores de una descripción

Además, de acuerdo con el propósito de la descripción, se va a escoger entre varios posibles principios de organización para describir la playa de una manera coherente. Algunas posibilidades serían estructurar la descripción:

1. **en términos espaciales.** Se podría, por ejemplo, tomar el agua como punto de partida y desarrollar la descripción hacia la playa misma. O bien se podría seguir la playa desde un punto determinado hasta otro. También se podría identificar una serie de espacios distinguibles y describir cada uno de ellos.
2. **en términos de un rasgo central.** Podría ser el caso, por ejemplo, que lo más importante de la playa es cómo la naturaleza del agua se presta bien a ciertas actividades (la natación, el «surfing», la pesca, etc.).
3. **en términos sensoriales o estéticos.** Se podría, por ejemplo, basar la descripción en las sensaciones físicas que se experimentan en la playa (el calor del sol, el olor del agua, la arena bajo los pies, los distintos sonidos, etc.).
4. **en términos psicológicos.** Se podría describir cómo varios aspectos de la playa (sol, agua, etc.) contribuyen al descanso o relajamiento del individuo.
5. **en términos comparativos.** Se podría comparar o contrastar una playa con otra. Se podría dar un panorama temporal de la actividad de la playa, comparando lo que pasa por la mañana con lo que pasa por la tarde.
6. **en términos de una tesis.** La descripción se podría limitar a los elementos del ambiente que ayudan a desarrollar una tesis u observación particular con referencia a la playa. Una posible tesis sería «hay tres motivos básicos que atraen a la gente a la playa».

A lo mejor, la estructura de la composición representará una mezcla coherente de principios de organización.

Actividad preliminar

Los ejemplos de posibles propósitos y principios de organización distan mucho de agotar las posibilidades. Responda a las preguntas y sugerencias siguientes para desarrollar sus propias ideas.

1. ¿Puede pensar en otros posibles propósitos para describir «una playa»?, ¿en otros principios de organización de una descripción?
2. Decida sobre un propósito determinado concreto para describir «una playa». Discuta el posible contenido descriptivo (los datos y

observaciones) relacionado al propósito. Discuta varios modos posibles de organizar el contenido para lograr el propósito de una manera coherente.
3. Escoja otro propósito distinto de descripción. Con referencia a la pregunta anterior, discuta cómo se cambiaría el contenido descriptivo y la organización del contenido de la descripción para lograr el nuevo propósito. ¿Cómo ha influido el propósito en el contenido y en la organización de la descripción?

LECTURA 1

«EL CORREO DEL AMOR»
POR DICK SYATT

INTRODUCCIÓN A LA LECTURA

La primera lectura es parte de una columna regular titulada «Correo del amor» de *El Mundo*, un periódico hispánico publicado en Boston. La columna sirve tanto como foro de anuncios personales como columna de consejo. Como es de esperar, los anuncios que se presentan a continuación abundan en lenguaje descriptivo de las gentes. Los anuncios personales, al igual que cualquier clase de anuncio, se dirigen a un público determinado e intentan convencer a ese público de algo. En el caso de anuncios personales, el escritor busca compañero/a deseable. La búsqueda de amistades mediante un foro público es un poco arriesgado; por consiguiente, la descripción tiene que componerse de tal modo que el escritor identifique y apele al lector/compañero apropiado. El escritor tiene que representarse a sí mismo y describir al compañero deseado en términos adecuados a sus deseos e intenciones. Además, para ahorrar espacio y dinero el escritor tiene que ahorrar palabras.

ANTES DE LEER

A. Personajes y perspectivas
1. Con la clase entera, escojan a un personaje conocido de todos.
2. Cada estudiante, por separado, apunta lo que considera el rasgo sobresaliente en cada una de las tres categorías siguientes: rasgos físicos, sociales y personales.
3. La clase compara las listas para ver el grado de acuerdo, desacuerdo o variedad que hay entre los estudiantes de la clase.
4. La clase discute las descripciones y compone una breve descripción final (máximo de 50 palabras) del personaje.

B. ¿Cómo soy yo?
   1. Descríbase a sí mismo, dando todos los detalles que Ud. considera esenciales para que alguien le conozca bien. Incluya las características físicas, psicológicas, sociales, los intereses que tiene, los talentos, los gustos y disgustos, etc.
   2. ¿Hay diferencias entre su cara pública y su cara privada? ¿Cómo cree usted que los demás lo describirían? ¿Tendrían razón?
   3. ¿Hay diferencias entre cómo usted quiere ser y cómo usted es en realidad?
   4. Describa a su compañero/a ideal. ¿En qué aspectos tiene que parecerse a usted? ¿diferenciarse de usted?

C. Los anuncios personales
   1. Haga una lista de las categorías de información que normalmente se dan y se piden en un anuncio personal. Discuta el significado relativo de los varios datos para propósitos de un anuncio personal (considere la edad o la altura, por ejemplo).
   2. Haga una lista de prioridades de los datos que le importan más a Ud. ¿Qué revela su lista acerca de Ud. y sus valores? Compare su lista con la de otro estudiante.
   3. ¿Cómo se organiza la información en un anuncio personal? ¿En qué orden se presentan los datos? ¿Cuáles factores cree Ud. deben determinar el orden de los datos en un anuncio de esta clase? ¿Por qué?
   4. Cuando se trata de anuncios personales, es muy importante que el lector lea «entre las líneas» porque las descripciones pueden contener un mensaje implícito. Discutan cómo estos anuncios representan un mensaje codificado.
   5. ¿Pondría Ud. un anuncio personal en el periódico? Discuta sus razones por qué sí o por qué no. Ud. verá que en «El correo del amor» anuncian once hombres y dos mujeres. ¿Cree Ud. que es significativo este dato? ¿En qué sentido?

A LEER

«EL CORREO DEL AMOR»
POR DICK SYATT

P1 Centroamericano, divorciado, 5'8" estatura. 170 libras de peso, pelo negro medio ondulado, uso bigote. 43 años de edad, trabajo estable. Hogareño, romántico, sincero, he practicado y me gusta el deporte, las diversiones sanas, la música de toda clase, el baile. Me considero de buen carácter, y de sentimientos nobles. Gustaría conocer damita de 23 a 40 años, de buenos sentimientos con aspiraciones, no pasada de libras, fines matrimoniales. Escríbeme, quizás nos hemos buscado, sin habernos encontrado. Esta es la oportunidad. 2009.

P2 Joven varón de 30 años, desearía conocer damitas de cualquier edad, color o peso, con fines amistosos. Cariñoso y comprensivo. Si eres igual escribe. Estoy encarcelado, salgo dentro de 18 meses. Contestación garantizada. 2013.

P3 Caballero de 45 años, trabajador y cariñoso, que no fuma ni bebe, desea conocer dama entre los 40 y 48 años, que busque comenzar una amistad sincera y duradera. Me gusta la tranquilidad, la comprensión y el amor, que es la única forma de dos personas ser felices, si usted es esa dama y quiere conocer un caballero que la comprenda, escríbame hoy mismo. EM-2002.

P4 Centroamericano, 38 años, soltero, trabajador, bien remunerado, romántico. Mis gustos: música suave, literatura, el cine, el arte del vídeo y la pintura. Busco damita 25-38 años sincera, honrada de nobles sentimientos, fines matrimoniales. EM-2004.

P5 Centroamericano de 32 años. No fuma, muy trabajador, le gusta el cine. Pelo color castaño. Le agrada la música hispana. 5'7" de estatura, peso 149 lbs. Busca damita entre los 25-35 años, que tenga los mismos intereses y no tenga compromiso. Preferible que resida cerca de Boston. EM 2005.

P6 Caballero con excelente apariencia física (40 años) comerciante, educado, cariñoso, amable y soltero. Gusta de actividades sociales. No fuma y bebe limitadamente. Busca dama para relación seria con buena apariencia física con no más de 35 años, y que comparta los mismos intereses. EM 2006.

P7 Caballero de 30 años. 5'7" estatura, peso 147 lbs. Soltero, trabajador y cariñoso. No tengo compromisos de ninguna índole. Interesado en conocer damita de 25 a 30 años, con fines serios, alguien con quien compartir los buenos momentos que la vida puede brindarnos. Quiero una esposa que sepa corresponder mi cariño, y a quien saludar todos los días con frases amables y tiernas. 2007.

P8 Caballero divorciado, 40 años, 5'6", 150 lbs. Centroamericano, serio, noble, decente, muy limpio, trabajador, discreto, honesto, tranquilo, educación y ocupación a nivel semiprofesional. Gustaría relacionarse con damita de buenas costumbres y seria. Si está interesada podemos reunirnos para cenar informalmente o tomar un refresco, conversar, conocernos, y ver si tenemos algo en común. Me gusta la música hispana, la cultura, la religión, viajar, trabajar, leer y aprovechar en forma positiva el tiempo. Me gustaría salir a bailar, no frecuento bares ni discotecas. EM 2008.

P9 Hombre divorciado de 29 años de edad, profesional, buena apariencia física, y honesto, busca dama entre los

20 y 30 años de edad. Soy hogareño y romántico. Me gusta el cine, la música, y la lectura. Busco una muchacha con los mismos gustos, que le guste cocinar y que sea atractiva e inteligente. Por favor, envíe foto que yo haré lo mismo. 2010.

P10 Soy una dama de 50 años de edad, divorciada, sin problemas familiares. Me mantengo activa; me gusta la música latina, viajar, ir al cine, cenar, y conversar sobre diferentes temas. Busco un caballero de edad apropiada, que tenga los mismos gustos, y solvencia económica. Prefiero que resida en el área de Boston, y que esté dispuesto a enviar foto. 2011.

P11 Joven americano de 21 años de edad desea conocer a muchachas hispanas. Alto, pelo negro con ojos verdes, bien parecido y con buena personalidad. Interesado en aprender a bailar merengue y salir con hispanos. No habla mucho español, pero intentará comunicarse lo mejor posible. Quiere conocer joven hispana que sea cariñosa pero no muy celosa. Prefiero que resida cerca de Boston y que tenga buena figura latina. Enviar foto si es posible. 2012.

P12 Caballero hispano, soltero, 47 años, sin compromisos. Cansado de vivir solo, desea relacionarse con damita centroamericana honrada de 35 a 36 años. No me importa su pasado. Fines serios. Preferible que sepa manejar. Soy hogareño, sano y me gusta la música y los deportes. Deseo formar un hogar donde reine el respeto mutuo. EM 2014.

P13 Soy joven dominicana de 21 años, color indio y de estatura pequeña. Deseo tener amigos de los dos sexos. Soy sincera, buena amiga y trabajadora. EM 2015.

Tomado de El Mundo, *febrero/marzo, 1988*

Después de leer

PREGUNTAS DE COMPRENSION

1. ¿Cuántos de los anunciantes son hombres? ¿Cuántas son mujeres?
2. ¿Cuántos anunciantes indican de qué país hispano son? ¿Cuál(es) de los anunciantes es (son)?
3. Uno de los anunciantes no es hispano. ¿Cuál es?
4. ¿Cuántos son hombres de negocios? ¿Cuál(es)?
5. ¿Dónde está el anunciante #2 en este momento?
6. ¿Cuántos utilizan un «pitch» romántico? ¿Cuál(es)?
7. ¿Cuántos indican claramente que quieren casarse? ¿Cuál(es)?
8. ¿Cuántos piden fotos? ¿Cuál(es)?

ENFOQUE EN EL CONTENIDO Y LA ESTRUCTURA

A. Anatomía de un anuncio personal

Compare los anuncios desde el punto de vista de su contenido y estructura. ¿Cuáles son los rasgos comunes de esta clase de texto? Si Ud. fuera a preparar un «esquema general» (basado en los ejemplos del texto) como modelo a seguir al componer un anuncio personal, ¿cuál sería?

B. Clasificando a los anunciantes

Compare y trate de agrupar a los anunciantes en términos de cada una de las categorías siguientes:

1. **propósito del anuncio:** relación pasajera, amistad seria, matrimonio.
2. **compañero/a buscado:** ¿se busca un compañero con rasgos específicos o generales?
3. **aspecto más importante:** apariencia, personalidad, nivel socio-económico.

C. Psicoanálisis de un anunciante

Escoja uno de los anuncios y trate de «analizar» en más detalle la personalidad, el carácter, los deseos y las intenciones del anunciante. Discuta cómo todo esto influye en el contenido y en la estructura del anuncio. Piense en las preguntas siguientes:

1. ¿Cómo se describe el anunciante? ¿Cree Ud. que es una descripción sincera? ¿Cree que el anunciante dejó de incluir algún dato importante? Note si se describió en términos físicos o en terminos psicológicos. ¿Qué clase de persona es, en su opinión?
2. ¿Qué clase de persona busca el anunciante? ¿Se interesa mucho por las características físicas del compañero/a? ¿Cuáles son sus intenciones en cuanto a las relaciones personales (si las incluye)? ¿Cree Ud. que son sus intenciones verdaderas?
3. ¿Tiene el escritor una estrategia obvia? ¿Apela a los deseos románticos? ¿a los deseos de seguridad? ¿Cómo?
4. ¿Cuáles son los valores y prioridades en la vida del anunciante? ¿Cómo lo sabe Ud.?
5. ¿Cree Ud. que podría llevarse bien con esta persona? ¿Por qué (no)?

ENFOQUE EN EL LENGUAJE

Para más información sobre los temas gramaticales tratados en estas actividades, consúltese el **Apéndice gramatical**.

A. Damas y caballeros

Ud. se dará cuenta de que no se usa la palabra «mujer» en estos anuncios.

¿Cuáles términos se usan para referirse al «hombre» y a la «mujer» en la lectura? ¿Por qué sería esto? ¿Cómo nos afecta como lectores esta elección de vocabulario?

B. Unos términos descriptivos

Habrá notado también términos frecuentes en estos anuncios, como, por ejemplo, «hogareño», «honesto» y «honrado». ¿Qué significan estos términos? ¿Por qué cree Ud. que aparecen con tanta frecuencia en estos anuncios?

C. Inventario de términos descriptivos

Esta lectura presenta un rico vocabulario descriptivo de personas. La mayoría de las expresiones descriptivas caen dentro de las siguientes categorías. Vale la pena juntar y aprender ese vocabulario. En otro papel, apunte todas las palabras, frases y expresiones que se relacionen con estas categorías:

estado social:
estado económico:
atributos físicos:
apariencia general:
personalidad (rasgos sociales):
carácter (rasgos profundos que demuestran un sistema de valores):
costumbres/actividades/gustos:
deseos/motivos/intenciones:

D. Inventario personal

Utilizando las categorías dadas arriba como punto de partida, haga una lista personal de vocabulario descriptivo de personas que más refleje sus propias necesidades e intereses. Trate de ampliar la lista de arriba para producir un vocabulario útil para Ud. Agregue categorías si quiere. Si lo desea, puede hacer una lista primero en inglés y después buscar los equivalentes españoles apropiados en un diccionario o preguntando a un hispanoparlante.

E. Verbos esenciales para la descripción

Las prácticas que siguen se basan estrechamente en los textos que ha leído. Llene los espacios con la forma apropiada del verbo indicado por el contexto: **ser, estar, haber o tener**. Esté listo a explicar su elección de verbo.

1. Anuncio #1:

_____ centroamericano. _____ divorciado. _____ 5'8" de estatura. _____ 170 libras de peso. _____ pelo negro ondulado. Uso bigote. _____ 43 años de edad. _____ trabajo estable. _____ hogareño, romántico y sincero.

2. **Anuncio #4**

    _____ centroamericano. _____ 38 años. _____ soltero, trabajador, bien remunerado y romántico. Mis gustos _____ la música suave, la literatura, el cine, el arte del vídeo y la pintura. Busco una damita de 25-38 años que _____ sincera, honrada, de nobles sentimientos con fines matrimoniales.

3. **Anuncio #11**

    _____ un joven americano de 21 años de edad desea conocer a muchachas hispanas. _____ alto. _____ pelo negro con ojos verdes. _____ bien parecido y con buena personalidad. _____ interesado en aprender a bailar merengue y salir con hispanos.

F. **Estructuras comparativas**

Empleando cada una de las expresiones descriptivas que Ud. encuentra abajo por lo menos una vez, haga mínimo 10 comparaciones válidas entre los anunciantes. Trate de utilizar una variedad de estructuras: de igualdad — **tan(to)**, de desigualdad — **más/menos,** y superlativas — **el más/menos**. Haga por lo menos una comparación entre las dos damas.

hogareño   *pesar* = to weigh
romántico   *medir* = to measure, be tall
serio   *buen compañero*
edad

Ejemplos: *El Caballero #8 **es más alto que** el Caballero #7.*
*El Caballero #7 no **es tan alto como** el Caballero #8.*
*El Caballero #1 **es el más alto de** los tres.*

ACTIVIDADES DE ESCRITURA

A. **Un anuncio para compañero de casa**

Ud. y un/a amigo/a acaban de alquilar una casa. Les sobra un dormitorio, y quieren contratar a un compañero más para compartir los gastos de la casa. Es importante que tomen cuenta de sus propias personalidades y gustos y que discutan entre sí el tipo de persona que buscan. Juntos compongan un anuncio que sirva para atraer a un compañero apropiado. Deben describir las circunstancias de vivienda e indicar precisamente lo que está buscando en cuanto a compañero. Primero, compongan el anuncio en oraciones completas.

Después, abrevien el anuncio, quitando unas cuantas palabras para ahorrar el máximo espacio y dinero.

B. Una comparación

Dos de los anunciantes de la lectura son damas de distintas situaciones sociales. Basándose en la información de los dos anuncios, escriba una descripción corta pero bien organizada contrastándolas y comparándolas en términos de edad, estado social, estado económico, apariencia, personalidad, carácter, costumbres y de deseos y motivos.

Primero, vale la pena repasar la información sobre estructuras comparativas en el **Apéndice**. Otras palabras y estructuras útiles que se debe tomar en cuenta son: **mientras, en cambio, también/tampoco, pero/sino, ser igual.**

C. Querido Sr. Syatt

El redactor de la columna «El correo del amor», el Sr. Dick Syatt, también contesta cartas de las personas que le piden consejos. Resulta que la «joven dominicana» del anuncio #14 acaba de recibir una respuesta del «joven norteamericano» del anuncio #12. No está segura si debe salir con el joven o no y escribe al Sr. Syatt pidiéndole consejos. Haga Ud. el papel del Sr. Syatt y contéstele la carta. Incluya sus opiniones «profesionales» sobre la situación y dé razones por sus consejos.

LECTURA 2

«PREÁMBULO A LAS INSTRUCCIONES PARA DAR CUERDA AL RELOJ»
POR JULIO CORTÁZAR

INTRODUCCIÓN A LA LECTURA

La siguiente es una lectura literaria de Julio Cortázar, un escritor argentino nacido en 1916. El tema de la lectura es un objeto, el reloj. A través de la descripción del reloj, Cortázar va mucho más allá del objeto mismo para explorar de modo irónico las implicaciones de recibir un reloj como regalo. Vamos a ver cómo funciona la ironía como principio organizador de una composición.

ANTES DE LEER

A. Los regalos - los buenos, los malos y los feos

Ud. ha recibido muchos regalos en su vida, para la Navidad o para el día de su cumpleaños o simplemente porque alguien pensó que ese regalo en particular era algo muy apropiado para Ud. Haga dos listas: una de lo que Ud. considera los tres mejores regalos que haya recibido y otra de los tres peores. Dé tres términos descriptivos de cada uno.

	Regalos mejores	Término descriptivo	Término descriptivo	Término descriptivo
1.	_____	_____	_____	_____
2.	_____	_____	_____	_____
3.	_____	_____	_____	_____
	Regalos peores	Término descriptivo	Término descriptivo	Término descriptivo
1.	_____	_____	_____	_____
2.	_____	_____	_____	_____
3.	_____	_____	_____	_____

Compare sus listas con las de un compañero. Piense en lo que revelan estas dos listas acerca de Uds. y sus personalidades respectivas. Basándose en las listas, ¿cómo describiría Ud. a su compañero y a Ud. mismo? ¿En qué aspectos se asemejan y difieren Uds. dos?

B. Regalos que comprar

Piense en los familiares y amigos que van a celebrar días especiales este año y para quienes Ud. tendrá que comprar un regalo. ¿Cómo describiría a cada uno? ¿Qué le piensa regalar a cada uno y por qué? ¿Es una razón funcional, ¿sentimental?, ¿social? En una hoja aparte, escriba unas respuestas breves a las preguntas.

C. Unas preguntas preparatorias

1. ¿Qué es un «preámbulo»? Si la lectura es un «preámbulo a las instrucciones» y no las instrucciones de por sí, ¿de qué se trataría la lectura?
2. ¿Cómo definiría Ud. «la ironía» y «la metáfora»? Busque las definiciones en el diccionario. ¿Tenía Ud. razón? Piense en las definiciones al hacer la lectura.

A LEER

«PREÁMBULO A LAS INSTRUCCIONES PARA DAR CUERDA AL RELOJ»
POR JULIO CORTÁZAR

Piensa en esto: cuando te regalan un reloj te regalan un pequeño infierno florido, una cadena de rosas, un calabozo de aire. No te dan solamente el reloj, que los cumplas muy felices y esperamos que te dure porque es de buena marca, suizo con áncora de rubíes; no te regalan solamente ese menudo picapedrero que atarás a la muñeca y pasearás contigo. Te regalan — no lo saben, lo terrible es que no lo saben —, te regalan un nuevo pedazo frágil y precario de ti mismo, algo que es tuyo pero no es tu cuerpo, que hay que atar a tu cuerpo con su correa como un bracito desesperado colgándose de tu muñeca. Te regalan la necesidad de darle cuerda todos los días, la obligación de darle cuerda para que siga siendo un reloj; te regalan la obsesión de atender a la hora exacta en las vitrinas de las joyerías, en el anuncio por la radio, en el servicio telefónico. Te regalan el miedo de perderlo, de que te lo roben, de que se te caiga al suelo y se rompa. Te regalan su marca, y la seguridad de que es una marca mejor que las otras, te regalan la tendencia a comparar tu reloj con los demás relojes. No te regalan un reloj, tú eres el regalado, a ti te ofrecen para el cumpleaños del reloj.

Tomado de Historia de cronopios y de famas, *Buenos Aires 1966.*

DESPUÉS DE LEER

PREGUNTAS DE COMPRENSION

1. ¿Cuáles son algunas expresiones que se usan para describir el reloj hipotético de esta lectura?
2. ¿De qué marca es el reloj?
3. ¿Qué es lo que no saben los que dan de regalo un reloj?
4. Según la lectura, ¿cuáles son tres maneras de enterarse de la hora?
5. ¿Cuáles son tres cosas que le pueden pasar a un reloj?

ENFOQUE EN EL CONTENIDO Y LA ESTRUCTURA

A. Tema y tesis

El tema de esta lectura de Cortázar es «el reloj como regalo». La tesis sería lo que el autor quiere decir respecto al reloj. Trate de resumir en una sola frase la tesis o idea básica de la lectura.

Si uno recibe un reloj de regalo, _____

B. La ironía

1. ¿En qué sentido se puede decir que la tesis de la lectura es irónica? Piense en las preguntas siguientes:
   - ¿Cómo debe uno reaccionar al recibir un reloj de regalo?
   - ¿Cómo reaccionaría el autor, según las implicaciones del «preámbulo»?

2. Irónicamente, en vez de mencionar lo bueno de poseer un reloj, el autor señala toda una serie de problemas asociados con llevar un reloj. Haga un resumen corto de ellos.

3. La última frase de la lectura resume la ironía de la descripción. En cierto sentido es un juego de palabras. Discuta. ¿Qué quiere decir el autor?

ENFOQUE EN EL LENGUAJE

Para más información sobre los temas gramaticales tratados en estas actividades consúltese el **Apéndice** gramatical.

A. Una rosa por otro nombre huele igual

El autor describe el reloj a través de una serie de nombres metafóricos que apoyan la ironía del texto. Traduzcan los nombres siguientes al inglés. ¿En qué sentido son metafóricos? ¿Cómo se ve la ironía en la estructura de los nombres?

1. un pequeño infierno florido _____
2. una cadena de rosas _____
3. un calabozo de aire _____
4. ese picapedrero menudo _____
5. un pedazo nuevo, frágil y precario de ti mismo _____
6. algo que es tuyo pero no es tu cuerpo _____
7. bracito desesperado colgándose de tu muñeca _____

B. Verbos esenciales para la descripción

Complete las frases con la forma apropiada del verbo indicado por el contexto: **ser, estar, haber** y **tener**. Esté listo a explicar su elección de verbo.

El reloj que _____ colgado de tu muñeca y que le _____ regalado por tus amigos _____ una cadena de rosas. Ahora tú _____ obligado a darle cuerda todos los días y a atender a la hora exacta. El reloj _____ suizo y por eso puedes _____ seguro de que no _____ una marca mejor. Pero vas a comparar el tuyo con los demás relojes de todos modos. El reloj no _____ un regalo. Tú _____ el regalado.

C. Estructuras comparativas

Llene los espacios con las expresiones comparativas indicadas por el contexto de la frase. Trate de utilizar una variedad de estructuras: de igualdad — **tan(to)**, de desigualdad — **más/menos**, superlativas — **el más/menos**, absolutas — **adjetivo + ísimo**.

1. El autor parece opinar que el reloj es el _____ regalo _____ todos.
2. Según el autor, el que recibe un reloj de regalo está _____ contento _____ antes.
3. Tiene _____ preocupaciones _____ antes.
4. No goza de la vida _____ _____ antes.
5. Pero dudo que recibir un reloj sea _____ malo _____ dice el autor.
6. Un reloj suizo es _____ _____ un Timex.
7. Un Timex no cuesta _____ _____ un Rolex.
8. El Rolex es muy pero muy caro, es _____.
9. Creo que el Rolex es el reloj _____ caro _____ mundo.
10. Cuesta mucho _____ dinero _____ yo tengo.

ACTIVIDADES DE ESCRITURA

A. El regalo que yo jamás olvidaré
Escriba una composición breve en la que describe un regalo que se destaca en su memoria por ser muy apreciado, muy extraño, muy chistoso, etc. Además de describir el regalo, trate de describir sus reacciones hacia él.

B. Para el hombre/la mujer que tenga todo
En la vida de cada uno hay alguien para quien es muy difícil comprar un regalo apropiado. Escriba una breve composición describiendo a tal persona. ¿Quién es? ¿Por qué es tan difícil buscarle un regalo? ¿Cómo ha solucionado el problema en el pasado o piensa solucionarlo en el futuro? ¿Por qué es esta la mejor solución?

C. Las cosas tienen una vida propia
Cortázar ha hecho una descripción de un objeto, pero en términos de la relación que existe entre el objeto y el dueño. Escoja un objeto (el coche, la televisión, la ropa, por ejemplo) que Ud. posee y escriba una descripción de él mostrando no sólo el papel funcional sino también social y psicológico que juega en su vida.

LECTURA 3

«CANNING Y RIVERA»
FRAGMENTO DE «AGUAFUERTES PORTEÑAS»
POR ROBERTO ARLT

INTRODUCCIÓN A LA LECTURA

El texto siguiente describe un ambiente urbano de Buenos Aires formado por la intersección de dos calles importantes. Es un texto medio-literario hecho por Roberto Arlt, un escritor/periodista argentino. La descripción se trata más del ambiente social del lugar que de la apariencia física de la bocacalle. Arlt desarrolla la descripción del ambiente a través de un contraste de los lugares que forman parte del ambiente. Además, Arlt muestra el uso de la metáfora como elemento descriptivo.

ANTES DE LEER

A. Ambientes urbanos
Casi todas las ciudades tienen un centro, una sección, una plaza o hasta una intersección que es el pulso dinámico de la vida urbana, que tiene un ambiente particular.

1. ¿Reconocen algunos de los sitios siguientes?: Soho, Bourbon Street, The Left Bank, Picadilly Circus, Las Ramblas, Rodeo Drive, Hollywood and Vine, Haight-Ashbury, La Gran Vía, Les Champs Elysées, El Paseo de la Reforma.
2. ¿Dónde se encuentra cada uno? ¿Por qué es famoso?
3. ¿Por qué atraen estos lugares a la gente? ¿Qué clase de persona atrae? ¿Por qué? ¿Cómo es el ambiente? ¿Qué espera la gente ver allí?

B. Mi ciudad
Piense ahora concretamente en su propio pueblo o ciudad.

1. Identifique un lugar vital de la ciudad (una calle, una intersección, una plaza, un parque, etc.). Haga una lista de los adjetivos que describan esa intersección.
2. Divida su ciudad en varias secciones como el centro comercial, la zona residencial, la zona escolar, la zona industrial, etc. ¿Qué tipo de personas suelen verse andando por las calles de cada una de esas secciones?

C. Lectura a la Evelyn Woods
Antes de leer un texto complejo, a veces ayuda dar un vistazo rápido leyendo títulos (y subtítulos) y la primera frase de cada párrafo. Para facilitar la lectura,

a continuación se encuentra el texto reducido de la manera indicada arriba. Lea el esquema buscando en el diccionario sólo el vocabulario necesario para formar una impresión general de la estructura y contenido del texto. Discuta las preguntas siguientes:

1. El texto se divide en tres segmentos titulados. Además se puede notar que los segmentos tienen cada vez más párrafos. ¿Qué podría sugerir esto en cuanto a la estructura del texto y la posible función y contenido de cada segmento?
2. Basado solamente en la información del esquema, haga un resumen de lo que Ud. cree ser el contenido de cada segmento. Haga, también, una lista de preguntas que se le sugieren. Estas preguntas le van a guiar la lectura. ¿Se contestan estas preguntas o no en la lectura?
3. Texto Reducido:

Canning y Rivera

P1 Canning y Rivera, intersección sentimental de Villa Crespo, refugio de vagos y filósofos baratos; pasaje obligado de fabriqueras, gorreros judíos y carniceros turquescos…

El café

P2 Si usted tiene aficiones a la atorrancia,… múdese a las inmediaciones de Canning y Rivera.

P3 Y le digo que se mude… porque… encontrará todo lo que el alma de un vago necesita…

P4 Y es que en una esquina así se pasa, sin vuelta. En cuanto un ciudadano entra al café, se siente contagiado de la pereza colectiva.

Hormiguero humano

P5 Triunvirato y Canning, Rivera y Canning, verdaderos cruces de hormiguero en plena efervescencia.

P6 Pasan las fabriqueras, pantaloneras, chalequeras…

P7 Los zánganos la gozan; la gozan y la miran, que otra cosa no hacen.

P8 Desfile humano interminable. Babel de todas las razas.

D. Adivinando el significado de palabras: el sufijo - *ero*

Esta lectura abunda en los sufijos -**ero/a** y -**or/ora** que se agregan a otras clases de palabras para crear una palabra relacionada. En la mayoría de los casos en esta lectura se agrega a un nombre para producir otro nombre que significa «persona/cosa relacionada al objeto implícito» (*flor* ➔ *florero* = *flowerpot* o *florist*). A veces convierte un nombre en adjetivo (*calle* ➔ *callejero* = *de la calle*). ¿Cuál es la palabra que sirve de base para las siguientes palabras derivadas? Al leer el texto, trate de determinar el significado de la palabra derivada.

Modelo: Párrafo #1: gorrero
Palabra base: gorra *[hat/cap]*
Significado en el texto: *cap maker/haberdasher*

Párrafo #1: fabriquera, carnicero
Párrafo #3: redoblonero, esquinero
Párrafo #5: verdadero, hormiguero
Párrafo #6: pantaloneras, chalequeras, alpargateras, tejedoras, cosedoras
Párrafo #8: despensero

A LEER

«Canning y Rivera»
Fragmento de «Aguafuertes porteñas»
por Roberto Arlt

Canning y Rivera

P1 Canning y Rivera, intersección sentimental de Villa Crespo, refugio de vagos y filósofos baratos; pasaje obligado de fabriqueras, gorreros judíos y carniceros turquescos; Canning y Rivera, camino de Palermo, esquina con historia de un suicidio (una muchacha hace un año se tiró de un tercer piso y quedó enganchada en los alambres que sostienen el toldo del café salvándose de la muerte), y un café que desde la mañana temprano se llena de desocupados con aficiones radiotelefónicas.

El café

P2 Si usted tiene aficiones a la atorrancia[1]; si a usted le gusta estarse ocho horas sentado y otras ocho horas recostado en un catre[2], si usted reconoce que la divina providencia lo ha designado para ser un soberbio «squenun» en la superficie del planeta, múdese a las inmediaciones de Canning y Rivera. Todas sus ambiciones serán colmadas[3]... y el reino de los inocentes le será dado, por añadidura[4].

P3 Y le digo que se mude en las proximidades de esas calles porque en ese paraje encontrará todo lo que el alma de un vago necesita para consolación y regocijo de su fiaca[5]. Encontrará allí toda la variedad: levantadores de quinielas[6] y redobloneros[7], anarquistas en embrión, si usted es aficionado a la sociología; tenorios[8] y damas, música (de radio) y típica por la noche, y muchas mozas. El refugio es el café esquinero, parece una iglesia; pero una iglesia donde se habla de fijas[9] y se trata de temas «profanos o del siglo» como dicen los teólogos. El altoparlante[10] suministra música nacional desde las diez de la mañana. Las ventanas abiertas a la calle invitan a dejarse estar[11]. Las fabriqueras que pasan, incitan a mirar. Los desdichados pintorescos que transitan invitan a meditar. Y con tanta ocupación inútil, pero espiritual, no hay

1. la pereza
2. una silla
3. serán completamente satisfechas
4. en adición, además
5. pereza; persona perezosa
6. organizadores de una loto/lotería
7. gente que hace apuestos
8. donjuanes (de Don Juan), galanes
9. «tips» en las carreras de caballos
10. instrumento que aumenta la voz
11. descansar, relajarse, no preocuparse

12. *exclamación como ¡Caramba! ¡Caray!*
13. *organismo biológico*
14. *bebida parecida al café*
15. *mueve los pies*
16. *engañar al mozo*
17. *acostumbrados, mutuamente entendidos*
18. *dinero, monedas, pesos*
19. *hombres perezosos; abejas (drones)*
20. *hacer comentario de coqueteo a una mujer que pasa*
21. *reír fuertemente*

fiaca que al dar las doce del día no exclame: —Pero, ¡la gran siete![12] ¡Cómo se pasa la mañana!

P4 Y es que en una esquina así se pasa, sin vuelta. En cuanto un ciudadano entra al café, se siente contagiado de la pereza colectiva. Los brazos le empiezan a pesar como si fueran de plomo y la mirada se le llena de neblina. El mozo que está acostumbrado a la clientela, es un plantígrado[13] resignado. No protesta. Sirve el achicoria[14] «express» con la misma sencillez de un mártir. Cinco de propina, y la mesa ocupada tres horas.

Hormiguero humano

P5 Triunvirato y Canning, Rivera y Canning, verdaderos cruces de hormiguero en plena efervescencia. Desde la mañana los cafés se llenan de gente. Desde temprano, bajo los toldos una humanidad de jóvenes fiacas se despatarra[15] en las sillas, y en mangas de camiseta goza del viento y del sol. ¿De qué viven? Para mí es un misterio. El caso es que nadie le mete la mula al mozo[16], todos tienen los consabidos[17] veinte guitas[18] y una infinita ansiedad de no hacer nada, absolutamente nada.

P6 Pasan las fabriqueras, pantaloneras, chalequeras, alpargateras, gorreras, tejedoras, cosedoras. Son grupos de dos, de tres, de cinco muchachas.

P7 Los zánganos[19] la gozan; la gozan y miran, que otra cosa no hacen. Cuando más largan un piropo[20], alguna atrevida mira y exclama: —¡Andá a trabajar, vago! —Y el grupo se ríe a grandes carcajadas[21].

P8 Desfile humano interminable. Babel de todas las razas. Pasan sefardíes con piezas de tela, judíos con cestos cargados de gorras, turcos cristianos con canastas de carne, checoslovacos de blusa (trabajan en las obras del subte), alemanes con baratijas de venta imposible; italianos amarillos de tierra, españoles con manchas de vino en el delantal despensero, y un zumbido incesante se filtra a través del aire, bajo el dorado cielo azul de la mañana.

Tomado de Obra Completa, *Buenos Aires, 1981*

Después de leer

PREGUNTAS DE COMPRENSION

1. ¿En qué parte de Buenos Aires se encuentra la intersección de Canning y Rivera?
2. Según el primer párrafo, ¿qué clases de gente se atraen a la intersección?
3. ¿Qué incidente menciona el autor relacionado con la intersección?
4. Según el autor, ¿qué clase de persona debe mudarse a las proximidades de esas calles?
5. ¿Qué se encuentra allí?
6. ¿A qué se refiere el autor con el término «el refugio»?
7. Según el párrafo #4, ¿cómo es el ambiente del café?
8. ¿Cuál es «el misterio» al que se refiere el autor en el párrafo #5?
9. ¿Qué pasa entre los jóvenes del café y las mujeres que pasan en la calle?
10. ¿Cuántas nacionalidades se mencionan en el último párrafo? ¿Con qué oficio se asocia cada grupo?

ENFOQUE EN EL CONTENIDO Y LA ESTRUCTURA

A. Tema y tesis

La lectura está dividida en tres segmentos. El primero es el más resumido y presenta los temas (dos lugares) que se van a desarrollar en los otros dos segmentos de la lectura. ¿Cuáles son estos temas? ¿Dónde se desarrollan en el texto?

B. Análisis de un párrafo

La estructura básica de un párrafo contiene tres segmentos: 1) una frase temática que declara el tópico o la tesis del párrafo; 2) el cuerpo del párrafo que desarrolla el tópico a través de datos, ejemplos, argumentos, etc. y 3) una frase de conclusión que resume el contenido del párrafo sin repetir palabras. El párrafo #3 es buen ejemplo de tal estructura.

1. A continuación se da el bosquejo del párrafo omitiendo elementos claves. Vuelva a leer el párrafo y complete el esquema según el contenido. Discuta el bosquejo: ¿representa bien, en su opinión, la estructura del párrafo? ¿Por qué (no)?
2. Haga un bosquejo del párrafo #4 (Y es que una esquina así...). Compare su bosquejo con el de otro estudiante y discutan las semejanzas y diferencias entre los bosquejos.

LA DESCRIPCION

> I. Frase temática
> Y le digo que se mude en las proximidades de esas calles porque...
> II. Desarrollo del tópico con ejemplos:
>   A. Encontrará allí toda _____
>   1. _____ de quinielas y redobloneros,
>   2. _____ en embrión,
>   3. si usted es aficionado a la sociología;
>   a. _____
>   b. _____ (de radio) y típica por la noche,
>   c. y muchas _____.
>   B. _____ es el café esquinero,
>   1. parece _____.
>   2. El altoparlante suministra _____ nacional.
>   3. Las ventanas abiertas a la calle invitan a _____.
>   4. Las fabriqueras que pasan, incitan a _____.
>   5. Los desdichados pintorescos que transitan invitan a _____.
> III. Conclusión/resumen:
> _____, no hay fiaca que al dar las doce del día no exclame: — Pero, ¡la gran siete! ¡_____!

C. Metáforas y un contraste social

Un elemento estructural de la lectura es la oposición de lugares: el café vs. la calle. ¿Qué representan los dos lugares? Piense en lo siguiente:

1. ¿Qué clase de persona frecuenta el café? ¿Qué clase de persona pasa por la calle? ¿Por qué pasa esa gente por la intersección? ¿Qué tipo de interacción hay entre las dos clases?
2. ¿Cuáles son los términos que el autor utiliza para referirse al café? ¿Con qué lugar se compara el café metafóricamente? ¿Qué quiere decir el autor mediante la metáfora?
3. ¿Cuáles son los términos que utiliza el autor para referirse a la intersección? ¿Cuáles son las metáforas que utiliza? ¿Sirven bien para hacer la descripción del ambiente?

D. Buenos Aires en pequeño

1. El autor representa los dos lugares (la intersección y el café) como un microcosmo de la sociedad urbana de Argentina (o por lo menos de la región). Discuta. Piense en la tipología de gente que presenta el autor.

Por ejemplo, la gente de las distintas razas y nacionalidades se identifican con oficios «típicos». ¿Cuáles son?

2. ¿Se puede entrever la actitud del autor hacia el sitio y la gente? ¿Le gusta el lugar? ¿Le gustan los tipos de personas que lo frecuentan? Piense en estas preguntas:
   - ¿Qué se pregunta el autor acerca de los jóvenes del café?
   - ¿Cómo describe al mozo que sirve en el café?
   - Según insinúa el autor, ¿por qué pasan las mujeres trabajadoras (sobre todo las fabriqueras)?

E. El suicidio fracasado

Volviendo a la anécdota del suicidio en el primer segmento de la lectura, ¿es un dato extraño que presenta el autor o tiene algún significado relacionado con el tema del texto?

ENFOQUE EN EL LENGUAJE

Para más información sobre los temas gramaticales tratados en estas actividades, consúltese el **Apéndice** gramatical.

A. El ocio y la vida de Riley

Las primeras dos partes de esta lectura abundan en el vocabulario del «ocio» y de la vida «tranquila».

1. Reúna cuantas palabras y expresiones posibles emplea el autor para evocar estos conceptos. Trate de clasificar los términos por clase de palabra (**nombre, adjetivo, verbo, modismo, expresión idiomática,** etc.)
2. Según el contexto del párrafo #2, ¿puede pertenecer a esta clase la palabra misteriosa «squenun»?

B. Verbos esenciales para la descripción

Llene los espacios con la forma apropiada del verbo indicado por el contexto: **ser, estar, haber** y **tener**. Esté listo a explicar su elección de verbo.

1. Utilice el tiempo presente de los verbos.
   El café esquinero parece una iglesia pero no _____ iglesia. El ciudadano _____ contagiado de la pereza colectiva. En ese paraje _____ todo lo que el alma de un vago necesita. _____ una gran variedad de gente. Las ventanas _____ abiertas a la calle y el altoparlante _____ tocando música nacional. Las mesas _____ ocupadas durante largas horas, por eso el mozo no gana mucho dinero en propinas. Pero él _____ acostumbrado a la clientela.

LA DESCRIPCION

2. Utilice el tiempo pasado de los verbos.

Triunvirato y Canning, Rivera y Canning _____ verdaderos cruces de hormiguero. Las bocacalles parecían un hormiguero que _____ en plena efeverscencia. Los cafés _____ llenos de gente desocupada. _____ muchos jóvenes en los cafés. _____ muy perezosos. _____ en mangas de camiseta gozando del tiempo. _____ viento y sol. ¿De qué vivían los jóvenes? _____ un misterio. Afuera _____ un desfile humano interminable. _____ Babel de todas las razas.

C. Estructuras comparativas

Llene los espacios con las expresiones comparativas indicadas por el contexto de la frase. Trate de utilizar una variedad de estructuras: de igualdad — **tan(to)**, de desigualdad — **más/menos**, superlativas — **el más/menos**, absolutas — **adjetivo + ísimo**, expresiones varias **como, igual que**. En algunos casos se puede usar más de una sola estructura.

1. Por la intersección de Canning y Rivera pasan _____ vagos _____ filósofos baratos.
2. La gente de la calle no es _____ perezosa _____ la de los cafés.
3. Los temas que se discuten en los cafés son _____ profanos _____ los que se discuten en las iglesias.
4. El mozo nuevo está _____ acostumbrado a la clientela _____ el viejo.
5. La clientela siempre deja _____ propina _____ el mozo quiere recibir.
6. Los jóvenes fiacas tienen _____ tiempo _____ dinero.
7. Es un día bonito, hace _____ sol _____ un viento ligero.
8. Al entrar al café, los brazos del ciudadano empiezan a pesar _____ plomo.
9. Se oye un zumbido incesante _____ en un hormiguero.

ACTIVIDADES DE ESCRITURA

A. Mi cuarto

Todo el mundo organiza su ambiente personal de modo que éste refleja la personalidad y los gustos que tiene. Escriba una corta descripción de su habitación, mostrando quién es Ud. a través de la expresión descriptiva. Haga la descripción de una forma organizada: es decir, o siga un plan espacial o escoja un elemento central que puede servir como foco de la composición.

B. Un lugar con ambiente

Haga una descripción de un lugar que conozca que tenga «ambiente» social. A lo mejor Ud. tiene un lugar favorito adonde se escapa para relajarse y divertirse. Haga una lista de expresiones descriptivas que utilizaría para describirlo. Piense en términos tanto subjetivos (impresiones, sensaciones, reacciones personales) como objetivos (descripción física y concreta). Con base en la lista componga una corta descripción (de un párrafo) de él de modo que se revele por qué le gusta tanto el sitio. Siga un plan organizado.

C. Un bestiario estudiantil

Si Ud. fuera a clasificar a los estudiantes universitarios según «tipos» sociales, ¿cuáles son las categorías que identificaría? ¿Cuáles son los rasgos distintivos de cada categoría? ¿Cómo se reconocen estos rasgos? ¿Qué clase de reacciones provocan las distintas clases? Primero, apunte brevemente las categorías de «tipos» que Ud. ha identificado y los rasgos característicos de cada una. Después, escriba un párrafo corto describiendo el «tipo» que más le interese.

PARA RESUMIR

RESUMEN DE ELEMENTOS DE LA COMPOSICIÓN DESCRIPTIVA

En esta unidad, Ud. ha estudiado tres lecturas basadas en principios y mecanismos descriptivos. El estudio de «El correo del amor» muestra que la estructura y el contenido se rigen hasta cierto punto por la interacción entre el propósito del autor y su concepción del público hacia el cual está dirigido el anuncio personal. Por una parte, el contenido descriptivo de un anuncio refleja los valores y las necesidades de los individuos anunciantes; por otra parte, el esquema del anuncio personal es tan bien conocido que todo el mundo puede anticipar hasta cierto punto su contenido y estructura.

El texto «Preámbulo a las instrucciones para dar cuerda al reloj» ejemplifica el uso de una tesis irónica como principio de organización de una descripción. La ironía se expresa de varias maneras: 1) por la enumeración de consecuencias negativas que acompañan el regalo; 2) mediante los varios nombres basados en significados contradictorios que el autor inventa para describir y referirse al reloj; y 3) en la última frase del texto, que resume la tesis irónica claramente, cambiando el referente del término «regalado».

«Canning y Rivera» es un buen ejemplo de la descripción de un lugar o «ambiente». Se rige por una tesis que se expresa inmediatamente en la primera frase: Canning y Rivera es una intersección especial en tres sentidos: es un ambiente sentimental, es un refugio de vagos y es pasaje obligado de la clase trabajadora. Los elementos de la tesis imponen una organización espacial. Los «espacios» claves de la tesis (el café y la intersección) corresponden a distintos mundos o estilos de vida (ocio vs. trabajo). La descripción de cada espacio estriba en una metáfora (el café = refugio como una iglesia/la intersección = un hormiguero). Los espacios principales se relacionan mediante un tercer espacio, la ventana del café. El movimiento del texto forma una progresión desde el espacio interior del café a través de la ventana, que marca el punto de interacción transitoria entre los dos mundos, hacia el mundo exterior de la intersección y, por último, hasta «el dorado cielo azul de la mañana.»

Actividades de escritura extendida

A. El/la agente matrimonial
Ud. es un/una «agente matrimonial» y una de las dos damas anunciantes de la lectura son sus «clientes». Busque la mejor pareja entre los anunciantes para ella. Como no se le paga a Ud. sino hasta que la pareja salga por lo menos una vez, Ud. tiene que proponerle una cita con uno de los caballeros a la dama y convencerle de que es una pareja perfecta.

B. Un anuncio comercial
Ud. prepara un anuncio comercial (de una a dos páginas) en el que describe su lugar favorito de recreo o de vacación. Además de enumerar las posibilidades de recreo, trate de «captar» el ambiente del sitio haciendo lo siguiente:
1. pintando el lugar con vocabulario descriptivo de los varios sentidos (no sólo en términos visuales) y de las reacciones psicológicas y emocionales que uno experimenta, y
2. caracterizando a los tipos genéricos de gente que acuden al lugar.

C. El hombre y el tiempo

Todo el mundo se relaciona psicológicamente con el tiempo. Algunos no se preocupan mucho por la hora; otros son muy puntuales. Algunos hacen horarios detallados llenos de actividades; otros prefieren el tiempo no estructurado. Otro ejemplo es que algunas personas viven el presente, otras se preocupan por el futuro y aún otras se orientan hacia el pasado. Como preparación a una futura biografía, escriba una propuesta bien estructurada en la que describa a alguien que ya conoce en términos de su sentido del tiempo. Siga, si quiere, el esquema siguiente:

Tesis:	Haga una observación interesante acerca de la gente y del tiempo.
Ejemplo:	Introduzca a la persona que sirve de ejemplo.
Desarrollo:	Escriba por lo menos tres párrafos, estructurados entre sí, que desarrollen la tesis a través de una descripción de la persona, su apariencia, lo que dice y lo que hace.
Conclusión:	Resuma de alguna forma (sin repetir lo ya dicho) el tema y la tesis de su composición.
Título:	Trate de inventar un título interesante y apropiado.

UNIDAD 2

LA NARRACIÓN

Objetivos

Después de terminar este capítulo, el estudiante podrá:
- definir los elementos básicos de una narración.
- identificar los elementos narrativos de cada tipo de lectura.
- distinguir las características que se utilizan para organizar una narración.
- interpretar el punto de vista de una lectura y discutir su eficacia.
- evaluar la importancia del primer plano y del fondo de un cuento.
- escribir un relato que demuestre el uso de los elementos básicos de una narración.

Objetivos lingüísticos

Después de terminar este capítulo, el estudiante podrá reconocer y utilizar:
- la función del aspecto verbal en la narración.
- la modificación de acciones.

Introducción general

Rasgos de la narrativa

Una narración se organiza bajo ciertos criterios que ayudan al escritor a describir y narrar un acontecimiento. Según ciertos críticos, cada narrativa contiene cinco partes:

- **el abstracto**, un pequeño resumen que explica el punto de la narrativa, sea en frase u oración completa;
- **la orientación** hacia el acontecimiento, que orienta al lector según el tiempo, el lugar, los personajes, la actividad o la situación;
- **la narrativa** de por sí, incluye la acción y el aspecto central, que describe y explica lo que ha ocurrido;
- **la evaluación**, donde explica por qué quiere narrar el cuento y cuál es el propósito del cuento;
- **la resolución**, que cierra la acción, para empezar de nuevo con otro cuento.

Cualquier tipo de narración incluye como fondo la descripción, ya que hay que establecer cómo es el lugar, cómo son los personajes y cómo difiere esta actividad de las otras que han ocurrido. Por corto que sea el cuento, se centra en esa mezcla de descripción y narración. Por lo tanto, hay que observar el tipo de descripción que se hace de los personajes, lugares y actividades. La Unidad 1 trataba de las técnicas de descripción, lo cual forma parte íntegra de cualquier narrativa.

Cuando uno se pregunta «¿Cómo ocurrió 'X'?», se está preparando para describir una narración que incluye personajes, acciones, una serie de eventos que se desenvuelven en un ambiente específico, relacionados **causalmente** y moviéndose hacia adelante en tiempo y por etapas de acción. La narración intenta **re-crear** un acontecimiento, poniendo al lector dentro de la acción para que oiga, vea y sienta tal como se desenvolvió el acontecimiento en ese dicho momento. El narrador debe presentar los hechos, y dicha narración normalmente empieza en un determinado momento y termina en otro momento específico.

Actividad preliminar

Haga un relato corto de algún incidente reciente de su vida que todavía no se lo haya contado a nadie. Si es posible, grabe el relato en cinta. Después piense en las decisiones que Ud. tomó para prepararse a contar el relato. ¿Cuáles eran los datos imprescindibles del relato? ¿En qué orden se presentaron? ¿Por qué? Si hizo algunos cambios en la narración al contarlo, discútalos. ¿Se podría mejorar la anécdota de alguna manera? ¿Cómo?

LECTURA 1

EL HUMOR
LOS CHISTES

INTRODUCCIÓN A LA LECTURA

Las siguientes lecturas consisten en una serie de textos humorísticos que corrientemente circulan por Latinoamérica y España, y que en algunos casos reflejan rasgos culturales específicos. Los textos, sean visuales o lingüísticamente basados, tienen como base la narración de un acontecimiento. Lo cómico surge de lo sorprendente. Al poner a las personas en situaciones imprevistas, se puede mostrar lo absurdo de su comportamiento. El humor se desarrolla fácilmente porque cae bajo uno de ocho contextos ya conocidos por el lector. Entre ellos figuran los siguientes tipos de humor:

- **el cliché**, cuando uno toma una expresión conocida y la lleva al extremo de la conclusión literal;
- **Así es la vida**, cuando el lector se identifica con el «momento», o con un realismo exagerado;
- **situaciones imposibles o ridículas**, que describen apuros verídicos; la gracia del chiste consiste en que la situación siempre le toca al otro;
- **fuera de carácter**, una tira cómica que muestra a un personaje que reacciona de forma imprevista;
- **actuando según carácter**, cuando el personaje reacciona tal como se esperaba bajo determinadas circunstancias;
- **estupidez**, el personaje principal no ve lo esencial; el lector sí lo observa.
- **inventiva o ingenio**, demuestra la resolución de un problema de forma ingeniosa
- **exposición incompleta**, asociado principalmente con el humor británico; depende de una serie de palabras que no corresponden al momento.

PONERLO EN PRÁCTICA

Piense en un ejemplo de cada uno de los contextos. Explique a sus compañeros por qué cree Ud. que cada ejemplo representa ese contexto que ha escogido.

Antes de leer

A. ¡Cuánto me hace reír!
   1. Escriba un chiste, en español o inglés, que a Ud. le provoca risa. Puede ser uno inventado o uno que ya sabe.
   2. Con la clase entera, compartan algunos de los chistes.
   3. Si hay chistes en inglés, divídanse en grupos de tres o cuatro y hagan una traducción de los chistes. Luego discutan qué diferencia se observa al leer el chiste en vez de contarlo oralmente, y las diferencias al contar el chiste en inglés o en español.

B. Para entender un chiste
   1. ¿Cómo se organiza un chiste? ¿Qué información es absolutamente necesaria y de qué información se puede prescindir?
   2. ¿Hay descripción elaborada de los personajes? ¿del ambiente? ¿Cómo se presenta esa descripción?
   3. En su opinión, ¿qué información cultural necesita Ud. al leer un chiste para poder comprenderlo bien?

C. Tiras cómicas
   1. Elija tres o cuatro tipos de tiras cómicas que se encuentran en un típico periódico norteamericano. ¿Quiénes serán los lectores de cada tipo? ¿Cuáles características en particular le ayudan a clasificar las tiras según determinados tipos?
   2. Traiga a clase tres de sus tiras cómicas favoritas. Analice el interés que tengan para usted.
   3. Discuta hasta qué punto el humor depende de lo visual o cuándo requiere la expresión lingüística para que sea cómico.

A leer

Los chistes

1. No es lo mismo

A mediados de este siglo se pusieron de moda unos dichos que comenzaban con las palabras: «No es lo mismo». El popular locutor cubano «Suaritos» fue quien los popularizó en Cuba desde su estación de radio «Radio Cadena Suaritos». Aunque se inventaron muchas de las expresiones, la gente del pueblo creó muchas también y han pasado a considerarse como parte del «folklore» cubano del siglo XX.

No es lo mismo alto quien vive que quien vive en los altos.
No es lo mismo una coqueta vieja que una vieja coqueta.
No es lo mismo Catalina de Médicis que qué me dices Catalina.
No es lo mismo San Francisco de Asís que no seas así, Francisco.
No es lo mismo paulatinamente que la mente de Paula metida en una tina.

2. Chistes

El profesor, señalando a uno de sus estudiantes, le dice:
— Tome usted esta bicicleta y entregue por favor este mensaje en el edificio tal y vuelva aquí enseguida.

Provisto de aquel veloz medio de transporte, se esperaba que el joven regresase en cuestión de cinco minutos, pero transcurrió casi media hora antes de que apareciese de nuevo, empujando lentamente la bicicleta hacia el colegio.

— ¿Qué pasó? — reclamó el exasperado profesor. — ¿Se le reventó algún neumático o pasó algo por el estilo?
— No, — dijo el alumno. — ...es que no sé montar en bicicleta.

Un hombre tiene un accidente en su Fiat 600 y se queda volcado con las cuatro ruedas hacia arriba. De pronto pasa un hombre y le pregunta:
— Dígame, ¿usted tuvo un accidente?
— ¡Nooo! Es que le estoy cambiando los pañales.

Cierto alumno del colegio había pagado para estudiar un curso especial de telepatía por correspondencia, pero no le llegó el material. Telefoneó a la escuela, en son de protesta.
— Ese curso no lo enviamos por correo — le explicó una agradable voz femenina.
— Lo transmitimos por telepatía.
— Aún no lo he recibido — repuso el presunto alumno.
— Ya lo sé. Hasta ahora usted ha venido fallando en la asignatura.

3. Humor visual

El siguiente texto depende de Ud. como lector para crear el significado. Como todo tipo de tiras cómicas, este significado depende de previo conocimiento del sujeto, del tema o del tipo de personaje, entre otras cosas. La estrategia básica de las tiras cómicas es hacer que el lector se asocie visualmente con la sátira propuesta por el autor/dibujante.

Después de leer

ENFOQUE EN EL CONTENIDO Y LA ESTRUCTURA

Ya habrá notado que los chistes funcionan como mensajes cortos, sin muchos detalles descriptivos. Vuelva a leer los tres chistes en la segunda parte de la lectura. ¿Cómo se puede saber dónde toman lugar estas conversaciones? ¿Qué pistas hay dentro de la narrativa del chiste que nos permiten crear en nuestra mente una descripción de la escena?

ACTIVIDADES DE ESCRITURA

A. Para aumentar el cuento

Escoja uno de los chistes y trate de expandir la narración. Haga una lista de los puntos que se prestan para elaborar. Incluya notas o frases sobre los detalles descriptivos de los personajes y del lugar. Tenga las siguientes sugerencias en mente:

1. ¿Cómo serán los personajes?, ¿viejos o jóvenes?, ¿altos o bajos?, ¿generosos o tacaños?
2. ¿Cómo será el lugar? Si es un salón de clase, ¿se encuentra en un colegio o una universidad? ¿Los muebles son viejos o nuevos? ¿Qué se enseña en esa clase?
3. ¿Cómo hablan los personajes?, ¿cuál es el tono de voz?

B. ¡A contarlo!

Basándose en el dibujo anterior, escriba un chiste en forma narrativa que describa la acción de la tira cómica. Incluya el subtítulo en el texto del chiste. Hágalo como si le estuviera contando el chiste por teléfono a un amigo que no ha visto el dibujo.

C. El cuento

Basándose en otra tira cómica, con un compañero trate de escribir el chiste como si fuera un cuento corto.

LECTURA 2 — UNA CARTA DE TÚNEZ

INTRODUCCIÓN A LA LECTURA

Otro tipo de narrativa es la carta personal, que al ser personal no deja de tener estructura según las necesidades del lector implícito. La lectura que sigue es una carta personal donde la autora se describe a sí misma y al medio ambiente. Para narrar los acontecimientos de su vida, se vale de descripciones muy floridas que ayudan a amplificar el momento. En esta lectura, observe cómo el contenido y el orden se determinan según el lector para quien se había escrito la carta. El mensaje de la carta presupone un lector conocido quien participa en el placer de rememorar el viaje del escritor.

Antes de leer

A. ¿Cómo se escribió la carta?

En la primera actividad antes de leer, observen que el significado del mensaje depende de su estructura.

1. Las siguientes oraciones forman parte de una carta, pero no están en orden. Trabajando en grupos, pongan las oraciones en orden lógico. Discuta cómo las palabras en cursiva le ayudaron a organizar la carta.
2. ¿La carta debe dividirse en párrafos? ¿Dónde? ¿Qué información debería añadir el autor para impresionar al lector?

3 de mayo de 1989

Sr. Manolo Goytisolo
Agencia Maupintour
213 Calle Montenegro
Bogotá, Colombia

Estimado Sr. Goytisolo:

a. Mi responsabilidad principal *en Viajes Valencia* es organizar viajes internacionales tanto para individuos como para grupos.
b. *Por lo tanto*, siento toda confianza en mi habilidad de poder contribuir a su compañía.
c. Adjunto favor de encontrar el résumé tal como Ud. lo ha pedido. *Espero tener la oportunidad de establecer una cita* a la hora que le sea conveniente a usted.
d. A propósito de su anuncio en *El País* del día 23 de abril, le escribo para solicitar el puesto de agente de viajes.
e. *Mis deberes adicionales* incluían la mecanografía, llenar boletos, llamar a las aerolíneas y compañías de autobús, y hablar con clientes.
f. *Al hablar con los clientes*, normalmente tenía que recurrir al uso tanto del español como del francés, ya que hablo los dos perfectamente.
g. Obtuve mi Certificado de Viajes y Turismo de la Universidad de Segovia y *desde que recibí el certificado*, he trabajado con la Compañía Viajes Valencia.

Quedo de Ud. respetuosamente,
Alvarado Gismonte

LA NARRACION

B. Carta personal
1. Si la carta se trata de un viaje, ¿cómo se organizarían las ideas, o la información? ¿Qué estructura espera encontrar en el relato?
2. En una carta personal escrita a un amigo, ¿cómo se expresaría el autor? ¿Qué características tendría el lenguaje? ¿Qué tipo de vocabulario se encontraría a diferencia del vocabulario usado al escribirle a una persona poco conocida?

A LEER
UNA CARTA DE TÚNEZ

Túnez

1. tarde
2. con actividad frenética
3. artículo de ropa, sweater
4. confusión
5. en busca de
6. ni idea
7. diversión con ruido
8. nos perdimos totalmente
9. sitio lleno de atracadores
10. mañana de mucho sol
11. fascinante
12. paradas poco atractivas, peligrosas
13. demasiado, el colmo
14. visitar la ciudad
15. ¡Qué revolución causamos…!
16. plan + adjetivo = -mente: bestialmente
17. se agitaron, reaccionaron fuertemente

P1 Nos encontramos el jueves en el aeropuerto. A nosotros nos llevó Paco. María José fue con sus padres porque además su madre quería echarle el ojo a Eugenio. Salimos con retraso[1] y entre pitos y flautas[2] llegamos a Túnez a las 8 de la noche del 24 de marzo. Hacía un viento huracanado y helador y no hacía más que pensar que no llevaba nada más que una rebeca[3] gris…

P2 Nos entregaron el FIAT-UNO y arrancamos con un despiste de narices[4] a la caza y captura[5] del Hotel. No teníamos ni flores[6] de cómo funcionaba el asunto de las calles y todas eran prohibidas. De casualidad lo encontramos. A mí se me cayó el alma a los pies cuando vi nuestra habitación. Bajamos a cenar y ya empezó el jolgorio[7]. Visitamos Túnez capital y nos pegamos una perdida[8] que acabamos en un sitio auténtico navajeros[9] pero muertos de la risa. Al día siguiente abandonamos el hotel y a las 7'30h de la soleadísima mañana[10] del Viernes Santo partimos hacia Monastir. Mi mapa de carreteras era alucinante[11]. Nos perdimos 1,000 veces pero sirvió para conocer parajes inóspitos[12]. Antes de salir hacia el sur de la costa (o sea, hacia Monastir) subimos un poco al norte para ver Cartago, famosos habitantes los cartagineses por sus guerras púnicas-romanas.

P3 Ya empezábamos a causar FUROR (porque realmente eso ocurría) entre los chicos; sobre todo María José (rubia, ojos verdes…) Paramos en Hammamet y un montón de pueblos y por la tarde en Sousse — gran capital. A eso de las 5'30h llegamos a Monastir. Eso fue el lujo. El hotel era una locura de las mil y una noches, de lujo y estrellas. Una pasada[13]. La ciudad tenía un encanto muy especial. Nos duchamos y a visitarla[14]. No veas[15] la revolución «rubia + morena» (María José y Charo) que montamos. Provocábamos a los chicos en plan bestia[16] y se ponían a 100/h[17]. Eugenio se

18. gozar mucho
19. entramos con disímulo, a escondidas
20. atracción a primera vista
21. bigote medio rubio
22. se daba la ilusión
23. se quedó impresionado, enamorado
24. con una sonrisa
25. celoso, furioso
26. en árabe
27. la habitación #506
28. ¡Qué espectáculo éramos...!
29. saltando, precipitando
30. viaje directo de París a Dahar
31. con fines románticos

enfadaba y decía que eso era muy peligroso pero la rubia y yo pasábamos un montón[18]. Nos colamos[19], junto con Loli, las 3, en una boda. Allí tuve un flechazo[20] con un chico alucinante. Delgado, super bien vestido, ojos verdes, bigote rubiales[21], alto, y tenía un super-Mercedes blanco... ¡No veas qué tío más bueno! Me hice foto con él y el tío alucinaba por un tubo[22] porque también se quedó prendado de mí[23]. Al final le abandoné entre sonrisas[24]. (Tengo foto acreditativa del momento).

P4 Resultado: Eugenio celosillo y alucinando[25]. La rubia y yo muriéndonos de la risa. El resto del personal hablándonos en moraco[26], supongo que para invitarnos a que nos hiciésemos fotos con ellos [u otras «cosillas»]. Seguimos visitando y haciendo fotos. Fuimos a nuestro super Hotel y cenamos como animales en un bufete de los que yo nunca recuerdo haber visto.

P5 Nos cambiamos y nos reunimos en la 506[27], de la rubia y mía para hablar del día. Nos acostamos tardísimo. A las 7 nos levantamos, desayunamos y abandonamos el hotel. Era un cuadro[28] vernos: FIAT-UNO + 5 personas + 5 equipajes botando por todas las carreteras[29] y pueblos. Tienes que pensar que lo que hicimos nosotros no lo hacía nadie. Normalmente el turista se instala en un super hotel de la costa a tomar el sol y relajarse durante 4 ó 5 días, pero nadie trota por esos caminos de Alá en plan «París-Dahar».[30] Realmente Tunicia es para visitarla como lo hemos hecho nosotros o en plan romántico[31] en la costa con el hombre de tu vida, pero no vale la pena ninguna ciudad, en cuanto que no es un Roma o Londres, sino es un montón de miseria y gente muy agradable; ni siquiera es comparable con Marruecos; nada que ver; no tiene ni siquiera maravillosos palacios árabes o mezquitas increíbles. Lo interesante es el aspecto social o antropológico, la aventura.

P6 Prácticamente te lo he contado todo. Escríbeme y espero que cuando te escriba tenga novedades que contarte aunque seguro que ya no serán 5 hojas de carta.

Hasta pronto,
Charo

Después de leer

PREGUNTAS DE COMPRENSION

1. ¿Cuántas personas estuvieron en el aeropuerto y quiénes eran?
2. ¿Qué tiempo hacía?
3. ¿Cómo era la habitación? ¿Le gustaba a la autora?

LA NARRACION

4. ¿Dónde viajaron?
5. ¿Qué causó el furor?
6. ¿Quién tuvo el flechazo y con quién? ¿Cómo era esa persona?
7. ¿Qué clase de hotel fue donde se quedaron?
8. ¿Por qué la reacción de Eugenio les pareció cómica a María José y a Charo?
9. Según la autora, ¿cómo se debe hacer un viaje? ¿Cómo lo hacen los turistas normalmente? Según la autora, ¿cómo deben hacerlo?
10. ¿Cuál es el aspecto más importante de un viaje?

ENFOQUE EN EL CONTENIDO Y LA ESTRUCTURA

A. Para organizar

La carta se divide en seis párrafos. Discuta esta división. ¿Cuál es la idea central de cada párrafo?

P1 _____
P2 _____
P3 _____
P4 _____
P5 _____
P6 _____

B. El tema

1. El P5 presenta la tesis que sirve para organizar la carta. En una frase diga cuál es ese tema. Podemos decir que la composición se ha desarrollado de una forma inductiva. Explique.
2. Busque en la carta las ideas y el lenguaje que apoyan esta tesis. Discútanlas.

ENFOQUE EN EL LENGUAJE

Para más información sobre los temas gramaticales tratados en estas actividades, consúltese el **Apéndice** gramatical.

A. Los tiempos verbales

En la carta, los verbos ocurren en el orden siguiente. En una hoja aparte, marque si el verbo está en el pretérito o en el imperfecto. Discuta por qué seleccionó la autora cada forma.

Verbo	La forma Pret/Imp	Por qué
Primer párrafo		
nos **llevó** Paco		
su madre **quería**		
no **hacía** más que pensar		
Segundo párrafo		
nos **entregaron** el Fiat		
cómo **funcionaba** (las calles)		
se me **cayó** el alma		
empezó el jolgorio		
abandonamos el hotel		
era alucinante		
Tercer párrafo		
empezábamos a causar furor		
llegamos a Monastir		
eso **fue** el lujo		
la revolución que **montamos**		
(los chicos) se **ponían** a 100/h		
decía que era muy peligroso		
pasábamos un montón		
tuve un flechazo		
Quinto párrafo		
era un cuadro vernos		
no lo **hacía** nadie		

B. Cómo organizar una descripción

En la carta que acaba de leer, la autora desarrolla una serie de actividades y descripciones basándose en detalles concretos que ha recordado. Obviamente la escritora tiene poderes de observación bastante desarrollados. A lo mejor ha hecho observaciones de acuerdo con un esquema descriptivo que encierra una serie de preguntas implícitas tanto generales como de interés personal. Este esquema ayuda a organizar tanto la observación como la narración basada en ella.

1. Categorías de observación y descripción

   En grupos de tres o cuatro hagan una lista de las categorías de descripción (tanto generales como personales) que Uds. emplearían para

LA NARRACION

describir las siguientes cosas: **una persona, un objeto, una idea, un hecho o un lugar**. Por ejemplo:

Una idea   quien la ideó, su historia, otras ideas que se relacionan con ésta, su valor estético o material

2. Compare sus categorías con las de sus compañeros y traten de crear una serie de listas comparativas.

C. Preguntas implícitas

Cambie estas categorías de detalles descriptivos en preguntas que se puedan usar para buscar detalles específicos. Por ejemplo:

¿A quién se le ocurrió la idea?
¿Cuál es la historia de la idea?
¿Qué otras ideas se relacionan con ésta?
¿Qué valor tiene esta idea?

Estas listas les ayudarán a desarrollar sus ideas más concretamente. Las preguntas les serán útiles al momento de escribir, porque, al contestarlas, probablemente están contestando las preguntas que se haría el lector de su trabajo. Al momento de organizar sus ideas para escribir, tendrá una lista que incluirá más material de lo que pueda usar, pero esa decisión de optar por ciertos detalles y no otros forma parte del proceso de escribir.

ACTIVIDADES DE ESCRITURA

A. Un fin de semana en el campo

Piense en un incidente interesante y reciente. Supongamos que va a contar un incidente en una carta a un pariente o a un amigo. Primero, haga su lista de categorías de información y conviértala en preguntas.

Modelo: Un fin de semana
¿Dónde tomó lugar el incidente?
¿Quién estaba presente?
¿Qué provocó el incidente?
¿Cuál fue el orden de los hechos?
¿Cuándo tomo lugar?
¿Qué efecto tuvo este incidente en los que estaban presentes?
¿...?

Con esta serie de preguntas como ayuda, escriba una carta describiendo el fin de semana.

B. Su último viaje
Piense en algún viaje que haya hecho recientemente. Organice su información para que incorpore la descripción del lugar tanto como el relato de lo que ocurrió.

LECTURA 3

El cuento «Génesis»
por Marco Denevi

Introducción a la lectura

Como una carta que describe un incidente, un viaje o un momento especial, el cuento corto participa de la tradición literaria que contiene aspectos parecidos a la realidad. Desde que sabemos que la ficción es sólo una representación de la vida y no es exactamente tal como la vida real, nosotros — el público lector — esperamos que los escritores nos ofrezcan cuentos probables. Parte de esa convención literaria incluye al lector y lo que él espera de los acontecimientos y los personajes. Normalmente, desconfiamos de cualquier cosa que parezca excesivamente fantástica o inverosímil. Pero los escritores dotados confían que el lector suspenda su incredulidad y que participe en el fenómeno del suceso que le permite llorar, tener miedo, o sea, que se conmueva por lo que haya leído. Por lo tanto, el escritor organiza su cuento para que incluya una cronología de los sucesos, cierta motivación por parte de los personajes, la expectativa de una resolución aceptable y, en algunos casos, la prefiguración de los sucesos. Algunos cuentistas deliberadamente optan por romper con las convenciones, para ocasionar una reacción específica por parte del lector. Tal es el caso con algunos de los cuentos de Marco Denevi, como el que sigue.

Antes de leer

A. Adán y Eva
Cuando usted piensa en los nombres de Adán y Eva, ¿qué le viene a la mente? Describa estas personas, dónde están, cómo se visten, cómo son los personajes. Después, compare sus listas con los de algunos compañeros. ¿Qué semejanzas había en las varias listas?, ¿qué diferencias?

B. Sólo con el título
El título de «Génesis» tiene connotaciones bíblicas. Con ese título, ¿qué pronósticos puede hacer sobre lo que se desdoblará en el cuento? ¿Qué resolución espera al final del cuento?

A LEER
«Génesis»
por Marco Denevi

Con la última guerra atómica, la humanidad y la civilización desaparecieron. Toda la tierra fue como un desierto calcinado. En cierta región de Oriente sobrevivió un niño, hijo del piloto de una nave espacial. El niño se alimentaba de hierbas y dormía en una caverna. Durante mucho tiempo, aturdido por el horror del desastre, sólo sabía llorar y clamar por su padre. Después sus recuerdos se oscurecieron, se disgregaron, se volvieron arbitrarios y cambiantes como un sueño, su horror se transformó en un vago miedo. A ratos recordaba la figura de su padre, que le sonreía o lo amonestaba, o ascendía a su nave espacial, envuelta en un fuego y en ruido, y se perdía entre las nubes. Entonces, loco de soledad, caía de rodillas y le rogaba que volviese. Entretanto la tierra se cubrió nuevamente de vegetación; las plantas se cargaron de flores; los árboles, de frutos. El niño, convertido en un muchacho, comenzó a explorar el país. Un día vio un ave. Otro día vio un lobo. Otro día inesperadamente, se halló frente a una joven de su edad que, lo mismo que él, había sobrevivido a los estragos de la guerra atómica.

— ¿Cómo te llamas? — le preguntó.
— Eva, — contestó la joven. — ¿Y tú?
— Adán.

DESPUÉS DE LEER

ENFOQUE EN EL CONTENIDO Y LA ESTRUCTURA

A. La estructura interna
A continuación se presentan tres posibles esquemas de la estructura interna de la lectura «Génesis». Discuta los meritos de cada posibilidad.

1. S1-S2/S3-S8/S9-S13/S14-S16
2. S1-S4/S5-S9/S10-S13/S14-S16
3. S1-S5/S6-S10/S11-S13/S14-S16

B. La tesis
¿Tiene la narrativa una tesis explícita o implícita? ¿Cuál sería la tesis?

C. Para ampliar

Este cuento solamente se vale de un párrafo y dos parlamentos. Dentro del párrafo existe una sub-estructura que indica el desarrollo de los acontecimientos. Si Ud. fuera a escribir el cuento de forma más amplia, ¿cómo podría dividir el cuento para formar diferentes párrafos? ¿Qué detalles habría que añadirle a cada párrafo?

ENFOQUE EN EL LENGUAJE

Vuelva a leer el cuento. Haga una lista de los verbos conjugados en orden de aparición. Explique el juego de pretérito e imperfecto en el contexto y cómo contribuyen al desarrollo del cuento.

ACTIVIDADES DE ESCRITURA

A. Veinte años después

Imagínese que los personajes del cuento, Adán y Eva, han sobrevivido veinte años más. Con el paso del tiempo, han formado una familia de tres hijos, y la familia entera ha podido mejorar su medio ambiente. Escriba un pequeño cuento que describa el pasar de los años, particularmente enfocándose en un relato de una experiencia específica que le ha ocurrido a Adán y Eva.

B. Un problema matrimonial

Ud. es un consejero matrimonial a quien acuden Adán y Eva. Después de diez años juntos, los dos no se llevan bien y buscan algún consejo de cómo mejorar las cosas. Ud. averigua que en el pasado han tenido un problema grave, que desde ese momento les ha causado fricción en el matrimonio. Describa el acontecimiento.

C. Otra versión del cuento

Supongamos que Ud. desconoce lo que les pasó a los personajes bíblicos Adán y Eva. Siga escribiendo el cuento, tomando como punto de partida el momento de la introducción. Recree un final nuevo para el cuento.

LA NARRACION

Lectura 4   «Teruel y sus amantes»

Introducción a la lectura

La próxima lectura es una leyenda española basada en la historia. Se trata de dos amantes desafortunados y tiene cierto parecido al cuento de Romeo y Julieta. En términos de la composición, el texto ejemplifica tanto la descripción como la narración.

Antes de leer

A. ¿Leyenda o cuento?

Busque en el diccionario la definición de una leyenda. Entonces con la clase entera, piensen en algunas leyendas que conocen como, por ejemplo, «King Arthur and the Round Table», «The Legend of Sleepy Hollow», «Paul Bunyan and Babe the Blue Ox», «Pecos Bill», y «Rip Van Winkle». ¿Cuáles son los rasgos básicos de una leyenda? ¿Por qué existen las leyendas? ¿Cómo se relacionan estas leyendas con la definición que encontraron en el diccionario?

B. Para comparar temas

Piensen en la trama de la historia Romeo y Julieta y compárenla con la de «West Side Story». ¿Cuáles son sus rasgos comunes? ¿En qué aspectos difieren? ¿Pueden pensar en otras historias de esta índole?

C. El mini-cuento

La lectura que sigue no es nada fácil, pero es posible entender mucho si se lee la lectura condensada que sigue. Lea la versión reducida para tener una idea general tanto del contenido como de la estructura de la lectura. Busque en el diccionario solamente las palabras necesarias para la comprensión.

> **P1** Teruel tiene su blasón. Es descrito por un periodista. El blasón es la estrella solitaria y el toro. Son un claro símbolo del Teruel de hoy: ímpetu noble y firme.
> **P2** Teruel es un centro de dispersión de ríos.
> **P3** Teruel es la clásica capital de provincia española.
> **P4** Pero esta tierra áspera ha dado… hombres en cuyos corazones palpitan tres ideales: el amor, la fidelidad y la igualdad. El más alto símbolo de estos principios es la historia de los Amantes.

P5 Si Verona tiene su Romeo y Julieta, Teruel fue escenario de una de las tragedias de amor más conmovedoras. Mientras Romeo y Julieta son personajes imaginarios, Diego Marcilla e Isabel de Segura son criaturas de carne y hueso.

P6 Estas momias se descubrieron a principios del siglo XVII, en abril de 1619.

P7 España quiso meter en esta leyenda todo el dolor, todo el sufrimiento que una mujer y un hombre pueden sentir, amándose.

P8 Diego carecía de fortuna, lo que motivaba que el padre de Isabel se opusiera a la boda. Diego partió a la guerra. Pasaron cinco años. Por fin la doncella consintió en dar su mano a un rico hombre.

P9 Iba Isabel a la boda. El recuerdo de su viejo amor llenaba su espíritu. Buscó un instante de soledad en su jardín. Una sombra llegó hasta ella. Era Don Diego. Le propone huir en su alazán. Isabel se niega — «¡He de quedar, porque aquí está mi honor!» Rodó Diego, muerto, a los pies de su amada.

P10 Al día siguiente, se realizaron los funerales de Marcilla. La dama enlutada con trémula voz dijo — «Amor, luz de mis ojos, abre tu alma a la mía…para unirse contigo en las alturas!»

P11 Tal dijo Isabel y, besando aquella frente yerta una y cien veces, dobló la cabeza, y la vida se le fue en un suspiro.

P12 En tumba de alabastro sepultaron a los dos amantes.

A LEER

«TERUEL Y SUS AMANTES»

P1 Teruel, como todas las provincias de España, tiene su blasón que es descrito con estas exactas palabras por el periodista Manuel Jiménez Quilez: «La estrella solitaria y el toro, no útil para la labor ni para la carne, sino para la brava pelea, son un claro símbolo del Teruel de hoy: ímpetu noble y firme, que acude siempre a la cita histórica a que se le convoca. Las más de las veces sólo eso: ímpetu, ciego como el del toro de lidia al que la capa a un tiempo quiebra y burla. Y en lo alto, la estrella luminosa esperanza, guía para el camino, norte de afanes demasiado poco terrenales».

P2 Teruel es un centro de dispersión de ríos, importantes e ignorados que van a llegar al mar lejano después de cubrir con sus aguas las huertas de Levante. En Teruel nace el Tajo que al poco de nacer se dirige hacia Portugal. Estos ríos, que se originan en la bronca provincia aragonesa, sirven a España con su riego y su energía hidroeléctrica.

P3 Teruel es la clásica capital de provincia española. No muy grande, tranquila, con un vivir gustoso y ameno; edificada en lo alto de una pequeña meseta, como tantos pueblos de España. Con su plaza de la Constitución donde está la iglesia de Santa María de Mediavilla, que fue anteriormente iglesia parroquial, arciprestal, cabeza de arcedianado, iglesia colegial (1423) y finalmente en 1577, bajo Felipe II catedral. Con un sinfín de callejas, retorcidas y angostas, paseos como el de la Glorieta, el Pasador y los Porches del Mercado, cuatro o cinco iglesias más, y otros tantos conventos, y para no ser menos también tiene una imagen muy venerada, la del Cristo de las Tres Manos, en la iglesia del Salvador. La llaman así por una mano especial que lleva el Cristo pegada en el costado izquierdo.

P4 Pero esta tierra áspera con exagerados veranos e inviernos no ha dado un ser humano «insolidario, despectivo y seco», sino hombres en cuyos corazones palpitan tres ideales profundamente: el amor, la fidelidad y la igualdad. El más alto símbolo de estos principios es la historia de los Amantes.

P5 Si Verona, en Italia, tiene su Romeo y Julieta, Teruel fue escenario de una de las tragedias de amor más conmovedoras que se recuerdan en el mundo. Con la ventaja para Teruel de que, mientras Romeo y Julieta son personajes imaginarios, sombra y tradición en la maravillosa obra de Shakespeare, Diego Marcilla e Isabel de Segura son criaturas de carne y hueso; criaturas que vivieron, en la realidad, el pavoroso frenesí de su amor, y, por vivirlo como nadie, su propio fuego los aniquiló y consumió. Allí están, en unas vitrinas, en el claustro de la iglesia de San Pedro, convertidos en momias. El con los brazos cruzados y el rostro vuelto hacia la figura de Isabel. Y ella con la cabeza ligeramente inclinada hacia delante, ancho el torso, lo que indica que poseía una exuberante conformación de mujer. Y tanto el uno como la otra, con una fina tela, que les cubre desde la cintura a la rodilla.

P6 Estas momias se descubrieron a principios del siglo XVII, en abril de 1619, para ser más exactos. La leyenda de los Amantes de Teruel rodaba por el mundo, hacía siglos, pero nadie se había preocupado hasta entonces de hallar el lugar en que se enterraron sus cadáveres. En el año 1619, se buscó en el claustro de la iglesia de San Pedro con tan buena fortuna que, a poco, aparecieron dos féretros, dentro de un mismo nicho, con los cuerpos momificados. En el que guardaba la momia de él, había un trozo de pergamino con esta leyenda: «Este es Diego Marcilla, que murió de enamorado». ¡Que murió de enamorado! ¡Qué linda manera de resumir, en dos palabras, la gloria y el martirio de aquel hombre!

P7 España que posee tanta leyenda patética, diríase que quiso meter en ésta todo el dolor, todo el sufrimiento que una mujer y un hombre pueden sentir, amándose.

P8 Aunque nobles los dos, Diego carecía de fortuna, lo que motivaba que el padre de Isabel se opusiera a la boda de los jóvenes. Don Diego partió a la guerra, le prometió prosperar y volver antes de cinco años para hacerla su esposa, en ley de Dios. Pasaron cinco años sin que en Teruel se tuviera la menor noticia ni de las hazañas de Diego en la guerra, ni de su regreso a la ciudad. Instada por su padre, obligada, más bien, la doncella, ante el silencio desolador de su prometido, el mismo día que expiraba el plazo, consintió en dar su mano a un rico hombre, llamado Azagra, maduro y opulento de bienes.

P9 Iba Isabel a la boda con tocas de oro y basquiña de vellorí; y brillantes y perlas por seno y cabeza, que parecía una Virgen, en su retablo. Pero entre tanto júbilo y algazara, sólo un rostro permanecía sombrío y taciturno: el de la novia, pues el recuerdo de su viejo amor llenaba su espíritu, y ni la ausencia ni el olvido de él conseguían arrancar de su pecho aquella locura. Cuando Isabel, agobiada por tanto bullicio, buscó un instante de soledad, en el rincón más apartado de su jardín, de pronto, una sombra llegó hasta ella. Era Don Diego que le recriminaba el no haberle esperado, y le propone huir en su alazán, que los llevará a Valencia en un vuelo. Isabel se niega por su reciente juramento ante Dios y expresa: Nadie te querrá en el mundo, como yo; y sin embargo, aquí he de quedar, porque aquí está mi honor! Con el nombre de Isabel en los labios, rodó Diego, muerto, a los pies de su amada, quien llenó de gritos y congojas las salas de la fiesta.

P10 Al día siguiente, se realizaron con toda pompa los funerales de Marcilla. En el cortejo, iba una dama, vestida con negras bayetas y ocultó el rostro con tupidos velos. Al entrar el entierro en la iglesia, cantos de *miserere* inundaron las naves del templo, se colocó el féretro sobre un túmulo, y al descubrir el cadáver, la dama enlutada, que no era otra que Isabel, desafiando al mundo y sus maledicencias, se acercó a los despojos amados, y con trémula voz profirió estas palabras: ¿Es posible que estando tú muerto, corra mi sangre y aliente aún mi ser? ¡Amor, luz de mis ojos, abre tu alma a la mía, que escapa de mi cuerpo, para unirse contigo en las alturas!

P11 Tal dijo Isabel, y besando aquella frente yerta, una y cien veces, dobló la cabeza, y la vida se le fue en un suspiro.

P12 En tumba de alabastro, sepultaron a los dos amantes. Y allí están momificados y juntos en la muerte, probando al mundo de qué manera tan sencilla mata el amor, cuando se mete en el corazón de las criaturas y lo estalla y lo rompe con su grandeza.

LA NARRACION

Después de leer

PREGUNTAS DE COMPRENSION

1. Según el autor, ¿para qué sirve el toro? ¿Qué simboliza la estrella en el blasón?
2. ¿En cuál provincia se encuentra Teruel? ¿Hacia dónde fluye el río Tajo, hacia el este o el oeste? ¿Cómo lo saben?
3. ¿Qué monumento importante se encuentra en la Plaza de la Constitución? ¿Cómo ha crecido en importancia a través de los años?
4. ¿Cómo son las callejas de Teruel?
5. ¿Qué tiene de especial la imagen de Teruel?
6. ¿Cómo son la tierra y el tiempo en Teruel? ¿Qué clase de persona ha producido la región de Teruel?
7. Según el autor, ¿por qué es importante la historia de los amantes?
8. ¿Prefiere el autor la historia de los amantes o la de Romeo y Julieta? ¿Por qué (no)? ¿Cómo lo saben?
9. ¿Cómo describe el autor la pasión de Diego e Isabel?
10. ¿En qué postura se encuentran las momias de Diego e Isabel en la vitrina de la iglesia? ¿Por qué cree Ud. que los colocaron así?
11. ¿Exactamente cuándo se descubrieron las momias? ¿Por qué no se habían descubierto antes?
12. ¿Qué causó la muerte de Diego y cómo lo sabemos?
13. ¿Cómo son muchas de las leyendas españolas? ¿Se ha aumentado la tragedia de esta leyenda? ¿Cómo?
14. ¿Por qué se fue a la guerra Don Diego? ¿Qué promesa le hizo Diego a Isabel? ¿Por qué se casó Isabel con Azagra? Dé varias razones.
15. ¿Cómo era Azagra? ¿Cree Ud. que el padre estaba de acuerdo con la boda? ¿por qué (no)?
16. ¿Cómo estaba vestida Isabel el día de su boda? ¿Qué expresión llevaba en la cara? ¿Por qué?
17. ¿Por qué la recriminaba Don Diego? ¿Qué quiere hacer Don Diego? ¿Por qué no lo hace Isabel?
18. ¿Se suicidó Diego? ¿Cómo muere exactamente? ¿Cómo reaccionó Isabel a la muerte de Diego?
19. ¿Cómo se vestía la dama enlutada? ¿Quién era?
20. ¿Esperaba la gente del cortejo ver a Isabel vestida de luto? ¿Cómo lo sabe Ud.?
21. ¿Qué hace Isabel antes de morir? ¿Cómo muere exactamente? ¿Se suicidó?
22. Según el autor, ¿qué prueba la muerte de los amantes?

ENFOQUE EN EL CONTENIDO Y LA ESTRUCTURA

A. Analizando los párrafos
Discuta los siguientes puntos:
1. P1 presenta el tema general. ¿Cómo lo resumiría usted en una frase corta?
2. P5 presenta la idea central, o la tesis. ¿Cuál es? ¿En qué sentido determina este párrafo la estructura del resto de la lectura? ¿Qué valores tiene que mostrar la leyenda? ¿Lo hace?
3. P12 a la vez termina la serie P6 - P11 y resume la tesis. ¿Cómo lo hace?

B. El esquema estructural
Una manera de representar la estructura de la lectura se ve en el diagrama siguiente. Discutan la validez de este esquema. ¿Están de acuerdo con esta representación de la estructura? ¿Cambiarían algo? ¿Por qué?

Diagrama

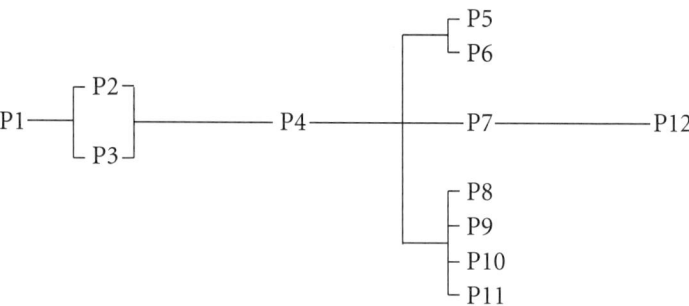

C. El orden de los párrafos
1. ¿Por qué en el esquema de la leyenda se representan los párrafos P1, P4, P7 y P12 en la misma línea?
2. ¿En qué se diferencian los párrafos P2 y P3? ¿Podría cambiarse el orden de estos párrafos? ¿Qué efecto tendría tal cambio?
3. ¿En qué se diferencian los párrafos P5 y P6? ¿Podrían estos párrafos intercambiarse con la serie P8-P11? ¿Qué efecto tendría tal intercambio?
4. ¿Por qué se queda solo P7 entre las series P5 - P6 y la P8 - 11?
5. ¿En qué se diferencian los párrafos P8, P9, P10 y P11 entre sí? ¿Se pueden cambiar de orden? ¿Por qué (no)? ¿Podría el P11 formar parte del P10? ¿Por qué se encuentra separado?

LA NARRACION

ENFOQUE EN EL LENGUAJE

A. Formas adverbiales

1. Busque y apunte cinco frases verbales con adverbios de «tiempo».
2. Busque y apunte cinco frases verbales con adverbios de «espacio».
3. Busque y apunte cinco frases verbales con adverbios de «manera».
4. Busque y apunte cinco frases verbales con participio presente utilizado como adverbio.

B. Los verbos

1. Vuelva a leer el P6 de la lectura y apunte todos los verbos conjugados (del tiempo pasado) en el orden en que aparecen. Identifique la forma y explique la función de cada forma verbal dentro del contexto del párrafo. Siga el modelo:

Modelo:	Verbo	Forma	Función
a.	se descubrieron	pretérito	acción completa
b.	rodaba	imperfecto	estado, acción cíclica
c., d., e....			

2. Explique el uso del pretérito en el caso siguiente. ¿Tiene el verbo un significado especial en el pretérito?

   P7 España que posee tanta leyenda patética, diríase que **quiso** meter en ésta todo el dolor, todo el sufrimiento que una mujer y un hombre pueden sentir, amándose.

3. Dentro del contexto del P9, ¿cuál es el efecto estético de utilizar el verbo indicado en forma imperfecta?

   P9 ...de pronto, una sombra llegó hasta ella. Era Don Diego que le **recriminaba** el no haberle esperado, y le propone huir en su alazán, que los llevará a Valencia en un vuelo.

ACTIVIDADES DE ESCRITURA

A. Una descripción psicológica

Lea de nuevo el P9 de «Teruel y sus amantes». Allí va a encontrar una descripción que muestra el estado de ánimo de una persona. Estudie el pasaje. Después escoja a una persona que Ud. conoce (o invente una persona ficticia) y escriba una descripción corta de su estado emocional a través de una descripción de su aspecto físico, sus pensamientos y sus movimientos y acciones.

B. El novio

Imagine Ud. cómo sería el hombre con quien Isabel se casó. Entonces escriba una descripción tanto física como de los hábitos. La descripción debe relacionar el estado social y económico del hombre con su personalidad y carácter.

C. ¿Qué dirían?

Escriba un diálogo corto entre Isabel y su padre antes de la boda, o entre Isabel y Diego en el jardín.

Para resumir

En esta unidad Ud. ha aprendido a identificar diferentes elementos básicos de una narración. Los tipos de narrativas que se han leído incluyen las del humor, las cartas personales, el cuento y la leyenda. Cada narrativa se vale de un amplio fondo descriptivo para elaborar los detalles de lugar, actividades y personaje. Esta descripción está estrechamente relacionada con el acto de narrar, ya que la descripción presenta el fondo de la narrativa, y son las acciones las que toman el primer plano. Cada narrativa presupone una exposición, un momento clave, o clímax, y una resolución.

Además se ha notado que las narrativas también pueden desarrollarse a base de una tesis. A veces la tesis es implícita; es decir, la tesis nunca se declara y es necesario derivarla del conjunto de información de la composición («Génesis»). En la mayoría de los casos, la tesis es explícita, pero puede elaborarse de manera deductiva («Teruel y sus amantes») o inductiva («Una carta de Túnez»).

Actividades de escritura extendida

A. Un pueblo bien conocido

Siguiendo el modelo de los P2-P3 de «Teruel y sus amantes», haga una descripción de un pueblo que usted conozca bien y la región alrededor. Trate de destacar el ambiente del lugar. Primero, haga una lista de frases declarativas, y después, trate de organizarlas y combinarlas de un modo eficaz. Debe haber una frase clave que organice la composición.

B. Un suceso importante

Escriba una composición que relate un incidente impresionante de su vida. Trate de utilizar apropiadamente una variedad de formas verbales del tiempo pasado. Por ejemplo, sucesos previos relevantes (perfectivo pasado), acción que avanza la narrativa (pretérito), fondo (imperfecto), etc. Utilice apropiadamente expresiones adverbiales de tiempo, espacio, manera, orden, propósito, etc. Incluya diálogo entre los personajes cuando sea necesario para desarrollar la historia.

C. La historia de su vida

Escriba una corta autobiografía que haga destacar los datos más importantes e incidentes que más influyeron en el desarrollo de su vida. El tema central debe relacionar su personalidad y carácter con los factores que le amoldaron. La autobiografía debe tener una frase que unifique la composición *(controlling idea)*.

D. «Querido...»

Busque la dirección de un compañero/a de correspondencia en una revista española. Escríbale una carta de presentación bien organizada. Piense en los datos que más importan cuando uno conoce por primera vez a un posible amigo. El profesor puede proveer direcciones.

E. Los proverbios

Escoja uno de los siguientes proverbios. Primero, analícelo bien para entender su significado. Entonces escriba una fábula o cuento corto (dos páginas) que termine apropiadamente con el proverbio como moraleja del cuento. Utilice apropiadas formas verbales del tiempo pasado y piense en su función.

— Más vale pájaro en mano que ciento volando.
— No todo lo que reluce es oro.
— A caballo regalado no le mires el diente.
— En boca cerrada no entran moscas.
— Dime con quién andas y te diré quién eres.
— En casa de herrero azadón de palo.
— Al que a buen árbol se arrima, buena sombra le cobija.
— Cuando el río suena, piedras lleva.
— Una cosa piensa el burro y otra el que lo está enjalmando.
— No todo el monte es orégano.
— Cuando las barbas de tu vecino veas cortar, echa las tuyas a remojar.

UNIDAD

3   El reportaje

Objetivos

Después de terminar este capítulo, el estudiante podrá:

- definir los elementos básicos del reportaje.
- reconocer y apreciar el valor de la objetividad en el reportaje.
- identificar y aplicar varios principios del reportaje periodístico.
- interpretar la lectura basada en los hechos tanto explícitos como implícitos.
- escribir un reportaje que demuestre los elementos básicos.

Objetivos lingüísticos

Después de terminar este capítulo, el estudiante podrá reconocer y utilizar las formas y funciones del pronombre.

Introducción general

Rasgos del reportaje

Ud. ya se ha encontrado con varias clases de reportaje, como por ejemplo: noticias periodísticas, actas de reuniones y resúmenes de varias índoles (los *précis*, los sumarios, los apuntes de clase), etc. Lo que tienen en común estos tipos de texto es el principio de «la objetividad»; el esfuerzo de representar hechos y sucesos importantes de una manera fiel y completa.

La objetividad

La Unidad 3 se enfoca en el reportaje periodístico, sobre todo en «la noticia», porque ésta tiene una forma claramente identificable y encierra en sí propiedades de composición muy útiles. Un objetivo principal de la Unidad 3 es investigar los requisitos del reportaje objetivo. El reportaje objetivo se basa sólo en los hechos. Un hecho es una declaración cuya verdad se puede verificar. Al contrario, una opinión (o comentario) representa lo que alguien piensa o siente acerca de los hechos. Aunque las opiniones a menudo se basan en los hechos, suelen ser muy sujetivas y, por eso, es imprescindible saber reconocer la diferencia.

La estructura de una noticia

Un reportaje periodístico se puede enfocar de varias maneras: el reportaje de hechos (*fact story*), de acción (*action story*), de cita (*quote story*) y el reportaje en profundidad (*in-depth report*). Comparten una estructura bien conocida, la cual se ha desarrollado de acuerdo con las necesidades de un lector ocupado. Los tres componentes de un reportaje son:

- **El título** (*Headline*)
  El título resume la información esencial del reportaje. Representa la mayor condensación posible del contenido de la idea central por razones de espacio limitado. Además tiene la función de llamar la atención del público.

  Ejemplo de un título:

  Desastrosa caída desentroniza a González

- **La introducción (*Lead*)**
  Hay varias especies de introducción, pero la más común se llama introducción de resumen (*summary lead*). Tal introducción trata de contestar en la forma más breve posible las preguntas siguientes, según el orden de importancia: **¿Quién?, ¿Qué (pasó)?, ¿Cuándo?, ¿Dónde?, ¿Cómo?, ¿Por qué?** Ud. va a notar que la introducción normalmente reduce toda la información esencial a una sola frase compleja.

  Ejemplo de una introducción de resumen:

  Pedro Ezequiel González, campeón de tres años seguidos, perdió el título al volcarse su bicicleta ayer en la última etapa del concurso Transversal de Venezuela.

- **El cuerpo (*Body*)**
  El cuerpo del reportaje desarrolla la información de la introducción y tradicionalmente sigue la forma de un **triángulo invertido**; es decir, los párrafos del cuerpo elaboran el contenido de la introducción en orden de importancia. El nombre triángulo invertido se basa en el hecho de que el cuerpo desarrolla de lo general (la parte más ancha del triángulo) hasta lo específico (la punta del triángulo).

  Ejemplo del párrafo 2: Provee más detalles acerca de los puntos claves de la introducción:

  González, venezolano, competía contra veintitrés ciclistas de siete países sudamericanos en la carrera que circula desde Caracas a Maracaibo con el fin de ganar el título Sudamericano de Ciclistas.

  Ejemplo de los párrafos 3 y 4: Describen los eventos paso a paso, completando la escena e informando acerca de las circunstancias del accidente

  González, de 23 años, pedaleaba su Renault fuertemente hacia la victoria cuando perdió el equilibrio al echar una mirada para atrás.
  Tratando de avisar a sus colegas, gritó bruscamente mientras que intentaba controlar la bicicleta. Chocó contra dos de los posibles victoriosos, causando la caída de los tres en una masa confusa de aluminio.

  Ejemplo del párrafo 5: Descripción de la escena final

  Viendo desvanecer sus oportunidades, González se sentó desconsolado al lado de la carretera, impidiendo que los observadores le ayudaran.

ACTIVIDADES PRELIMINARES

A. Por medio de discusión, trate de elaborar un bosquejo (*outline*) o la tabla de contenido del «típico» diario (*daily paper*) norteamericano. Piense en las preguntas siguientes:

1. ¿Cuáles son las varias secciones del periódico?
2. ¿En qué orden aparecen? ¿Por qué cree Ud. que siguen este orden?
3. ¿Cuánto espacio (en términos relativos) se dedica a cada sección?
4. ¿De qué maneras corresponden el contenido y la estructura del diario a las necesidades del público que lo lee?
5. ¿Es informar al público la única función de un periódico? ¿Cuáles otras puede Ud. identificar?

B. ¿Qué significa **la objetividad**? ¿Es posible ser completamente objetivo en el reportaje? ¿Por qué (no)? ¿De qué maneras puede la sujetividad entrar en un reportaje que deber ser objetivo? ¿Cómo se puede reconocer **la sujetividad**?

En la siguiente lista, decida cuáles declaraciones son opiniones y cuáles son hechos. ¿Cómo lo sabe? (Nota: Una declaración puede ser opinión aun cuando lo mayoría de las personas estén de acuerdo en que es verdad.)

1. Martín tiene dos perros.
2. A Martín le encantan los perros.
3. Es menos trabajo cuidar un gato que un perro.
4. Los perros son mejores animales caseros que los gatos.
5. Argentina es un país grande.
6. Hay más habitantes en Argentina que en Bolivia.
7. Los norteamericanos miran la televisión demasiado.
8. En los Estados Unidos hay más de 51,300,763 televisores.
9. Puerto Rico es una isla.
10. Puerto Rico es una isla bellísima.
11. No se permite robar, según la ley.
12. Se permite robar si uno se está muriendo de hambre.
13. Me robaron la motocicleta ayer.
14. Este reloj costó $25.00.
15. Este reloj fue muy barato.
16. Probablemente, no es un reloj bueno.
17. Nuestro equipo jugó mal, pero aún con eso, ganamos el partido.

Ahora decida cuáles hechos se podrían usar para apoyar las opiniones que aparecen en la lista.

Modelo:

> Opinión: A Martín le encantan los perros.
> Hechos: Martín tiene dos perros.
> Juega con ellos, los cuida constantemente.
> Los lleva a caminar por las colinas.
> En el invierno, los deja quedarse en la casa, aunque son perros muy grandes.
> Una vez Martín comentó que le encantaban los perros.

Lectura 1 — «El audaz lechero de las minivacas»

Introducción a la lectura

No todo reportaje trata de noticias serias. A continuación se presenta una noticia corta de «interés humano». La noticia trata de un adelanto científico logrado por investigadores mexicanos. Servirá para presentar los elementos de una noticia.

Antes de leer

A. Reportajes de interés humano

Discuta las preguntas siguientes:

1. ¿Cómo se podría caracterizar un reportaje de interés humano?
2. ¿Dónde suelen encontrarse tales reportajes en los diarios? ¿Por qué?

B. Análisis de un título

Lea el título «El audaz lechero de las minivacas» y discuta lo siguiente:

1. ¿Cuál es el foco del artículo? ¿Una persona? ¿Un animal? Discuta su respuesta.
2. ¿Qué significa el título? ¿De qué se tratará el reportaje? Trate de adivinar con el mayor detalle posible el contenido de la noticia.
3. ¿Le llama la atención el título? ¿Quiere seguir leyendo? ¿Por qué (no)?
4. ¿Cuáles son las preguntas que se le ocurren a Ud. al leer el título? ¿Qué más querrá saber el lector acerca del contenido del reportaje?

A LEER

«EL AUDAZ LECHERO DE LAS MINIVACAS»

P1 Después de treinta años de estudios, los científicos e investigadores mexicanos han logrado crear la primera vaca miniatura, que mide 61 centímetros — el tamaño de un perro — y que producirá entre 4 y 5 litros de leche diariamente.

P2 El profesor Juan Manuel Barruecos fue quien tuvo la idea de procrear estas miniaturas; su opinión es que el mundo no se puede expandir y la única solución es reducir a los animales, ya que alimentarlos y mantenerlos resulta muy costoso. Estas vacas serán una comodidad para las pequeñas haciendas: puesto que si una vaca adulta normal necesita una hectárea de terreno para desarrollarse, en este mismo espacio podrían entrar 8 de las minivacas y cada una produciría entre 4 y 5 litros de leche diarios.

P3 Juan Manuel Barruecos tiene 30 de estas miniaturas y calcula que para fines de 1988 va a tener alrededor de 500 cabezas, las que luego se convertirían en miles de minivacas.

Tomado de El Mundo, *18-24 agosto, 1988*

DESPUÉS DE LEER

PREGUNTAS DE COMPRENSION

1. ¿Dónde se produjo la minivaca?
2. ¿Cuánto tiempo tomó?
3. ¿De qué tamaño es?
4. ¿Cuánta leche produce?
5. ¿Por qué se decidió a procrear una especie de minivaca? ¿Qué ventajas presenta la minivaca?

ENFOQUE EN EL CONTENIDO Y LA ESTRUCTURA

A. La introducción lo dice todo

1. La introducción, en muchos casos, es una sola oración compleja integrada por toda la información esencial del reportaje. A continuación Ud. encuentra la introducción de la lectura analizada en frases sencillas. Trate de reconstruir la introducción en una sola frase compleja que incorpore todos los elementos de información.

Los componentes de la introducción:
   a. Los científicos e investigadores mexicanos han logrado crear la primera vaca miniatura.
   b. Lograron esto después de treinta años de estudios.
   c. La minivaca mide 61 centímetros.
   d. Esto es, el tamaño de un perro.
   e. La minivaca producirá entre 4 y 5 litros de leche diariamente.

2. Discuta lo siguiente.
   a. ¿Cuáles son los recursos del lenguaje que se pueden utilizar para integrar tantos elementos en una frase?
   b. Los cambios que Ud. hizo, ¿afectan de alguna manera el significado o el enfoque de la introducción?
   c. Compare su introducción con las de otros estudiantes. En su opinión, ¿pudo Ud. u otro mejorarla?

B. Las cinco preguntas del periodista

1. Vuelva a leer el texto. Según la tabla siguiente, indique cuáles son los datos pertinentes y cuáles son los detalles que ayudan a completar el relato.

	Dato	Detalles
¿Quién?		
¿Qué?		
¿Dónde?		
¿Cuándo?		
¿Por qué?		

2. Discuta lo siguiente. ¿Cuáles preguntas se contestan en la introducción? ¿Cuáles no? ¿Dónde se contestan?

ENFOQUE EN EL LENGUAJE

Para más información sobre los temas gramaticales tratados en estas actividades, consúltese el apéndice gramatical.

A. Vocabulario agrícola

En una hoja aparte, busque y organice el vocabulario relacionado a la agricultura y a las ciencias agrícolas.

B. **Expresiones que relacionan ideas**

1. El segundo párrafo del reportaje contiene dos expresiones que relacionan frases de causa y de efecto o resultado. ¿Se pueden intercambiar los elementos **ya que** y **puesto que** en estos dos casos?

    a. …el mundo no se puede expandir y la única solución es reducir a los animales, **ya que** alimentarlos y mantenerlos resulta muy costoso.

    b. Estas vacas serán una comodidad para las pequeñas haciendas: **puesto que** si una vaca adulta normal necesita una hectárea de terreno para desarrollarse, en este mismo espacio podrían entrar 8 de las minivacas.

2. ¿Cuántas expresiones de causa-efecto/resultado sabe Ud? Según las indicaciones entre paréntesis, trate de completar las frases siguientes sin repetir expresiones.

    a. La única solución es reducir a los animales (*because*) _____ el mundo no se puede expandir.

    b. El mundo no se puede expandir; (*so, thus*) _____ la única solución es reducir a los animales.

    c. El mundo no se puede expandir; (*therefore*) _____ la única solución es reducir a los animales.

    d. El mundo no se puede expandir; (*for this reason*) _____ la única solución es reducir a los animales.

    e. El mundo no se puede expandir; (*consequently*) _____ la única solución es reducir a los animales.

    f. (*Since*) _____ el mundo no se puede expandir, la única solución es reducir a los animales.

    g. (*Given that*) _____ el mundo no se puede expandir, la única solución es reducir a los animales.

C. **Práctica de pronombres**

1. Vuelva a escribir las siguientes frases, reemplazando (si es posible) las expresiones en negrita con el pronombre que corresponda.

    a. Los científicos mexicanos han logrado crear **la primera vaca** miniatura.
    b. Su opinión es que **el mundo** no se puede expandir.
    c. La única solución es reducir **a los animales**.
    d. Estas vacas serán una comodidad para **las pequeñas haciendas**.
    e. En este mismo espacio podrían entrar 8 de **las minivacas**.

2. Estudie las siguientes frases y discuta la posibilidad de eliminar el pronombre reflexivo en cada caso sin cambiar el significado de la frase. ¿Es posible? Si no, ¿cómo afectaría el significado?
   a. … su opinión es que el mundo no se puede expandir y la única solución es reducir a los animales…
   b. … una vaca adulta normal necesita una hectárea de terreno para desarrollarse…
   c. Juan Manuel Barruecos… calcula que para fines de 1988 va a tener alrededor de 500 cabezas, las que luego se convertirían en miles de minivacas.

3. **Interpretación.** Traduzca los trozos del texto que se dan a continuación prestando atención especial a las formas subrayadas. ¿A qué se refiere cada uno de los pronombres relativos? ¿De qué clase de cláusula relativa se trata (restrictiva o no restrictiva)?
   a. … han logrado crear la primera vaca miniatura, que mide 61 centímetros y que producirá entre 4 y 5 litros de leche diariamente.
   b. Juan Manuel Barruecos… calcula que para fines de 1988 va a tener alrededor de 500 cabezas, las que luego se convirtirían en miles de minivacas.

4. **Producción.** Escriba, a partir de los elementos dados, una frase compleja con una cláusula relativa. Hay que decidir si puede ser tanto una cláusula restrictiva como no restrictiva. Discuta cómo la elección de pronombre relativo afecta el enfoque de la cláusula (es decir, para dar información ¿dónde cae el énfasis?).
   a. Los investigadores, [los investigadores] eran mexicanos, han creado la primera vaca miniatura.
   b. Los investigadores [los investigadores] trabajaron en el proyecto eran de la Universidad de México.
   c. Un profesor mexicano [el profesor] se llama Juan Manuel Barruecos tuvo la idea.
   d. El profesor Barruecos, [el profesor] tiene 30 de estas miniaturas, quiere convertirlas en miles de minivacas.
   e. La minivaca, [la minivaca] producirá 5 litros de leche diarios, tiene el tamaño de un perro.

Actividades de escritura

A. El ladrón intelectual

Tomando como punto de partida los siguientes hechos, escriba una noticia breve que conteste las cinco o seis preguntas claves del estilo periodístico: «¿quién?», «¿qué?», «¿dónde?», «¿cuándo?», «¿por qué?» y a veces «¿cómo?». Invente los datos necesarios para contestar estas preguntas. Hay que mostrar en su noticia que sabe distinguir entre datos esenciales y detalles complementarios. También hay que combinar la información en frases complejas. No olvide poner también un título al artículo.

1. Arrestaron a Tomás Martínez.
2. Lo arrestaron el lunes por la noche.
3. Es de Princeton, New Jersey.
4. Se enfrenta a una posible multa de $10,000.
5. También puede recibir una sentencia de tres a cinco años.
6. En un período de diez años había robado más de 3,000 libros.
7. Los libros eran de diferentes bibliotecas públicas.

B. Versión para el periódico semanal de pueblo

Suponga que Ud. es redactor del semanario de un pueblo mexicano pequeño. Suponga también que el profesor Barruecos es oriundo del mismo pueblo. ¿Cómo afectaría eso el contenido y la estructura del reportaje? Vuelva a escribir la introducción y el título del artículo de modo que refleje el cambio de enfoque.

C. Versión para el diario de la Universidad de México

Suponga que el artículo sobre las minivacas va a aparecer en el diario de la Universidad de México. ¿Cómo afectaría eso el contenido y la estructura del reportaje? Vuelva a escribir la introducción y el título para reflejar el cambio de enfoque.

Lectura 2

«Preocupa en Paraguay la invasión de tierras por campesinos: PC»

Introducción a la lectura

La próxima lectura es un reciente reportaje periodístico que trata de un problema económico fundamental de Latinoamérica y del problema sociopolítico que resulta.

Antes de leer

A. La situación económica

Aquí hay una lista de términos significativos con respecto a la situación socio-económica de la mayor parte de Latinoamérica. A través de una discusión, trate de relacionar los conceptos entre sí para crear el posible escenario de un problema fundamental. Piense en esta pregunta: ¿Cuál sería la dinámica (el mecanismo de causa-efecto) del problema económico?

el latifundismo: un sistema de grandes propietarios
el minifundismo: un sistema de pequeños propietarios
el monocultivo: la falta de diversidad en la producción agraria
el crecimiento de la población
la urbanización y la migración
las villas miseria: colonias urbanas pobres que resultan de la migración
la reforma agraria

B. Preparándose para leer

Lea abajo el título del reportaje y trate de anticipar el contenido. Piense en las preguntas que siguen.

Preocupa en Paraguay la invasión de tierras por campesinos: PC

1. ¿Cuáles son las preguntas que el título provoca?
2. ¿Qué querrá saber el lector?
3. ¿Qué indica el segmento **PC** acerca del contenido del artículo?
4. ¿A qué se podría referir concretamente las letras **PC**?

A leer

«Preocupa en Paraguay la invasión de tierras por campesinos: PC»

P1 ASUNCION. 3 de junio (UPI) — La Iglesia Católica de Paraguay se muestra preocupada por la ocupación de tierras por parte de campesinos en distintas zonas del país, que según un funcionario del partido gobernante puede provocar una especie de guerra civil.

P2 El vicepresidente de la Junta de gobierno del Partido Colorado, en el gobierno, Edgar L. Insfran, dijo que existe inquietud «por un posible enfrentamiento entre propietarios y ocupantes de tierras, que podría desembocar en una especie de guerra civil, como sucedió en Brasil».

P3 El funcionario recordó que el gobierno del Presidente Andrés Rodríguez prometió realizar una reforma agraria integral, «distribuyendo la tierra en forma equitativa».

P4 Insfran opinó que hay incitadores, a los cuales no identificó, que promueven la ocupación de tierras.

P5 Más de 200 efectivos militares y policías desalojaron ayer a mil personas en una colonia japonesa de la ciudad Presidente Stroessner, 327 kilómetros al este de esta capital.

P6 La acción militar se llevó al cabo sin la presencia de la prensa, y las autoridades prometieron reinstalar a los campesinos en otros lugares.

P7 Según un informe del Comité de Iglesias de Paraguay, el 51 por ciento de la tierra cultivable de Paraguay, de 400 kilómetros cuadrados, se encuentra en manos de 370 latifundistas. El 75 por ciento de la población de Paraguay, de 3.3 millones de habitantes, está formada por campesinos.

P8 En los últimos años, alrededor de 3 mil personas ocuparon 22 terrenos de esta capital.

P9 Recientemente el Presidente Rodríguez, quien el 3 de febrero encabezó un golpe de estado que puso fin a más de 34 años de régimen del ex dictador Alfredo Stroessner, analizó el problema con representantes de varios partidos políticos.

P10 Dirigentes del Partido Liberal Radical Auténtico dijeron que más de 350 mil campesinos no poseen tierras para cultivar.

Tomado de Excelsior, *4 de junio, 1989*

Después de leer

PREGUNTAS DE COMPRENSION

1. ¿Quién es Edgar L. Insfran?
2. ¿Cómo se llama el Presidente actual de Paraguay?
3. ¿Cómo se llama su partido político?
4. Refiriéndose a la fecha del reportaje, ¿por cuánto tiempo ha gobernado el partido?
5. ¿Qué clase de gobierno había antes? ¿Por cuánto tiempo estuvo en el poder?
6. ¿Cuántos campesinos hay en Paraguay, según el Comité de Iglesias de Paraguay? (Hay que calcular.)

ENFOQUE EN EL CONTENIDO Y LA ESTRUCTURA

A. Estructura general

1. Asumiendo que el esquema siguiente representa la estructura básica de la lectura, indique el tema que une cada uno de los segmentos.

   Estructura A   Tema
   - P1 _____
   - P2-4 _____
   - P5-6 _____
   - P7-8 _____
   - P9-10 _____

2. Asumiendo que se acepta esta organización, trate de determinar cómo difieren entre sí temáticamente los párrafos de las unidades siguientes:

   Unidades   Tema de cada párrafo
   - a. P1 _____
   - b. P2 _____
     - P3 _____
     - P4 _____
   - c. P5 _____
     - P6 _____
   - d. P7 _____
     - P8 _____
   - e. P9 _____
     - P10 _____

C. ¿Sujetividad?

1. ¿Se pueden notar indicios de una actitud crítica con respecto al gobierno por parte del periodista? Fíjese en P4, P6 y P10.
2. En su opinión, ¿por qué se cita al Partido Liberal Radical Auténtico en el último párrafo?

ENFOQUE EN EL LENGUAJE

Para más información sobre los temas gramaticales tratados en estas actividades, consúltese el apéndice gramatical.

A. Hablando de política

La lectura abunda en vocabulario político. En una hoja aparte, reúna y organice el vocabulario de la política y del gobierno.

EL REPORTAJE

B. ¿Quién lo dijo?

Busque tres formas (además de **decir**) que se utilizan en el artículo para referirse a la fuente de una cita o de algún dato:

1. _____
2. _____
3. _____

C. Práctica de pronombres

1. Vuelva a escribir las siguientes frases reemplazando el elemento en negrita por el pronombre apropiado **siempre que sea posible**.

    a. **La Iglesia Católica de Paraguay** se muestra preocupada por la ocupación de tierras.
    b. Podría haber un enfrentamiento entre **los propietarios y los ocupantes de tierras**.
    c. Insfran dice que los incitadores promueven **la ocupación de tierras**.
    d. El gobierno prometió **a los campesinos** realizar una reforma agraria.
    e. Había mil personas en **la colonia japonesa**.
    f. Las autoridades prometieron reinstalar **a los campesinos** en otros lugares.
    g. El Presidente Rodríguez puso fin a **la dictadura de Stroessner**.

2. Los siguientes pronombres reflexivos aparecen en la lectura. Repase la información sobre el pronombre reflexivo en el apéndice gramatical. Discuta la función y significado de cada caso presentado aquí. Piense en las preguntas siguientes:

    - ¿A qué/quién se refiere el pronombre?
    - ¿Se puede eliminar el pronombre reflexivo sin afectar el significado? Si no, ¿cómo se afecta el significado al eliminarlo?
    - ¿Cuál de estos reflexivos se refiere a un sujeto humano *dummy*?
        a. La Iglesia Católica de Paraguay **se** muestra preocupada.
        b. La acción militar **se** llevó al cabo sin la presencia de la prensa.
        c. El 51 por ciento de la tierra cultivable de Paraguay **se** encuentra en manos de 370 latifundistas.

3. Escriba, a partir de los elementos dados, una frase compleja con cláusula relativa. Será necesario reemplazar el elemento subrayado con un pronombre relativo. Hay que decidir si puede ser tanto una cláusula restrictiva como no restrictiva. Discuta cómo la elección de pronombre relativo afecta el enfoque de la cláusula (es decir, ¿dónde recae el énfasis?).
   a. Hay incitadores [**los incitadores**] promueven la ocupación de tierras.
   b. Insfran opinó que hay incitadores, no identificó [**a los incitadores**], que fomentan la inquietud.
   c. El gobierno prometió reinstalar a los campesinos (el gobierno) había desalojado [**a los campesinos**] ayer.
   d. Los campesinos, el gobierno distribuyó terrenos [**a los campesinos**], se mostraban satisfechos.
   e. El presidente, [**el presidente**] encabezó un golpe de estado recientemente, analizó el problema con varios partidos políticos.
   f. El Partido Liberal Radical Auténtico, según [**este partido**] unos 350 mil campesinos no poseen tierras, no está de acuerdo con el gobierno.

ACTIVIDADES DE ESCRITURA

A. El cuento detrás del cuento
Según el articulo, «la acción militar se llevó al cabo sin la presencia de la prensa». Ud. es un periodista que va a entrevistar a un alto funcionario del gobierno para indagar más acerca de la acción militar. Haga una lista de preguntas, arreglada en orden de importancia, que deben desenterrar información de interés público.

B. La versión del Partido Colorado
Ud. es un funcionario del Partido Colorado encargado de escribir un comunicado (*press release*) breve (título, introducción y dos párrafos de cuerpo) que informe, desde el punto de vista del gobierno, sobre el incidente del desalojamiento de los campesinos en la ciudad Presidente Stroessner.

C. La versión del Partido Liberal Radical Auténtico
Ud. es uno de los dirigentes del partido de oposición, el Partido Liberal Radical Auténtico. Tiene que componer un reportaje corto (título, introducción y dos párrafos de cuerpo) del incidente en la ciudad Presidente Stroessner para el noticiero oficial del Partido.

Lectura 3

«A La Malinchi, discreta, pero sincera devoción»
por Roberto Sosa

Introducción a la lectura

El reportaje periodístico que sigue trata de La Malinchi, famosa india mexicana del siglo XV que desempeñó uno de los papeles más importantes en la conquista de México. Su madre la repudió cuando era joven y fue vendida como esclava. Un cacique la envió a Hernán Cortés como cocinera de sus tropas. Como era muy bella e inteligente, el gran conquistador se interesó por ella, haciéndola su amante. Ella, a su vez, se enamoró apasionadamente de Cortés. Aprendió el español y se hizo católica (en el bautizo recibió el nombre de Marina). Sirvió a Cortés como su intérprete y su consejera diplomática y militar. Marina fue uno de los más poderosos instrumentos en la caída de Moctezuma, el jefe del imperio azteca. Marina tuvo un hijo con el conquistador. Al morir Cortés, se casó con un caballero castellano y se trasladó a España donde fue tratada en la corte como una gran señora.

Antes de leer

A. México y la conquista
Con base en los conocimientos generales de la clase, haga un resumen de la historia de la conquista de México.

1. ¿Qué sabe Ud. de la conquista, Cortés, Moctezuma y los Aztecas?
2. ¿Sabe lo que significan los términos **mestizaje** y **mestizo**?
3. ¿Cómo se relacionan estos conceptos con la historia de la conquista?

B. Indígenas famosas del norte

1. ¿Quiénes eran Pocahontas y Sacagewea?
2. ¿En qué se parecen sus historias a la de La Malinchi?
3. Desde el punto de vista de los indígenas de la época, ¿se las consideraría heroínas?

C. Anticipando el contenido

Lea el título, el contenido y el orden de información del artículo.

A La Malinchi, discreta, pero sincera devoción
- *Oluta Rememora a la Sagaz y Bella Mujer*
- *Su Origen, Nombre y Obra aún se Discuten*
- *Atavíos Aztecas en la Fiesta de San Juan*

Discuta las preguntas siguientes a partir de la información del título.

1. ¿A qué se podría referir el término **Oluta**?
2. ¿Qué hace Oluta? ¿Cómo?
3. ¿Cómo se describe a la Malinchi?
4. ¿Se trata de un personaje venerado? ¿Cómo lo sabe?
5. ¿Hay alguna indicación de controversia?
6. ¿Cómo es la fiesta de San Juan?
7. ¿Qué tendría la fiesta que ver con la figura de Malinchi?
8. ¿Qué preguntas se hará el lector al leer el titular? ¿Qué más quiere saber el lector?

D. Lectura rápida

Lea el texto reducido aquí, buscando en el diccionario sólo las palabras absolutamente necesarias para entender el contenido fundamental. Haga un resumen corto, con sus propias palabras, del contenido del artículo.

1. La Malinchi es venerada en Oluta, Veracruz. Sus 40 mil moradores creen que ahí nació la legendaria indígena. Hoy su nombre está en todas las bocas. En su honor se canta y se baila.
2. La discreción es obligada. La Malinchi es el símbolo de la entrega de la patria en manos extranjeras. El hecho está dado. La danza de la conquista se niega a naufragar en el olvido. Ella es también origen del criollismo.
3. Los moradores festejan, veneran, rememoran pero... ¿perdonan? No. El perdón es el principio del olvido. Un pueblo sin memoria está condenado a cometer los mismos errores. La ceremonia es el dato vivo de la conquista española.
4. De La Malinchi se discute no sólo su nombre sino su origen. Algunos historiadores la señalan originaria de Huiletla, en Jalisco. Fray Bernardino de Sagahún la ubica en Tetiquipa. Bernal Díaz del Castillo sostiene que nació en Painalá.
5. El vocablo original de Painalá es pat-el-nalia. Significa «caminos de los olmecas».
6. El tiempo ha difuminado las imágenes y fragmentado la presencia.

Los ancianos de Oluta entretejen la historia: Oluta fue un adoratorio Popluca llamado Cue-olmi o Cu-omi. Se bautizó al lugar con el nombre de Otla: elote una referencia a la región como productora de maíz. Posteriormente el nombre degeneró en Oluta.

7. En 1831 José María Iglesias resaltó la importancia del lugar por haber sido cuna de La Malinchi. Los habitantes de Oluta están seguros de ser paisanos de la «célebre y bella traidora».
8. Las celebraciones se acoplan y mezclan en un interesante híbrido histórico para recordar a Malinchi o Doña Marina. Los habitantes de Oluta la recuerdan con «la danza de la Conquista».
9. Dos personajes centrales, interpretados por dos indígenas popolutas, son Malinchi y Doña Marina.
10. Los descendientes de la «cacica entrometida y desenvuelta» bailan la Danza de la Conquista cada 24 de junio.
11. El investigador Samuel Pérez García expresa su desacuerdo porque el estado de Veracruz se haya olvidado de La Malinchi.
12. Un nacionalismo mal entendido ha juzgado ligeramente la actuación histórica de esta extraordinaria mujer.
13. En el centro del país y en las ciudades, su nombre es motivo de una especie de vergüenza histórica. En Oluta su recuerdo tiene su justa dimensión histórica. [Malinchi] es también el origen de la raza.
14. Doña Marina, Malinchi, tiene un lugar en la historia de Oluta.

A LEER

«A LA MALINCHI, DISCRETA, PERO SINCERA DEVOCIÓN»
- OLUTA REMEMORA A LA SAGAZ Y BELLA MUJER
- SU ORIGEN, NOMBRE Y OBRA AÚN SE DISCUTEN
- ATAVÍOS AZTECAS EN LA FIESTA DE SAN JUAN

POR ROBERTO SOSA, CORRESPONSAL

1. *del verbo encubrir*
2. *habitantes*
3. *obediente*

P1 OLUTA, Ver., 24 de junio — Mujer de controversia, cuyo origen y nombre aún están en discusión, La Malinchi también es venerada, aunque encubierta[1] y discretamente, en Oluta, Veracruz, pequeña población donde sus 40 mil moradores[2] creen que ahí nació la legendaria indígena. Hoy el 24 de junio, durante las festividades de San Juan Bautista, su nombre está en todas las bocas y en su honor, al ritmo de jaranas, teponaxtles y chirimías, se canta y se baila.

P2 La discreción es obligada pues — a pesar de las pasiones — La Malinchi es el símbolo de la entrega sumisa[3] y dolorosa de la patria en manos extranjeras.

4. perderse (hundirse un barco)
5. gente que sabe hacer la ceremonia
6. inteligente
7. dicen que ella es de
8. corrobora, está de acuerdo con
9. senda, camino
10. ha hecho perderse
11. cuentan
12. un templo indio
13. la llegada
14. palabra indígena referente al maíz
15. después
16. dar paso o lugar a
17. enfatizó
18. lugar del nacimiento
19. gente del mismo lugar
20. persona que comete la traición
21. se unifican y se combinan
22. no ha permitido
23. vestidos a la manera de época pasada
24. desarrollo, resultado
25. mirándose la una a la otra
26. grupo de hombres que sigue a la mujer
27. jefa indígena

El hecho está dado. La danza de la conquista se niega sin embargo a naufragar[4] en el olvido, porque ella es también origen del criollismo.

P3 Los moradores de Acayucan, Sayula y Alemán festejan, veneran, rememoran pero... ¿perdonan? No. El perdón es el principio del olvido y un pueblo sin memoria está condenado, irremediablemente, a cometer los mismos errores del pasado; por ello, aunque cada vez con menos adeptos[5], la ceremonia es el dato vivo de la conquista española, presente en la memoria de los indígenas veracruzanos.

P4 De La Malinchi, la mujer de mítica belleza y lúcida inteligencia al servicio de los conquistadores, se discute no sólo su nombre sino su origen. A esa sagaz[6] y seductora mujer, algunos historiadores, como Gómara, la señalan originaria de[7] Huiletla, en Jalisco, Fray Bernardino de Sagahún la ubica en Tetiquipa y Bernal Díaz del Castillo sostiene que nació en Painalá a ocho leguas del río Coatzacoalcos.

P5 El vocablo original de Painalá es pat-el-nalia que significa «caminos de los olmecas»; este dato concuerda[8] con el paso[9] antiguo, — aun existe — conocido como camino de Patolman en la parte noreste de Oluta.

P6 El tiempo ha difuminado[10] las imágenes y fragmentado la presencia; a pesar de ello, los ancianos de Oluta, con voz apenas audible, entretejen[11] la historia: Oluta fue, antes del dominio azteca, un adoratorio[12] Popluca llamado Cue-olmi o Cu-omi, esto último, según los datos del cronista Luciano Antonio Cornelio. Con el advenimiento[13] del imperio náhuatl se bautizó al lugar con el nombre de Otla: elote[14], referencia a la importancia de la región como productora de maíz, posteriormente[15] el nombre degeneró en Oluta, como se le conoce hoy día.

P7 Con el prudente margen que la distancia en tiempo y espacio obliga a ceder[16] a la fantasía, en 1831 José María Iglesias, entonces el jefe del Departamento de Acayucan, resaltó[17] la importancia del lugar por haber sido cuna[18] de La Malinchi. Los habitantes de Oluta, por su parte, están seguros de ser paisanos[19] de la «célebre y bella traidora[20]».

P8 En fin, lo cierto es que las celebraciones del día de San Juan se acoplan y mezclan[21] en un interesante híbrido histórico para recordar a Mallianalli Tenepal, Malinchi o Doña Marina, a quien si bien es cierto, la historia de México le ha negado[22] el honor, los habitantes popolucas de Oluta, ataviados a la usanza antigua[23] — como en los tiempos de la conquista — entre versos cantos y bailes la recuerdan con «la danza de la Conquista».

P9 Dos personajes centrales, interpretados por dos indígenas popolutas, son Malinchi y Doña Marina — rechazo y aceptación, desdoblamiento[24] elocuente —: allá; frente a frente[25], ambos con su séquito de hombres[26] y soldados, muy bien interpretados, Cortés y Moctezuma.

P10 Así, los que se consideran descendientes históricos de la «cacica[27]

28. *que se mete en asuntos de otros*
29. *sin inhibiciones*
30. *pronto, dentro de poco tiempo*
31. *autor, inventor*
32. *le deben las gracias*
33. *los soldados*
34. *hubieran muerto*
35. *un tipo de*
36. *despectivamente*

entrometida[28] y desenvuelta[29]», al ritmo de jaranas, teponaxtles y chirimías, bailan la Danza de la Conquista cada 24 de junio y, con ello, el nombre de tan singular mujer florece en la boca de los habitantes de Oluta.

Artífice del Criollismo

P11 El investigador de la S.E.P., Samuel Pérez García, quien próximamente[30] publicará un libro sobre la historia de Oluta, expresa su desacuerdo porque el estado de Veracruz, al recordar de forma memorable a personajes cuya actuación fue decisiva en la integración de la moderna sociedad mexicana, se haya olvidado de La Malinchi como artífice[31] del criollismo.

P12 Un nacionalismo mal entendido ha juzgado ligeramente la actuación histórica de esta extraordinaria mujer, marginándola de la historia, incluso por los mismos peninsulares, quienes debieran estarle agradecidos[32] porque sin su brillante inteligencia las huestes[33] de Cortés hubieran perecido[34] en cualquiera de sus acciones contra los indígenas.

P13 En tanto, en el centro del país y en las ciudades, su nombre es motivo de una especie de[35] vergüenza histórica, se nombra de manera chusca[36] o sencillamente se le evita, allá en Oluta su recuerdo tiene su justa dimensión histórica porque la «clásica entrometida y desenvuelta», querámoslo o no, es también el origen de la raza de quienes hoy pretenden asumir una falsa mexicanidad rechazando las circunstancias históricas que la hicieron posible.

P14 Doña Marina, Malinchi, producto de las circunstancias históricas de su tiempo, tiene un lugar en la historia de Oluta.

Tomado de Excelsior, *25 de junio, 1989*

Después de leer

PREGUNTAS DE COMPRENSION

1. ¿Cómo se llama la fiesta que se celebra en Oluta, Veracruz?
2. ¿Cómo se le venera a La Malinchi?
3. ¿Qué serían «jaranas, teponaxtles y chirimías»?
4. ¿Qué simboliza la Malinchi?
5. ¿De qué se trata el debate sobre La Malinchi?
6. ¿Cómo se baila la danza de la conquista?
7. ¿Qué representan las dos indígenas que bailan la danza?
8. Según Samuel Pérez García, ¿por qué es tan importante La Malinchi en la historia de México?
9. ¿En qué sentido se considera a La Malinchi como artífice del criollismo?
10. ¿Por qué es La Malinchi objeto de vergüenza histórica?

ENFOQUE EN EL CONTENIDO Y LA ESTRUCTURA

A. El título — de cerca
Estudie la estructura del título y discuta lo siguiente:
1. El tema del reportaje es «la Malinchi». ¿Hay una tesis implícita en el título? ¿Cuál sería?
2. ¿Hay alguna relación entre la estructura del título y la del artículo? Discuta.

   A La Malinchi, discreta, pero sincera devoción
   - *Oluta Rememora a la Sagaz y Bella Mujer*
   - *Su Origen, Nombre y Obra aún se Discuten*
   - *Atavíos Aztecas en la Fiesta de San Juan*

B. Análisis de la introducción
1. La introducción de este reportaje consiste en dos frases. En una hoja aparte, haga un resumen de la información contenida en la introducción según el esquema siguiente:

	Dato Básico	Detalles
¿Quién?		
¿Qué?		
¿Dónde?		
¿Cuándo?		
¿Cómo?		
¿Por qué?		

2. ¿En qué orden se presenta la información? ¿Por qué?
3. ¿En cuál(es) párrafo(s) del cuerpo del reportaje se desarrolla cada uno de los datos básicos?

C. Estructura general
A continuación hay un posible esquema estructural de la lectura. Discuta la agrupación y división de párrafos. Apunte el tema unificador de cada grupo de párrafos.

Segmento	Tema unificador
P1	_____
P2-3	_____
P4-7	_____
P8-10	_____
P11-13	_____
P14	_____

ENFOQUE EN EL LENGUAJE

Para más información sobre los temas tratados en estas actividades, consúltese el apéndice gramatical.

A. Referencias a La Malinchi

1. Habrá notado que en el nombre La Malinchi el artículo (La) aparece en letra mayúscula. ¿Qué implica esto?
2. En varios sitios se refiere a La Malinchi con los adjetivos «entrometida (o entrometido)» y «desenvuelta». Por ejemplo: «la cacica entrometida y desenvuelta» y «la clásica entrometida y desenvuelta». Busque todas las acepciones posibles de estos términos en el diccionario. ¿Qué significan con referencia a personas? ¿Cómo se relacionan estos términos a la tesis del artículo?
3. Busque todas las referencias personales de La Malinche según el ejemplo dado a continuación (debe encontrar por lo menos cinco). ¿Qué revelan estas referencias acerca del personaje y su papel histórico?

   Ejemplo: la sagaz y bella mujer

B. Expresiónes relacionales y de transición

El texto abunda en expresiones que ayudan a relacionar ideas. Las expresiones pertenecen a grupos semánticos más o menos identificables. ¿Qué significa la expresión indicada en los casos siguientes? ¿Cómo contribuye a la estructura del reportaje?

1. a. La Malinchi también es venerada, **aunque** encubierta y discretamente, en Oluta, Veracruz.
   b. La discreción es obligada pues — **a pesar de** las pasiones — La Malinchi es el símbolo de la entrega sumisa y dolorosa de la patria en manos extranjeras.
   c. El hecho está dado. La danza de la conquista se niega **sin embargo** a naufragar en el olvido, porque ella es también origen del criollismo.

d. De La Malinchi, la mujer de mítica belleza y lúcida inteligencia al servicio de los conquistadores, se discute **no sólo** su nombre **sino** su origen.
   e. Los habitantes de Oluta, **por su parte**, están seguros de ser paisanos de la «célebre y bella traidora».
   f. Un nacionalismo mal entendido ha juzgado ligeramente la actuación histórica de esta extraordinaria mujer, marginándola de la historia, **incluso** por los mismos peninsulares, quienes debieran estarle agradecidos.
   g. **En tanto**, en el centro del país y en las ciudades, su nombre es motivo de una especie de vergüenza histórica, se nombra de manera chusca o sencillamente se le evita, allá en Oluta su recuerdo tiene su justa dimensión histórica.
   h. … porque la [Malinchi], **querámoslo o no**, es también el origen de la raza.

2. a. La discreción es obligada **pues** — a pesar de las pasiones — La Malinchi es el símbolo de la entrega sumisa y dolorosa de la patria…
   b. La danza de la Conquista se niega sin embargo a naufragar en el olvido, **porque** ella es también origen del criollismo.
   c. El perdón es el principio del olvido y un pueblo sin memoria está condenado a cometer los mismos errores del pasado; **por ello**, la ceremonia es el dato vivo de la conquista española, presente en la memoria de los indígenas veracruzanos.

3. a. **En fin**, lo cierto es que las celebraciones del día de San Juan se acoplan y mezclan en un interesante híbrido histórico para recordar a Mallianalli Tenepal, Malinchi o Doña Marina.
   b. **Así**, los que se consideran descendientes históricos de la «cacica entrometida y desenvuelta» bailan la Danza de la Conquista cada 24 de junio.

ACTIVIDADES DE ESCRITURA

A. Amor a primera vista
Escriba una descripción corta de La Malinchi desde el punto de vista de Cortés, quien la ve por primera vez y se enamora de ella.

B. Una relación de amor y odio
Escriba un ensayo corto explicando por qué la figura de La Malinchi se trata con tanta ambivalencia en la historia mexicana.

C. ¿Qué opina Ud.: heroína o traidora?

Escriba una opinión corta acerca del papel histórico desempeñado por La Malinchi. ¿Se le debe considerar como «heroína de la historia» o como «traidora de su raza?»

LECTURA 4

«'INVENTOR' DE LA GUITARRA»
POR A.M.F.

INTRODUCCIÓN A LA LECTURA

El siguiente artículo apareció en una revista semanal chilena llamada *Hoy* (una revista parecida a *Time* y *Newsweek*) poco después de la muerte del famoso guitarrista español Andrés Segovia. El artículo no es «una noticia» que tiene el propósito principal de informar al público de la muerte de Segovia, sino un relato «de interés humano» que sirve más bien como una especie de elogio (*eulogy*). Aunque es un ejemplo de estilo periodístico, se notará que el artículo también se organiza alrededor de varios principios ya estudiados: tesis, orden temporal de datos y conclusión que resume la tesis. Además se observará que el autor juega con las palabras y hace uso de una variedad de recursos de expresión figurada.

ANTES DE LEER

A. La música clásica
  1. ¿Cuántos tipos de música puede Ud. mencionar? ¿Cuáles son los instrumentos que se asocian con cada uno de estos tipos de música?
  2. En su opinión, ¿cuáles son los rasgos de la música clásica?
  3. ¿En qué clase de música piensa Ud. cuando considera la guitarra y la música de España? ¿Se puede considerar este tipo de música como música clásica?

B. Invención y música
  1. Con la ayuda de sus compañeros y tomando la palabra **invención** como base, escriba una lista de palabras que quepan en esta categoría. La lista puede incluir nombres, tipos de invenciones, efectos de las invenciones y otras cosas relacionadas. No rechace ninguna palabra que tenga algo que ver con **invención**.

2. Con la ayuda de un estudiante, escriba todas las palabras en la pizarra. Luego, en grupos traten de formar categorías para todas las palabras, buscando detalles que indiquen la relación entre una palabra u otra.
3. Ahora, repita el ejercicio, tomando como base la frase **instrumentos de música**. Después de organizar las dos listas bajo categorías, ¿puede Ud. ver alguna relación entre las categorías de la lista A y las de la lista B?

C. El titular

1. Lea el título y el sub-título de la siguiente lectura. ¿Qué información espera Ud. encontrar en el artículo? ¿Cree Ud. que algunas ideas de las categorías o listas que Uds, compusieron en el ejercicio B pudieran aparecer en el artículo? ¿Cuáles? ¿Por qué?

   «'Inventor' de la guitarra»
   A los 94 años y pleno de honores murió Andrés Segovia.

D. Anticipación de la lectura

Tomando en cuenta el propósito y las circunstancias de este artículo (un reportaje de interés humano provocado por la muerte de una persona de fama mundial) trate de anticipar en términos generales el contenido del artículo. Piense en las preguntas siguientes:

1. En casos como éste, normalmente, ¿qué quiere saber el público?, ¿qué espera leer?
2. Pensando en el título, ¿se ve obligado el autor del artículo a proveer determinada información y a desarrollar ciertas ideas?

A LEER

«'INVENTOR' DE LA GUITARRA»
A LOS 94 AÑOS Y PLENO DE HONORES MURIÓ ANDRÉS SEGOVIA
POR A.M.F.

P1 Andrés Segovia fue a la guitarra lo que Paganini al violín: un genio de la interpretación.

P2 A los 94 años, no tenía aún intenciones de morirse. Acababa de llegar de Nueva York donde, desde marzo, había dado una serie de clases magistrales que coincidieron con su nombramiento como doctor honoris causa en Artes Musicales de la Manhattan School of Music. En abril tuvo que internarse en una clínica por una arritmia cardíaca. Pero se recuperó y volvió a su hogar en Madrid.

P3 Se sentía bien. Estaba viendo televisión junto a su tercera esposa, Emilia Corral, y su hijo menor Carlos Andrés, de 17 años. De pronto se sintió cansado y dejó de respirar. Pero no apagaron aquellas llamaradas que lo llevaron a la cumbre del virtuosismo y a los máximos honores internacionales.

P4 — Mi pasión por la música pareció estallar en llamaradas — había confesado el autodidacta Andrés Segovia, cuando aún muchacho tuvo la ocasión de escuchar el preludio de Francisco Tárrega, interpretado por Gabriel Ruiz de Almodóvar, en Granada.

«La música, el océano»

P5 Desde entonces no abandonó más su vocación de guitarrista. Desde los tres a los ocho años, en la localidad de Jaén, al sur de España, ya había seguido clases de solfeo y violín y se había aficionado a la pintura, incentivado por unos tíos, pues sus padres eran muy modestos.

P6 Comenzó tocando flamenco y melodías populares, pero pronto se dio cuenta que con ese instrumento se podían interpretar las composiciones más complejas. Tuvo éxito en toda España. En Madrid se hizo famoso por su capa negra, su pelo largo y unos lentes redondos de marco grueso que usaba en los recitales.

P7 Segovia se transformó en el verdadero «inventor» de la guitarra como instrumento de concierto. En sus giras por todo el mundo demostró cómo se podía hacer maravillas con ella entre los brazos y con una partitura de Bach, Beethoven, Joaquín Rodrigo u otros grandes compositores que comenzaron a producir obras especialmente para él. Entusiasmó a miles cuando creó los cursos de Información e Interpretación de Música Española en Compostela, hasta donde comenzaron a llegar becarios de todos los continentes.

P8 Sus claves siempre las expresó en metáforas: «La música es para mí el océano. Y los instrumentos, las islas», dijo una vez a **Cambio 16**. «La guitarra es un maravilloso instrumento, de una gran variedad de colores musicales y con capacidad para la armonía y contrapunto superiores al violín y al cello. La guitarra es como una orquesta pequeña. Una orquesta que se viera con los prismáticos al revés».

P9 Recibió centenares de premios. Entre ellos, las grandes cruces de Isabel La Católica y Alfonso X el Sabio; el premio «Una vida por la música», considerado el Nobel de su género; el Premio Nacional (1981); muchas medallas y discos de Oro de diversos países.

P10 El Rey Juan Carlos le dio el título nobiliario de Marqués de Salobrena en 1981 y dos años después fue recibido como miembro de honor de la Real Academia de Bellas Artes de Santa Isabel de Hungría en Sevilla, la Academia de Estocolmo (Suecia) y de la Santa Cecilia de Roma.

P11 Para él, el sonido de la música era «luminoso». Antes de partir, dejó un camino iluminado con raudales de luz.

Tomado de Hoy, *8-14 de junio, 1987*

Después de leer

PREGUNTAS DE COMPRENSION

1. ¿Dónde dio clases de música poco antes de morirse?
2. ¿Dónde vivía la familia de Segovia?
3. ¿Fue inesperada la muerte de Segovia? ¿Por qué?
4. ¿Qué primer suceso en la vida de Segovia lo entusiasmó a dedicarse a la música? ¿Cómo describe su reacción al suceso?
5. ¿Quiénes ayudaron a Segovia a desarrollar su talento? ¿Por qué?
6. ¿Cómo se vestía Segovia para sus conciertos?
7. Según Segovia, ¿por qué es la guitarra un instrumento más versátil que el violín y el cello? ¿Por qué sería eso?
8. ¿Por cuántos años antes de su muerte fue miembro de la prestigiosa Real Academia de Bellas Artes de Santa Isabel de Hungría en Sevilla? [Hay que calcular.]

ENFOQUE EN EL CONTENIDO Y LA ESTRUCTURA

A. Título, tema y tesis

1. El tema del artículo es Andrés Segovia. La tesis principal también se presenta en el título del artículo, aunque de manera juguetona. Discuta esta tesis. Piense en las siguientes preguntas: ¿Representa el título mayor [«Inventor» de la guitarra] un «hecho» literal? ¿Por qué aparece la palabra **inventor** entre comillas? ¿Es una mentira? ¿En qué sentido se podría decir que Segovia fue el «inventor» de la guitarra?
2. ¿Cómo resumiría Ud. la tesis en una sola frase corta?

B. Estructura general

1. Asumiendo que el esquema siguiente representa la estructura básica de la lectura, ¿cuál es el tema o la función de cada una de las unidades?

   Párrafo   Tema

   P1 _____
   P2-3 _____
   P4 _____
   P5-7 _____
   P8 _____
   P9-10 _____
   P11 _____

2. Ahora trate de determinar cómo difieren entre sí temáticamente los párrafos de las unidades siguientes:

   Estructuras   **Diferencias temáticas**
   a. P2   *Antes de morir*
      P3
   b. P5
      P6
      P7
   c. P9
      P10

C. Comparaciones

Este artículo se basa no solamente en el uso de la analogía, sino también en una comparación entre varios elementos. Para organizar una comparación, un escritor puede valerse de uno de estos tipos:

Comparación A	Comparación B
describir elemento A	comparar y/o contrastar aspecto 1 de A y B
describir elemento B	comparar y/o contrastar aspecto 2 de A y B
comparar/contrastar A/B	comparar y/o contrastar aspecto 3 de A y B

¿Cuál cree Ud. que ha empleado el autor de este texto?

D. El lenguaje y las imágenes

Si Ud. ha leído el texto con cuidado, habrá desarrollado una imagen mental del personaje de Segovia basada en los datos y descripciones presentados por el autor. Además, se dará cuenta de que su impresión de la persona va más allá de los datos objetivos. Conteste las preguntas relacionadas a la personalidad y carácter de Segovia, indicando las razones por qué ha contestado así. Es decir, ¿qué elementos concretos de la lectura apoyan sus impresiones?

1. Segovia, ¿tiene aficiones favoritas? Enumérelas.
2. ¿Son importantes los colores para esta persona? ¿Tiene un color favorito?
3. ¿Cuál sería la actitud de Segovia con respecto a los siguientes tópicos? Describa sus impresiones.
   a. premios y honores:
   b. la ropa y la moda:
   c. los compositores:
   d. los instrumentos:
   e. la gente:
   f. las cosas:

4. ¿Qué añora Segovia ser en su vida?
5. ¿Cómo le gusta pasar el tiempo?
6. ¿Es un hombre solitario o le gusta estar con la gente?
7. ¿Es ambicioso? Si lo es, ¿cuál es su ambición?
8. ¿Dónde le gustaría vivir? ¿En las montañas?, ¿en un pueblo?, ¿una ciudad metropolitana?, ¿en la costa? Comente.
9. ¿Cúales son sus dos mayores virtudes?
10. ¿Tendría vicios? ¿Cuáles serían?

Compare su imagen de Segovia con la de otro estudiante. ¿Son muy parecidas, distintas? ¿Por qué?

ENFOQUE EN EL LENGUAJE

Para más información sobre los temas gramaticales tratados en estas actividades, consúltese el apéndice gramatical.

A. Vocabulario de música y arte

La lectura es una rica fuente de vocabulario relacionado con el mundo de la música y el arte. En una hoja aparte, reúna y organice el vocabulario en forma de un esquema que le facilite la memorización.

B. Lenguaje literario

1. Busque definiciones de los siguientes términos:

   a. la analogía
   b. la metáfora
   c. el símil
   d. la imagen

2. Refiriéndose a las definiciones de las palabras de arriba, ¿cómo clasificaría Ud. las siguientes estructuras, expresiones figuradas y comparaciones?

   a. P1 **Andrés Segovia** fue a la guitarra lo que **Paganini** al violín: un genio de la interpretación.
   b. P8 «**La música** es para mí **el océano**. Y los **instrumentos, las islas**», dijo una vez a **Cambio 16**.
   c. P8 «**La guitarra** es como **una orquesta pequeña**. Una orquesta que se viera con los prismáticos al revés».
   d. P11 Para él, el **sonido** de la música era «**luminoso**». Antes de partir, dejó un camino iluminado con raudales de **luz**.

C. Práctica de pronombres

1. El tema del artículo es Andrés Segovia, y él figura como sujeto de la mayoría de las frases en el artículo. Cuente las veces que el pronombre él sirve de sujeto de frase en el artículo. Discuta el uso y la falta de uso de él en frases específicas.

2. En los siguientes casos, identifique el referente y la función (sujeto, objeto directo, indirecto, preposición, etc.) de los pronombres en negrita.
   a. Pero no apagaron aquellas llamaradas que **lo** llevaron a la cumbre del virtuosismo y a los máximos honores internacionales.
   b. En sus giras por todo el mundo demostró cómo **se** podía hacer maravillas con **ella** entre los brazos y con una partitura de Bach, Beethoven, Joaquín Rodrigo u otros grandes compositores que comenzaron a producir obras especialmente para él.
   c. Sus claves siempre **las** expresó en metáforas.
   d. «La música es para **mí** el océano.»
   e. Recibió centenares de premios. Entre **ellos,** las grandes cruces de Isabel la Católica y Alfonso X el Sabio…
   f. El Rey Juan Carlos **le** dio el título nobiliario de Marqués de Salobrena en 1981…
   g. Para **él**, el sonido de la música era «luminoso».

3. Escriba las oraciones que aparecen a continuación, reemplazando la frase en negrita con un pronombre apropiado. Piense en el referente y la función (sujeto, objeto directo, etc.) del nombre que se va a sustituir.
   a. Se sentía bien. Estaba viendo televisión junto a **su tercera esposa**.
   b. — Mi pasión por la música pareció estallar en llamaradas — había confesado **el autodidacta Andrés Segovia**.
   c. Comenzó tocando flamenco y melodías populares, pero pronto se dio cuenta que con **ese instrumento** se podían interpretar las composiciones más complejas.
   d. Entusiasmó a miles cuando creó **los cursos de Información e Interpretación de Música Española en Compostela**.
   e. «La guitarra es un maravilloso instrumento, de una gran variedad de colores musicales y con capacidad para la armonía y el contrapunto superiores **al violín y al cello**.»
   f. El Rey Juan Carlos le dio **el título nobiliario de Marqués de Salobrena** en 1981.

4. Los siguientes pronombres reflexivos aparecen en la lectura. Discuta la función y significado de cada caso. Piense en las preguntas siguientes:
¿A qué o a quién se refiere el pronombre?
¿Se puede eliminar el pronombre reflexivo sin afectar el significado? Si no, ¿cómo se afecta el significado al eliminarlo?
¿Según el esquema dado en la sección gramatical, ¿qué clase de reflexivo es cada uno (reflexivo verdadero, recíproco. etc.)?

   a. A los 94 años, no tenía aún intenciones de morir**se**.
   b. En abril tuvo que internar**se** en una clínica…
   c. Pero **se** recuperó y volvió a su hogar en Madrid.
   d. **Se** sentía bien. Estaba viendo televisión…
   e. En Madrid **se** hizo famoso por su capa negra, su pelo largo y unos lentes redondos…
   f. Segovia **se** transformó en el verdadero «inventor» de la guitarra como instrumento de concierto.
   g. En sus giras por todo el mundo demostró cómo **se** podía hacer maravillas con ella…
   h. Una orquesta que **se** viera con los prismáticos al revés.

ACTIVIDADES DE ESCRITURA

A. Sumario del mundo de…
Ud. es autor de una columna regular de un periódico que se dedica a resumir en breve (en una serie de introducciones) los acontecimientos recientes relacionados con un campo determinado de interés público: la música, el arte, los deportes, etc. El sumario debe hacer mención de por lo menos cinco sucesos verdaderos.

B. El conjunto del año
Anoche hubo otro programa de premios de música (*music awards program*) en el que se escogió un «conjunto del año». Como autor de una columna, Ud. tiene que escribir una breve noticia encajada (*set off in a box on the page*) en la que se refiere al premio y da un breve resumen de la trayectoria del grupo en su búsqueda de fama y éxito. Ud. puede referirse a cualquier clase de música y a cualquier conjunto que le interese.

C. Un concierto/una exhibición del arte/otra clase de función

Ud. escribe artículos para la página cultural de un diario. En forma periodística, escriba un reportaje breve (título, introducción y un párrafo de cuerpo) sobre algún tipo de función cultural.

Para resumir

La **Unidad 3** ha tratado el tema de la objetividad y se han presentado en ella los varios componentes de un reportaje periodístico: el título, la introducción y el cuerpo. Como se ha visto, el título resume el contenido esencial de la introducción; a veces acusa sólo el tema, otras veces presenta una tesis. La introducción, a su vez, normalmente contesta los cinco interrogantes básicos (**¿qué?, ¿quién?, ¿cuándo?, ¿dónde?, ¿por qué?** — y, a veces, **¿cómo?**) según su importancia. Para lograr integrar tanta información en una sola frase, la introducción casi siempre tiene la forma de una frase compleja con cláusulas coordinadas y subordinadas y frases modificadoras intercaladas. El cuerpo del reportaje desarrolla los datos de la introducción en orden de importancia.
Se ha visto que aún los reportajes frecuentemente se organizan alrededor de una tesis (explícita o implícita) o acusan un punto de vista.

1. En «El audaz lechero de las minivacas», una tesis sobreentendida es que la cultura hispánica ha logrado un adelanto científico significativo. Esto se ve en el hecho de que tanto el título como la introducción y el cuerpo del reportaje se enfocan principalmente en la persona, que es mexicano, y no en el logro (la minivaca).
2. En el reportaje titulado «Preocupación en Paraguay...» se ha vislumbrado, quizás, una ligera subjetividad periodística frente a las acciones y la política del nuevo gobierno.
3. El reportaje sobre «La Malinchi» se estructura en torno a la ambivalencia cultural hacia el papel que desempeñó la figura de La Malinche en la época de la conquista. Es decir, México debe celebrar la figura de La Malinchi, pero de una manera discreta, tal como se hace en Oluta, su pueblo natal. Como consecuencia de la tesis, el texto abunda en expresiones transicionales que coordinan ideas conflictivas.
4. La tesis del último reportaje sobre «Segovia» se da claramente tanto en el título como en la introducción: Segovia fue «inventor» de la guitarra en el sentido de que fue un genio de la interpretación. Además de la tesis, se ha visto cómo el autor emplea la metáfora como principio organizador.

Actividades de escritura extendida

A. La primera página

Ud. y dos o tres compañeros van a hacer un noticiero (*newsletter*) de dos o tres páginas en español sobre cualquier tema (o dirigido a cualquier público) que les interese. Hay que escribir por lo menos cinco noticias apropiadas, cada una con un título y un mínimo de tres párrafos (una introducción más dos párrafos de cuerpo). Además, será necesario organizar el noticiero mismo en cuanto al diseño, el título, los componentes, etc.

B. El primer encuentro

Empleando la forma periodística de una noticia, componga un reportaje de profundidad (un *in-depth report*) para la prensa española durante la época de Cortés que describa el primer encuentro entre los indígenas y los españoles en México. Para tener una base histórica, valdría la pena buscar algunos datos en una fuente accesible como la enciclopedia, por ejemplo. Por supuesto, Ud. tendrá que «inventar» un poco. Hay que componer un título. Compare su reportaje con los de otros estudiantes. ¿En qué se asemejan? ¿En qué difieren?

C. Bosquejo biográfico

Ud. entrevista a un compañero de clase y compone un reportaje de interés humano (de dos o tres páginas) sobre él o ella. Es su meta interesar al lector en el sujeto. Para hacer eso será necesario ir más allá de los meros datos biográficos para revelar la esencia de la persona: su personalidad, su carácter, las mayores influencias en su vida, la filosofía que le guía, etc. Antes de la entrevista, desarrolle una serie de preguntas que le ayude a conocer al sujeto de cerca (sin ser demasiado íntimo). Haga el reportaje desde el punto de vista de una tercera persona; es decir, evite el uso de la primera persona yo. Debe formular un título llamativo y apropiado. Debe citar al entrevistado de forma apropiada.

UNIDAD

4 LA OPINIÓN

Objetivos

Después de terminar este capítulo, el estudiante podrá:

- definir los elementos básicos de la escritura subjetiva.
- interpretar un punto de vista personal.
- identificar ejemplos de cómo reconocer opinión vs. hecho.
- distinguir entre varios formatos de cómo presentar opiniones.
- escribir un texto que demuestre el uso de los elementos básicos.

Objetivos lingüísticos

Después de terminar este capítulo, el estudiante podrá:

- reconocer y explicar el uso del indicativo y el subjuntivo.
- identificar elementos de cohesión en el texto: varias clases de pronominalización como reflexivos, directos e indirectos, definidos e indefinidos.
- identificar expresiones de transición: conjunciones, adverbiales.

Introducción general

Rasgos de un ensayo de opinión

A diferencia de las escrituras de la unidad anterior, las escrituras de esta clase permiten un grado apreciable de subjetividad. Se escriben desde una perspectiva personal y presentan claramente las opiniones y actitudes del autor tanto como sus juicios de valor. Desde que tienen como propósito básico convencer al lector de algo o motivarlo a actuar, tienen que organizarse bien y representar una subjetividad bien razonada. No deben caracterizarse por una subjetividad frívola ni exagerada. Tiene que haber una tesis subjetiva subyacente que guíe el desarrollo de la composición.

Para convencer y motivar hay que pensar bien en el lector y en sus sensibilidades. El lenguaje tiene que apelar tanto al aspecto intelectual como al aspecto emotivo del lector. Aunque una composición subjetiva coherente no tiene que basarse estrictamente en la lógica ni en hechos científicamente comprobados, las mejores emplean la lógica y los hechos, además de los argumentos emotivos, de una manera eficaz y convincente.

Hay muchas posibilidades de cómo estudiar el problema para llegar a una solución. Tres posibilidades son:

1. **Causa y efecto.** ¿Qué causó el problema? ¿Qué efectos tendría este problema? ¿Qué efectos tendría su solución (por ejemplo, la lectura de Hispánicos, más adelante en esta unidad)?
2. **Inducción.** Este proceso procede de lo específico a una generalización. Si es una lista de incidentes o hechos, ¿llegará a desarrollar una generalización? Si pudiera serlo, ¿cuál generalización (por ejemplo, la lectura sobre **Hirohito** en la Unidad 5, o sobre **Teruel** en la Unidad 2)?
3. **Deducción.** Este proceso procede de la generalización a lo específico. ¿Se puede escribir el problema como una generalización, o es una conclusión (por ejemplo, la lectura en la Unidad 3 sobre **Segovia**)?

Al escribir una reseña, por ejemplo, muchos críticos no solamente explican la trama, sino que tratan de persuadir al lector en cuanto a los varios méritos o defectos de la obra. Por lo tanto, el efecto que uno quiere causarle al lector depende en gran parte de la ordenación de esos puntos. Cuando se escribe para persuadir, uno debe considerar la sucesión de puntos. Para convencer a un lector, se empieza con las ideas que el lector acepte más fácilmente y se procede de allí a aquellas con las que se está menos de acuerdo. Puesto que se quiere que el lector siga leyendo, no se empieza con las ideas que le causen desacuerdo. También se podría empezar con una mención detallada de las ideas que el lector sostiene para desde allí refutar o argüir en contra de esas ideas. El siguiente esquema le ayudará a verlo más claramente:

> **Plan para persuadir a un lector antagónico**
> 1. La idea o el punto menos discutible
> 2. Una idea un poco más discutible
> 3. Una idea todavía más discutible
> 4. La idea que el lector aceptará con más dificultad

Por otra parte, es posible que su lector no sea antagónico, sino que simplemente desconoce los diversos puntos del asunto. En este caso, Ud. puede organizar un ensayo de esta forma:

> **Plan para persuadir a un lector comprensivo**
> 1. El punto menos convincente de su argumento
> 2. Un punto un poco más convincente que apoya su posición
> 3. El punto más convincente que apoya su posición

Este tipo de organización concluye con el punto más a favor de su argumento, convenciendo de esta manera a su lector de que sus ideas son factibles y bien pensadas.

En términos lingüísticos, tanto los ensayos subjetivos como los objetivos se valen mucho de elementos de transición (conjunciones y frases adverbiales de tiempo, orden, causa-consecuencia, punto de vista del escritor, etc.). Otro aspecto lingüístico que se relaciona estrechamente con la subjetividad es el modo, en particular el uso del subjuntivo.

En esta unidad se presentarán una serie de textos basados en la opinión o subjetividad del autor. Los textos representan cuatro clases de composición periodística: reseñas, cartas al redactor, comentarios sobre las noticias y editoriales.

ACTIVIDAD PRELIMINAR

Piense en una cuestión controversial y haga una lista de los argumentos y datos de apoyo en pro y en contra. Discuta con la clase cómo se organizaría el argumento para dirigirse a un lector antagónico o a un lector comprensivo.

LECTURA

«LA HISTORIA OFICIAL» Y «EL LECTOR TIENE LA PALABRA»
POR EZEQUIEL BARRIGA CHÁVEZ Y MERCEDES SÁNCHEZ E.

1A y 1B

INTRODUCCIÓN A LAS LECTURAS

Las dos lecturas que siguen se han juntado porque tratan de uno de los aspectos más trágicos del conflicto político en la América Latina en los últimos años — «los desaparecidos». Enfocan las horribles consecuencias humanas de esta forma de violencia política al nivel de la familia. La primera lectura es un buen ejemplo de un género de ensayo subjetivo bien conocido, la reseña. Apareció en una columna regular, «Desde la Butaca», de Ezequiel Barriga Chávez, del diario mexicano *Excelsior*. La reseña comenta una película argentina de fama internacional que trata del destino de los hijos pequeños de los desaparecidos bajo el régimen conservador militar de Leopoldo Galtieri. Como toda reseña, tiene elementos de reportaje y de editorial; es decir, tanto reporta como opina sobre la película.

La segunda lectura representa otro tipo conocido de ensayo subjetivo; es la reciente carta al redactor de la esposa de un desaparecido chileno escrito en el decimoquinto aniversario de su desaparición. Fue publicada hace poco tiempo en la revista chilena *Hoy*, del género *Time* y *Newsweek*. Como el lector apreciará, la carta tiene un propósito organizador que va más allá de describir en términos elocuentes el sufrimiento personal de esta familia.

ANTES DE LEER   Lectura 1A

A. Los desaparecidos
Imagínese que los miembros de su familia son detenidos sin ninguna provocación y sin habérseles señalado sus derechos. ¿Qué haría Ud. para liberar a su familia? ¿Recurriría a la violencia? En grupos de tres o cuatro, discutan qué posibles pasos tomarían para solucionar el problema.

B. Las películas
Piense en una película que haya visto recientemente en la cual los personajes se enfrentan con otros por diferencias de opinion (por ejemplo, *Do the Right Thing*, *Mississippi Burning* y *Born on the 4th of July*). Escriba unas notas sobre sus impresiones de la película. Al repasar las notas, ¿ve Ud. alguna tendencia (*trends*) en las metáforas, símbolos, ambiente y desarrollo de personajes que apoyen el tema central?

C. El contenido y la estructura de una reseña

Piense en algunas reseñas de películas que Ud. haya leído o escuchado recientemente. ¿Se pueden identificar rasgos generales que caractericen una reseña? Piense en las siguientes preguntas:

1. ¿Por qué se publican las reseñas?
2. ¿Qué quiere saber el público general acerca de una película?
3. ¿Cuánto quiere saber el público acerca de la trama de la película?
4. ¿Desde cuáles puntos de vista puede el autor comentar o criticar una película? ¿Cuáles son los criterios de evaluación que los críticos aplican al juzgar una película? Haga una lista de las posibilidades.

D. Los críticos

¿Quiénes son los críticos de cine que más y que menos le gustan? ¿Por qué (no) le gustan? ¿Tiene que ver con:
   … ¿los gustos del crítico en cuanto a películas?
   … ¿el estilo o la manera de escribir del crítico?
   … ¿otro factor?

A LEER   Lectura 1A
«La Historia Oficial»
por Ezequiel Barriga Chávez

P1 El filme de Luis Puenzo fue dado a conocer en nuestro país durante la XVIII Muestra Internacional de Cine (1985), con una buena aceptación en términos generales. Por esas fechas todavía no se hacía merecedor del Oscar de la Academia de Hollywood como la mejor película extranjera, y aún le faltaba cosechar varios de los muy merecidos premios que le han otorgado. Ahora estrenan comercialmente esta cinta para beneplácito de los aficionados capitalinos, quienes de esta manera tienen la oportunidad de conocer uno de los mejores trabajos cinematográficos realizados en Argentina, país que día con día produce obras de indiscutible calidad.

P2 El director nos cuenta una de las consecuencias más trágicas que heredó la dictadura: la desaparición de miles de niños nacidos en prisión y distribuidos entre quienes deseaban adoptarlos, dadas las facilidades brindadas por los militares a sus amigos y conocidos, por una parte, y por otra, la incesante lucha por recuperar a los bebés, emprendida por madres y abuelas durante los actuales años. Este peregrinar por una de las caras más sucias de aquellos años, va descubriendo el drama nacional de este problema, pero también el cineasta precisa darnos a conocer el lado personal de una de estas protagonistas.

P3 Escoge para ello a una típica mujer que todo lo tuvo durante los años turbulentos de los militares, por ser ella una de las depositarias de los privilegios que gozaron unos cuantos. Alicia (Norma Aleandro), como esposa de un encumbrado militar, ignora lo que es la violencia, la crisis, el hambre, la carencia de bienes materiales y cualquiera de estos satisfactores. Los tiene todos y en abundancia, en una cantidad que resultan insultantes y ofensivos para un pueblo reprimido, golpeado y sin derechos civiles y políticos. Para completar su paraíso terrenal sólo le hace falta tener hijos y sentirse realizada como mujer, como madre, como mandan los cánones.

P4 Su poderoso marido, Robert (Héctor Alterio), pronto resuelve el problema, de tal manera que en lo sucesivo tienen todo para ser una familia «normal» con poder, riquezas, lujos y una hija que hace la felicidad del matrimonio. Para su infortunio, los cambios políticos poco a poco se van trasluciendo en la sociedad, y el enorme poder del hombre se va haciendo cada vez menos, hasta que termina por desmoronarse y salir del gobierno junto con sus amigos, para dar paso a los civiles; la transformación trastoca sus relaciones familiares y la estabilidad es cosa del pasado. La crisis como pareja es evidente.

P5 Pero la crisis existencial también se manifiesta en Alicia; la mujer conoce parte de la realidad que siempre desconoció, al enfrentarse a su amiga exiliada que regresa, y por medio de sus confesiones sabe parte del terror imperante durante años. Sus culpas aumentan al saber el drama de los niños desaparecidos, al asociar el asunto al tenaz silencio de su esposo sobre el origen de la pequeña, y la búsqueda que emprende ella misma para descifrar el misterio que la atormenta, en donde encontrará la verdad de lo acontecido en su país y en su familia.

DESPUÉS DE LEER   Lectura 1A

PREGUNTAS DE COMPRENSION

1. ¿De qué país es el director de la película?
2. ¿Ganó un Oscar la película? ¿Cómo se sabe esto?
3. ¿Dónde estrenan la película en el momento, según el autor?
4. ¿Quién es Alicia, la protagonista?
5. ¿Quién es su esposo?
6. ¿Cómo consiguen a la hija?
7. ¿Cuál es el cambio político que experimenta el país? ¿Cómo afecta a la familia de Alicia?
8. ¿Cómo figura la amiga exiliada en la trama?
9. ¿Qué hace Alicia al saber el drama de los niños desaparecidos?

LA OPINION

ENFOQUE EN EL CONTENIDO Y LA ESTRUCTURA

A. La voz del autor
¿Cuál es la actitud del autor acerca de la película? ¿Cómo y dónde se revela en el texto?

B. Análisis temático
¿Cuál es el tema de cada párrafo? Es decir, ¿cómo difieren los párrafos entre sí?
1. P1
2. P2
3. P3
4. P4
5. P5

C. Análisis de la estructura general
De las siguientes estructuras, ¿cuál es la mejor representación de la organización del texto? Discuta su elección.

Estructura A	Estructura B	Estructura C
P1	P1-2	P1
P2	P3	P2-3
P3-5	P4-5	P4-5

D. Buscando la tesis
¿Hay una observación o idea central (o tesis) que guíe la discusión de la película en los párrafos 2 - 6? ¿Cuál es? ¿Se declara abiertamente? ¿Dónde? ¿Se desarrolla de manera deductiva (tesis seguida de datos, argumentos que apoyen o elaboren la tesis) o inductiva (datos y observaciones que llevan a una tesis)?

ENFOQUE EN EL LENGUAJE

Para más información sobre los temas gramaticales tratados en estas actividades, consúltese el apéndice gramatical.

A. Vocabulario de la expresión
La lectura abunda en vocabulario de la violencia y del conflicto social. En una hoja aparte, reúnalo y organícelo.

B. Práctica de pronombres

Identifique la forma (reflexivo, derivado, etc.), la función (sujeto, objeto directo, etc.) y el referente textual (concreto, abstracto) de los pronombres indicados que se encuentran en las siguientes oraciones.

1. **P1** Por esas fechas todavía no **se** (1) hacía merecedor del Oscar de la Academia de Hollywood como la mejor película extranjera, y aún **le** (2) faltaba cosechar varios de los muy merecidos premios que **le** (3) han otorgado.
2. **P3** Escoge para **ello** (1) a una típica mujer que todo lo tuvo durante los años turbulentos de los militares, por ser **ella** (2) una de las depositarias de los privilegios que gozaron unos cuantos.
3. **P3** Alicia (Norma Aleandro), como esposa de un encumbrado militar, ignora lo que es la violencia, la crisis, el hambre, la carencia de bienes materiales y cualquiera de estos satisfactores. **Los** tiene todos en abundancia…
4. **P3** Para completar su paraíso terrenal sólo **le** (1) hace falta tener hijos y sentir**se** (2) realizada como mujer, como madre, como mandan los cánones.
5. **P5** Sus culpas aumentan al saber el drama de los niños desaparecidos, al asociar el asunto al tenaz silencio de su esposo sobre el origen de **la** (1) pequeña, y la búsqueda que emprende **ella** (2) misma para descifrar el misterio que **la** (3) atormenta, en donde encontrará la verdad de **lo** (4) acontecido en su país y en su familia.

C. Por y para

Discuta la elección de preposición en los casos siguientes.

1. **P1** **Por** esas fechas todavía no se hacía merecedor del Oscar de la Academia de Hollywood como la mejor película extranjera…
2. **P1** Ahora estrenan comercialmente esta cinta **para** beneplácito de los aficionados capitalinos…
3. **P2** … la incesante lucha **por** (1) recuperar a los bebés, emprendida **por** (2) madres y abuelas durante los actuales años …
4. **P3** Escoge **para** (1) ello a una típica mujer que todo lo tuvo durante los años turbulentos de los militares, **por** (2) ser ella una de las depositarias de los privilegios que gozaron unos cuantos…
5. **P3** **Para** completar su paraíso terrenal sólo le hace falta tener hijos…

6. **P4** ... y el enorme poder del hombre se va haciendo cada vez menos, hasta que termina **por** (1) desmoronarse y salir del gobierno junto con sus amigos, **para** (2) dar paso a los civiles.

   1. _____
   2. _____

7. **P5** ... y **por** medio de sus confesiones sabe parte del terror imperante durante años.

ANTES DE LEER   Lectura 1B

A. Cartas del lector

Anteriormente se ha discutido la forma general de una carta. En grupos, comenten cuáles son los rasgos universales. ¿Cómo se podría diferenciar una carta al redactor de otras cartas?

A LEER   Lectura 1B
«El lector tiene la palabra»
por Mercedes Sánchez E.

Señor Director:

P1 Hace quince años, yo tenía hogar, un esposo y con nuestras hijas formábamos una familia como muchas otras, con penas y alegrías pero, por sobre todo, con mucho amor.

P2 Recordar lo ocurrido, desde el nefasto día en que mi esposo fue detenido, desde nuestro hogar, en mi presencia y la de una de mis hijas que en ese momento apenas contaba con cuatro años de edad... Recordar las humillaciones, las burlas, las amenazas, la mentira, que hasta hoy se mantienen; recordar la búsqueda de los primeros años en que todas las puertas se cerraban, en que se perdía la esperanza y era necesario aferrarse a ella, porque había que seguir insistiendo, preguntando, buscando... sin perder un segundo, porque cada segundo era la vida misma que se perdía... y así fue pasando el tiempo y así también se mantenía la negativa y el silencio de quienes tenían la responsabilidad de entregar una respuesta.

P3 El tiempo pasa inexorablemente, sin detenerse, la vida sigue su curso aparentemente normal, a pesar de tanto dolor; con mis hijas y como tantas otras personas que han sufrido lo mismo que nosotras, hemos tenido que aprender a vivir sin nuestro ser querido. Qué difícil ha sido tener que enfrentar esta dura realidad impuesta por quienes nos han mantenido cruelmente y por tantos años en la más completa incertidumbre, sin saber si nuestros familiares están vivos o muertos, sin saber dónde están: ¿Qué han pretendido con ello? ¿Pensaron tal vez que nos quedaríamos en nuestras casas, esperando esa respuesta que nunca ha llegado? ¿O quizás que les creeríamos las mentiras «No lo busque más, se fue con otra» (en el caso de nuestros esposos); o «Está en la clandestinidad», «Se fue al extranjero», o por último, negando su detención, en circunstancias que en muchos casos nosotras fuimos testigos de ello?

P4 Señor Director, dos razones me han movido a escribir esta carta.

P5 La primera, precisamente el 3 de octubre se cumplen quince años de la desaparición de mi esposo Ricardo Troncoso L. El fue detenido el 1 de octubre de 1973, permaneció en la Segunda Comisaría de Chillán hasta el día 3 en que me informaron que «los detenidos habían sido trasladados al Regimiento». Nunca más he sabido de mi esposo.

P6 La segunda razón, considero necesario que estos dolorosos hechos no se olviden. El drama que hemos vivido es una tortura permanente, angustiosa, y porque sabemos lo que ha significado en nuestras vidas y en la vida de nuestros seres queridos, no queremos que esto vuelva a ocurrir. Para ello es necesario que la sociedad tome conciencia de la magnitud de esta situación, que se comprometa, que luche contra esta práctica inhumana, que junto con nosotros los familiares afectados exijan Justicia, pero una justicia real. Para ello es necesario que se sepa la verdad de lo ocurrido, los familiares y la sociedad tenemos derecho a conocerla por dolorosa que ésta sea. Es necesario, también, que quienes son responsables de estos crímenes sean castigados en forma ejemplar, para que la lección no se olvide, y porque así se impedirá que hechos tan crueles se repitan, y, además, para que nuestra Patria recupere su dignidad. De todos dependerá que esto se haga realidad, nunca más detenidos desaparecidos.

Tomado de Hoy, *Santiago de Chile,*
10-16 de Octubre, 1988

DESPUÉS DE LEER   LECTURA 1B

PREGUNTAS DE COMPRENSION

1. ¿Qué le pasó a la familia de la señora autora de esta carta? ¿Hace cuánto tiempo?
2. ¿Cuáles eran las excusas y razones que utilizaban las autoridades cuando ella preguntaba por su marido?
3. ¿Por qué ha escrito esta carta la señora? ¿Cuáles son sus motivos?

ENFOQUE EN EL CONTENIDO Y LA ESTRUCTURA

A. Análisis temático
¿Cuál es el tema o idea central de cada párrafo? ¿Cómo se distinguen los párrafos contiguos?

B. Análisis de la estructura general
De las estructuras siguientes, ¿cuál es la mejor representación de la organización del texto? Discuta su elección.

Estructura A	Estructura B	Estructura C
P1	P1	P1
P2	P2-3	P2-4
P3-6	P4-6	P5-6

C. Buscando los argumentos
Al reflejar sobre sus propias ideas, un escritor debe considerar los argumentos de otra persona, los posibles reparos al argumento y las formas en que se podrían refutar. Primero, copie el siguiente cuadro en una hoja aparte y llénelo según lo ha hecho la escritora. Después, haga el papel de la autora, escribiendo en la última columna los argumentos que podría poner para refutar los reparos.

Argumentos	Posibles reparos	Cómo los podría refutar yo
1.	1.	1.
2.	2.	2.
3.	3.	3.
4.	4.	4.

Este tipo de actividad le ayuda al escritor siempre a tener las necesidades y los intereses de su lector muy al frente antes de empezar a escribir. Cuando Ud. vaya a escribir cualquier artículo que dependa del poder persuasivo, piense en los esquemas de estilos de organización. Los propósitos de ambos sirven para clarificar el orden en que el escritor presenta su información.

D. Análisis de un párrafo

El párrafo 6 de «El lector tiene la palabra» («La segunda razón...») muestra un orden determinado de argumentos. Enumere esos puntos en orden de importancia para la autora. Después discuta lo siguiente:

1. ¿Cuál es el propósito del párrafo según la escritora?
2. ¿Cuál es el problema en opinión de la escritora? ¿Qué es lo que teme ella?
3. ¿Cuántos elementos hay en su solución del problema? ¿Cuáles son?
4. ¿Es significativo el orden de presentación de los elementos de la solución? ¿Se podría cambiar el orden de presentación sin alterar el efecto del párrafo? ¿El orden va de menor a mayor importancia, o vice versa? Discuta si va dirigido a un lector antagónico o comprensivo.
5. ¿Hay una conclusión claramente identificable?

ENFOQUE EN EL LENGUAJE

Para más información sobre los temas gramaticales tratados en estas actividades, consúltese el apéndice gramatical.

A. Vocabulario de la opresión

La lectura abunda en vocabulario de la violencia y del conflicto social. En una hoja aparte, reúnalo y organícelo.

B. Práctica de pronombres

Identifique la forma (reflexivo, derivado, etc.), la función (sujeto, objeto directo, etc.), y el referente textual (concreto, abstracto) de cada pronombre encontrado en las oraciones siguientes.

1. **P2** Recordar **lo** (1) ocurrido, desde el nefasto día en que mi esposo fue detenido, desde nuestro hogar, en mi presencia y la de una de mis hijas que en ese momento apenas contaba con cuatro años de edad.
2. **P2** Recordar las humillaciones, las burlas, las amenazas, la mentira, que hasta hoy **se** (1) mantienen; recordar la búsqueda de los primeros años en que todas las puertas **se** (2) cerraban, en que **se** (3) perdía la esperanza y era necesario aferrarse a **ella** (4), porque había que seguir insistiendo, preguntando, buscando...
3. **P3** Qué difícil ha sido tener que enfrentar esta dura realidad impuesta por **quienes** nos han mantenido cruelmente y por tantos años en la más completa incertidumbre...
4. **P3** ¿Qué han pretendido con **ello**? ¿Pensaron tal vez que nos quedaríamos en nuestras casas, esperando esa respuesta que nunca ha llegado?

5. **P3** ¿O quizás que **les** (1) creeríamos las mentiras «No **lo** (2) busque más, se fue con otra (en el caso de nuestros esposos»); o «Está en la clandestinidad», «Se fue al extranjero», o por último, negando su detención, en circunstancias que en muchos casos nosotras fuimos testigos de **ello** (3)?
6. **P6** De todos dependerá que esto **se** haga realidad, nunca más detenidos desaparecidos.

C. **Práctica del subjuntivo.**

En el párrafo siguiente, subraye todos los verbos que aparecen en la forma del subjuntivo. Esté listo a explicar su elección de forma.

La segunda razón, considero necesario que estos dolorosos hechos no se olviden. El drama que hemos vivido es una tortura permanente, angustiosa y porque sabemos lo que ha significado en nuestras vidas y en la vida de nuestros seres queridos, no queremos que esto vuelva a ocurrir. Para ello es necesario que la sociedad tome conciencia de la magnitud de esta situación, que se comprometa, que luche contra esta práctica inhumana, que junto con nosotros los familiares afectados exijan Justicia, pero una justicia real. Para ello es necesario que se sepa la verdad de lo ocurrido, los familiares y la sociedad tenemos derecho a conocerla por dolorosa que ésta sea. Es necesario, también, que quienes son responsables de estos crímenes sean castigados en forma ejemplar, para que la lección no se olvide, y porque así se impedirá que hechos tan crueles se repitan, y, además, para que nuestra Patria recupere su dignidad. De todos dependerá que esto se haga realidad, nunca más detenidos desaparecidos.

D. **Para escribir mejor**

Para escribir tanto una carta al redactor como una reseña, el escritor debe eliminar muchos de los argumentos o ideas que tiene, tanto por falta de espacio como por llegar al grano del problema. Este proceso conlleva cierta organización y se vale de cierto lenguaje.

Importancia

El/la más importante idea, razón, punto, paso es…, De más importancia…, Más que nada…, Obviamente…, A mi parecer…, En mi opinión…

Orden

En primer, segundo, tercer lugar…

Conclusión

Finalmente…, Para resumir…, En resumidas cuentas…, En conclusión…, En fin…

Trate de utilizar estas expresiones en las siguientes actividades de escritura.

Actividades de escritura

A. Ud., el crítico

Escriba una reseña corta (de tres párrafos hasta una página) y bien organizada de una película. Tenga cuidado de revelar lo suficiente acerca de la trama como para interesar o informar al lector sin contarle demasiado. Además, se precisa juzgar la película a través de una crítica bien apoyada. No se olvide de que el propósito de una reseña es ayudar al lector a tomar una decisión, la de ver o de no ver la película.

B. Una carta al redactor

Escriba una carta (de tres párrafos hasta una página) al redactor dramatizando un problema. Podría ser sobre algún aspecto del terrorismo político. Debe definir el problema, presentar datos actuales que muestren que sabe algo del asunto y dar un punto de vista o perspectiva personal. Podría, por ejemplo, argüir que en casos determinados, la violencia política es un recurso legítimo de cambio social. O podría argüir que nunca lo es. Podría sugerir un plan para combatir alguna forma determinada de terrorismo político. Podría usar la organización de causa y efecto: «Esto es cierto… por lo tanto, uno no puede hacer eso y eso…» Otras posibilidades incluyen la presentación del problema seguido directamente por la solución.

Lectura 2

«Los 'hispánicos'»
por Frank del Olmo

Introducción a la lectura

La próxima lectura es un artículo publicado recientemente en el periódico semanal *Los Angeles Times*. Como se verá, el artículo tiene las características de un editorial y desarrolla una opinión-tesis mediante un ejemplo y una serie de argumentos o datos.

Antes de leer

A. El censo

Suponga que Ud. nació en Argentina de familiares tanto ingleses como italianos, pero que en casa todos hablan español. La familia vive en los Estados Unidos desde hace quince años. ¿Cuál marcaría en el siguiente cuadro?

Marque uno solamente para indicar su origen étnico.
- indígena norteamericano
- oriental
- hispano
- africano
- europeo

Según el censo del gobierno, Ud. debería marcar **hispano**. ¿Está Ud. de acuerdo con esta decisión? ¿Por qué sí o por qué no? Discuta.

B. Orientación al tema

Con la clase discútanse las siguientes preguntas para crear una fuente de información de fondo.

1. ¿A qué se refieren las etiquetas hispánico y latino? ¿Se refieren a la misma realidad?
2. ¿Qué grupos de gente se incluyen en estas etiquetas?
3. ¿Cómo se distribuyen estos grupos en los Estados Unidos?
4. ¿Qué porcentaje de la población representa cada grupo?
5. ¿Qué implica el acto de nombrar un grupo de gente? ¿Podría ser peligroso? ¿Por qué?

C. Orientación al texto

Lea el siguiente titular y después conteste las preguntas que siguen.

Debaten Públicamente sus Diferencias los «Hispánicos» en EU
- Controversia Sobre la Televisión en Español Enfrenta a Chicanos y Cubanos
- Puede Resultar Benéfica y Ayudar a los Latinos a Integrarse a la Sociedad
- De Hecho lo Unico que Tienen en Común es su Residencia en ese Territorio

1. ¿De qué se trata el artículo?
2. ¿Por qué se encuentra la palabra «Hispánicos» entre comillas?
3. ¿Cómo cree Ud. que va a ser organizado el artículo?
4. Haga una lista de preguntas que, en su opinión, el artículo debe contestar. Al leer, trate de ver si el artículo contesta todas las preguntas que Ud. se formuló.
5. Según el titular, ¿tiene Ud. la impresión de que el artículo es un reportaje informativo y objetivo o un editorial que da la opinión del autor? ¿Por qué?

D. Lectura rápida

A continuación, el texto se ha reducido a los elementos básicos de la primera frase de cada párrafo. Aún reducido así, el lector tiene una idea bastante clara del contenido y estructura del artículo. Lea el texto abreviado y entonces haga un resumen de lo que Ud. cree será el contenido de cada párrafo. Añada más preguntas a la lista de preguntas que Ud. quiere ver contestadas. (Remítase a la actividad C, número 4.)

P1 … me he resistido a usar la palabra. [hispánicos]
P2 El problema ha recibido escasa atención en los medios impresos en inglés…
P3 Este término [cubanización] fue acuñado por *La Opinión*… que publicó una serie de artículos en su primera plana…
P4 Las fuentes de *La Opinión* especularon que existe una campaña para reducir la influencia mexicana…
P5 Los artículos generaron una «abrumadora» reacción «positiva» entre los lectores mexicanos…
P6 Se referían a un mexicano.
P7 … los latinos de esta ciudad son un pueblo con historias distintas…
P8 De hecho, la única experiencia que todos los «hispanos» tienen en común es su residencia en Estados Unidos.
P9 Yo sospecho que… muchos latinos aceptan la etiqueta «hispánico» porque…
P10 Obviamente, la gente sabe que este grupo diverso no vota de la misma manera.
P11 No existe tal cosa [voto hispánico].
P12 ¿Qué es lo que deben extraer los no latinos de todo esto?
P13 … me siento muy contento de que la rivalidad… finalmente haya sido discutida abiertamente.
P14 Una vez que los latinos hayan eliminado este obstáculo… deberán enfrentarse a temas más importantes como…

A LEER

Debaten Públicamente sus Diferencias los 'Hispánicos' en EU
- Controversia Sobre la Televisión en Español Enfrenta a Chicanos y Cubanos
- Puede Resultar Benéfica y Ayudar a los Latinos a Integrarse a la Sociedad
- De Hecho lo Único que Tienen en Común es su Residencia en ese Territorio

por Frank del Olmo

1. *corrientemente, hoy día*
2. *presentada*
3. *cambios importantes*
4. *canales de televisión*
5. *inventado*
6. *primera página*
7. *canales*
8. *a pesar de*

P1 Los Angeles, 4 de junio — Desde que la Oficina de Censos comenzó a considerar en grupo a chicanos como yo con puertorriqueños y cubano-estadounidenses, bajo la amplia definición de «hispánicos», me he resistido a usar la palabra. La considero imprecisa y burocrática. Actualmente[1], una controversia en la televisión difundida[2] en español ilustra el por qué es erróneo.

P2 El problema ha recibido escasa atención en los medios impresos en inglés (con la excepción de un informe escrito por Víctor Valle para *Los Angeles Times*), pero la antigua rivalidad entre cubano-estadounidenses y mexicano-norteamericanos en las dos redes de televisión en español del país se ha hecho pública, con la consecuente vergüenza que esto significa. Algunos cambios clave[3] en la red Univisión y su rival, Telemundo, han molestado a los activistas chicanos que se quejan de que ambas redes de televisión[4] se están «cubanizando».

P3 Este término fue acuñado[5] por *La Opinión*, el respetado diario en español de Los Angeles, que publicó una serie de artículos en su primera plana[6] sobre la tendencia y la reacción negativa de la comunidad que ha generado. Los directores del periódico decidieron publicar la serie cuando tres altos ejecutivos chicanos abandonaron sus puestos en las teledifusoras[7] en cuestión de meses y luego de que Univisión, la más antigua y grande empresa, anunció que centraría sus actividades de producción en Miami.

P4 Las fuentes de *La Opinión* especularon que existe una campaña para reducir la influencia mexicana en las teledifusoras, pese[8] al hecho de que los mexicanos constituyen la mayor parte de su audiencia: 60 por ciento de los más de 20 millones de latinoamericanos que viven en Estados Unidos son de extracción mexicana.

P5 Los artículos generaron una «abrumadora» reacción «positiva» entre los lectores mexicanos del periódico, según sus directores. También provocó una revuelta en las dos teledifusoras. Valle se enteró, por ejemplo, de que más de la mitad de los empleados de la estación *KMEX* de Los Angeles firmaron una petición en la que solicitaron a Univisión, empresa dueña de esta estación, que

9. *público*
10. *conmoción, problema*
11. *alrededor de*
12. *nombre*
13. *saber, aprender*

nombrara a un nuevo gerente general «que refleje los intereses, experiencia y cultura del auditorio[9] de Los Angeles».

P6 Se referían a un mexicano, en caso de que sea difícil imaginárselo. Y la forma en que la gente persiste en el uso del vocablo hispánico — el falso concepto de homogeneidad latina que implica — debo presumir que mucha gente tendrá dificultad para entender de lo que se trata todo este barullo[10].

P7 Este surge en torno[11] del hecho de que los latinos de esta ciudad son un pueblo con historias muy diferentes (tanto nacionales como personales), así como con características raciales y antecedentes de clase muy variados. Y también significa que no es posible llegar muy lejos para encontrar un vínculo común entre una población tan grande y diversa.

P8 De hecho, la única experiencia que todos los «hispánicos» tienen en común es su residencia en Estados Unidos.

P9 Yo sospecho que una razón clave por la que muchos latinos enterados aceptan la etiqueta[12] «hispánico» es porque piensan que les da poder en el sistema político estadounidense. Por ejemplo, sólo existen un millón de cubano-estadounidenses en Estados Unidos, o sea menos de .5 por ciento de toda la población. Lo que casi no vale la pena para ponerles atención fuera del sur de Florida, donde la mayoría de ellos vive. Pero al unirlos con los 10 millones de chicanos de Texas y California, y dos millones de puertorriqueños en Nueva York, se tiene lo que parece un grupo nacional de poder.

P10 Obviamente la gente astutamente política sabe que este grupo diverso no vota de la misma manera (los cubanos tienden a ser republicanos, los puertorriqueños son en su mayoría demócratas y los chicanos andan entre las dos). Pero eso no ha impedido que muchos latinos ambiciosos perpetúen el mito de que existe algo llamado «voto hispánico».

P11 No existe tal cosa, como tampoco existe una religión «hispánica» (hay muchos protestantes latinos en este país, e inclusive algunos judíos y musulmanes latinos), ni nada que pueda ser llamado cultura «hispánica». Gracias a Dios. Yo disfruto de las diferencias en comida, música, idioma (no todos hablamos el mismo tipo de español) y hasta opiniones políticas que resulten de esta mezcla.

P12 ¿Qué es lo que deben extraer los no latinos de todo esto? Deben quedar enterados[13]. Siempre habrá áreas de influencia latinoamericana en este país — principalmente mexicana en el suroeste, cubana en Florida y puertorriqueña en el noreste — , que dé más variedad a nuestra vida nacional. Pero no se producirá una nación «hispánica» dentro del país. Lo más probable es que los diferentes grupos nacionales dentro de la población latina conserven sus diferencias nacionales hasta que lleguen al punto de asimilación. Y para entonces, la identificación étnica será muy secundaria.

14. a favor de

P13 Por lo que me siento muy contento de que la rivalidad chicanos-cubanos en la televisión en español finalmente haya sido discutida abiertamente. Esto deberá obligar a los latinos a admitir sus diferencias abierta y honestamente en lugar de cubrirlas en pro de[14] los intereses de la unidad «hispánica».

P14 Una vez que los latinos hayan eliminado ese obstáculo, deberán empezar a enfrentarse a temas más importantes, como obtener mejor programación en Univisión y Telemundo. ¿Qué tal usarlas como herramientas educacionales para ayudar a los latinos a enfrentarse al frecuentemente difícil proceso de asimilarse a una sociedad compleja y rápidamente cambiante como la estadounidense?

Tomado de Los Angeles Times, *4 de junio, 1989*

Después de leer

PREGUNTAS DE COMPRENSION

1. ¿Cuáles son los grupos «hispánicos» que se mencionan en el artículo?
2. ¿Cuál es la situación del conflicto?
3. Según *La Opinión*, ¿cuál es el motivo de los cambios en la empresa?
4. ¿Cómo reaccionaron los lectores mexicanos a los cambios?
5. Según el autor, ¿por qué se aplica y mantiene la etiqueta hispánico?
6. ¿Cuáles son las diferencias básicas entre los distintos grupos de «hispánicos», según el autor?
7. ¿Ha tenido consecuencias positivas el debate, en opinión del autor?
8. Según el autor, ¿qué se debe hacer ahora?

ENFOQUE EN EL CONTENIDO Y LA ESTRUCTURA

A. **Análisis del título**

El titulo sugiere el tema y la tesis del artículo. ¿Cuáles son?

B. **Análisis de la tesis**

La introducción hace más precisa la tesis. También muestra la opinión del autor. Discuta.

C. Análisis de la estructura general
   1. Evalúe las siguientes representaciones de la estructura general del artículo. ¿Cuál le parece más apropiada? ¿Por qué?

Estructura A	Estructura B	Estructura C
P1	P1-2	P1
P2-6	P3-5	P2-5
P7-12	P6-13	P6-10
P13-14	P14	P11-14

   2. Para la estructura que ha juzgado más apropiada, apunte el tema que unifica cada segmento del artículo.

Segmento	Tema unificador
1.	
2.	
3.	
4.	

   3. Dentro de cada uno de los segmentos, discuta la división entre los párrafos.

   4. ¿Le parece que hay un esquema estructural aún mejor que los tres ofrecidos? Explique su respuesta.

D. Evaluación del artículo

En grupos evalúen el artículo usando las preguntas a continuación como guía.

   1. El título del artículo, ¿les atrajo la atención y les motivó a seguir leyendo?
      Si contestaron **no**, ¿pueden sugerir una mejor alternativa?
      Si contestaron **sí**, ¿pueden explicar brevemente por qué?

   2. Si el título y los primeros párrafos les interesaron, ¿pueden nombrar algunas técnicas que usó el autor para cobrar interés?
      Si contestaron **no**, ¿qué posibles problemas podría haber con el desarrollo? Escoja los problemas a continuación que, en su opinión, se aplican al desarrollo del artículo.
      - La primera oración no resaltó.
      - Se tomó demasiado tiempo en llegar al punto principal.

- Ciertas ideas controversiales se introdujeron demasiado rápidamente, o de tal forma que el lector reaccionó en contra de los argumentos.
- El artículo empezó con demasiadas ideas que son parte del conocimiento general.
- ¿Otro? Explique.

3. La parte final, ¿contestó preguntas, resumió los argumentos y en general presentó una conclusión satisfactoria?

   Si contestaron **sí**, ¿cómo logró hacerlo el autor?

   Si contestaron **no**, ¿cómo falló el autor? Escojan todas las siguientes frases que se aplican.
   - Dejó sin contestar demasiadas preguntas.
   - La conclusión llegó abruptamente.
   - No explicó qué se podría hacer con la información.
   - ¿Otros fallos? Explique.

   ¿Qué sugerencias podrían ofrecerles ustedes para mejorar la conclusión, si es que lo necesita?

ENFOQUE EN EL LENGUAJE

Para más información sobre los temas gramaticales tratados en estas actividades, consúltese el apéndice gramatical.

A. Vocabulario de los medios de comunicación

El artículo está repleto de vocabulario relacionado a los medios de comunicación (la prensa y la televisión). En una hoja aparte, reúna y organice este vocabulario.

B. Expresiones de conexión

¿Qué significan las siguientes expresiones de transición dentro del contexto dado?

1. **P1** **Desde que** la Oficina de Censos comenzó a considerar…
2. **P1** **Actualmente** una controversia en la televisión difundida…
3. **P2** El problema ha recibido escasa atención en los medios impresos en inglés (**con la excepción de**) un informe escrito por Víctor Valle para *Los Angeles Times*)…
4. **P2** … pero la antigua rivalidad… se ha hecho pública, con la **consecuente** vergüenza que esto significa.

5. **P3** Los directores decidieron publicar la serie… **luego de que** Univisión anunció que centraría sus actividades en Miami.
6. **P4** Las fuentes especularon que existe una campaña para reducir la influencia mexicana en las teledifusoras, **pese al** hecho de que los mexicanos constituyen la mayor parte de su audiencia.
7. **P6** Se referían a un mexicano, **en caso de que** sea difícil imaginárselo.
8. **P7** Los latinos de esta ciudad son un pueblo con historias muy diferentes (**tanto** nacionales **como** personales), **así como** con características raciales y antecendentes de clase muy variados.
9. **P8** **De hecho**, la única experiencia que todos los «hispánicos» tienen en común es su residencia en Estados Unidos.
10. **P9** Por ejemplo, sólo existen un millón de cubano-estadounidenses en Estados Unidos, **o sea** menos de .5 por ciento de toda la población.
11. **P9** **Lo que** casi no vale la pena para ponerles atención fuera del sur de Florida.
12. **P10** **Obviamente** la gente astutamente política sabe que este grupo diverso no vota de la misma manera.
13. **P11** **No** existe tal cosa, como **tampoco** existe una religión «hispánica» (hay muchos protestantes latinos en este país, e **inclusive** algunos judíos y musulmanes latinos), **ni** nada que pueda ser llamado cultura «hispánica».
14. **P12** … áreas de influencia latinoamericana en este país — **principalmente** mexicana en el suroeste, cubana en Florida.
15. **P12** **Lo más probable** es que los diferentes grupos nacionales dentro de la población latina conserven sus diferencias nacionales.
16. **P12** **Y para entonces**, la identificación étnica será secundaria.
17. **P13** **Por lo que** me siento muy contento de que la rivalidad chicanos-cubanos en la televisión en español finalmente haya sido discutida abiertamente.
18. **P14** **Una vez que** los latinos hayan eliminado este obstáculo, deberán empezar a enfrentarse a temas más importantes, **como** obtener mejor programación en Univisión y Telemundo.
19. **P14** **Qué tal** usarlas como herramientas educacionales para ayudar a los latinos.

C. Práctica del subjuntivo

Las frases siguientes se sacaron de la lectura. En cada frase, identifique la clase de cláusula de que se trata y explique la elección del modo subjuntivo.

1. **P5** … firmaron una petición en la que solicitaron a Univisión que **nombrara** a un nuevo gerente general...
2. **P5** … solicitaron a Univisión que nombrara a un nuevo gerente general «que **refleje** los intereses, experiencia y cultura del auditorio de Los Angeles».
3. **P6** Se referían a un mexicano, en caso de que **sea** difícil imaginárselo.
4. **P10** Pero eso no ha impedido que mucho latinos ambiciosos **perpetúen** el mito de que existe algo llamado «voto hispánico».
5. **P11** No existe tal cosa… ni nada que **pueda** ser llamado cultura «hispánica».
6. **P12** Lo más probable es que los diferentes grupos nacionales dentro de la población latina **conserven** sus diferencias nacionales hasta que **lleguen** al punto de asimilación.
7. **P13** Por lo que me siento muy contento de que la rivalidad chicanos-cubanos en la televisión en español finalmente **haya** sido discutida abiertamente.
8. **P14** Una vez que los latinos **hayan** eliminado ese obstáculo, deberán empezar a enfrentarse a temas más importantes, como obtener mejor programación en Univisión y Telemundo.

ACTIVIDADES DE ESCRITURA

A. La respuesta oficial

Escriba un corto comunicado de la gerencia de Univisión y de Telemundo que conteste o niegue los cargos hechos en torno a los cambios recientes.

B. Por qué Ud. debe firmar…

Escriba una breve introducción (uno o dos párrafos) a la petición circulada por los empleados de la estación *KMEX*. La función de la introducción es convencer al público a firmar la petición. Hay que 1) resumir el problema o la situación actual, dando los datos esenciales, 2) enfatizar la necesidad de reaccionar, y 3) indicar cómo una petición puede serivr a la causa.

C. Preparación para una entrevista

Escriba una entrevista corta (de dos o tres párrafos) entre un empleado de *La Opinión* y el gerente actual de la estación *KMEX* sobre el tema de la petición. Piense primero en las preguntas que le haría el empleado del diario al gerente. ¿Cuáles serían? ¿Cómo se organizarían? Entonces, piense en las posibles respuestas del gerente cubano.

LECTURA 3

«IRANGATE: TRAICIÓN A LA PATRIA»
POR LUIS G. BASURTO

INTRODUCCIÓN A LA LECTURA

La próxima lectura es un editorial reciente del diario mexicano *Excelsior* que trata de la corrupción política en los Estados Unidos. El autor contrasta el caso norteamericano de Irangate con la corrupción mexicana. El editorial se incluye aquí porque muestra un punto de vista bastante difundido en la América Latina acerca de la política norteamericana.

ANTES DE LEER

A. La corrupción gubernamental

El presidente norteamericano Calvin Coolidge ha dicho que «El oficio de los Estados Unidos es el negocio. (*The business of America is business.*)» Teniendo en cuenta esta cita, piense en lo siguiente. Cuando el gobierno adopta una actitud de *laissez-faire* hacia el negocio y hacia las obligaciones gubernamentales, la corrupción parece aumentar.

1. ¿Hay más de un tipo de corrupción? Trabajando en grupos, haga una lista de los diferentes tipos de corrupción tanto en los Estados Unidos como en el mundo.
2. ¿Qué considera Ud. como conducta inmoral? ¿El decir una mentira es obrar mal? ¿Es más importante la lealtad que la justicia? ¿Qué razones daría Ud. al considerar que cierto comportamiento es bueno y otro tipo de comportamiento es malo? Discuta.
3. En una sociedad ideal, ¿cómo se comportaría la gente?

B. Hablando de los -*gates*

El morfema -*gate* (de *Watergate*) ha tomado vida propia. Discuta su uso y significado. Piense en lo siguiente:

1. *Watergate* es un nombre. ¿A qué se refiere concretamente?
2. El nombre pasó a referirse a un escandaloso episodio político de la historia de los Estados Unidos. ¿De qué se trataba?
3. Ahora el elemento -*gate* se refiere a cierta clase de escándalo. ¿Cuáles son las características de tal tipo de escándalo? Realmente no se podría utilizar para formar los compuestos siguientes: *Bakker-gate, Swaggart-gate, Durenberger-gate, S & L-gate*. ¿Por qué no?

C. Lectura rápida

Para facilitar la lectura, el texto se ha reducido a los elementos básicos de la primera frase de cada párrafo. Lea el texto abreviado y haga un resumen de lo que Ud. cree será el contenido de cada párrafo. Haga una lista de preguntas que Ud. como lector quiere ver contestadas.

P1 Constantemente… hablamos de que México es el campeón de la corrupción mundial.
P2 Sí, aquí ha habido y hay aún corrupción en grande…
P3 Pero hay otras formas de corrupción gubernamental que nosotros no padecemos.
P4 Más graves que los errores cometidos por Nixon son los que ha patrocinado… Reagan.
P5 Las declaraciones recientes de Edén Pastora… son de verdad aterradoras.
P6 No, en México no tenemos casos parecidos.

A LEER

«IRANGATE: TRAICIÓN A LA PATRIA»
POR LUIS G. BASURTO

P1 Constantemente — y con razón — hablamos miles de ciudadanos, en el hogar, en las calles, en los medios de comunicación, de que México es casi el campeón de la corrupción mundial. Tenemos razón si nos referimos a los fraudes oficiales y privados cometidos desde hace varios lustros en cuestiones económicas. Podríamos enumerar centenares de casos de políticos autores de enriquecimiento ilegítimo. El pueblo ha sido la víctima de esos funcionarios, pero también de muchos hambreadores e intermediarios comerciales pertenecientes a la iniciativa privada, aunque no se pueda acusar a todos los integrantes de ella de culpables de esa corrupción. Hay empresarios, de alto, mediano y pequeño niveles, que no la han cometido. Sería demagógico afirmar lo contrario. Como negar que hemos tenido funcionarios honestos, y actualmente también los tenemos, a pesar de que la calumnia se ensañe en unos y en otros, con frecuencia como lógica consecuencia de la desconfianza de un pueblo tantas veces explotado y exprimido.

P2 Sí, aquí ha habido y hay aún corrupción en grande, de la cual somos frecuentemente cómplices los ciudadanos que, por comodidad, por desidia, por inercia, por falta de educación cívica, toleramos que los hambreadores exploten en su provecho la inflación en alimentos, en medicinas, en toda clase de mercancías que pasan de unas manos a otras, enriqueciendo a esos intermediarios. Y la mordida, ¿institución nacional? También la fomentamos y practicamos. Y hemos dejado pasar gobiernos y más gobiernos en el poder sin rechistar ante los abusos oficiales. Hasta que no llegó la crisis (producto también de la situación mundial) y entonces hemos descargado nuestras iras, primero sobr los dos gobiernos anteriores, y ahora empezamos a hacerlo sobre el actual, lo que es injusto, pues mal pueden resolver una situación gestada durante lustros no sólo en el Tercer Mundo, sino en el planeta, un puñado de hombres de buena voluntad que habrán cometido errores, pero que han luchado, en su mayoría, contra el estado de cosas que puso en peligro nuestra estabilidad social y aun nuestra soberanía, resguardada hasta el límite (hay que reconocerlo) por el Presidente de la República, continuador de nuestra más noble tradición: el respeto a la autodeterminación de los pueblos y la no intervención en asuntos ajenos.

P3 Pero hay otras formas de corrupción gubernamental que nosotros no padecemos, por lo menos desde la época de Santa Ana. Una de ellas, la más grave, es la traición a la patria. Sobra recordar lo que hizo su Alteza Serenísima. Pero no sólo vender parte de un territorio es cometer esa traición. Lo es también pasar por encima de la Constitución y de las otras leyes jurídicas y morales para satisfacer afanes de mesianismo y ambiciones imperialistas de invasión y predominio. Estoy hablando de lo que ha hecho y continúa haciendo el gobierno de Estados Unidos, con Ronald Reagan a la cabeza. Claro que no todos sus secretarios de Estado ni todos los senadores y diputados han sido cómplices de las inmoralidades, públicamente conocidas, cometidas por el presidente yanqui y por otras personas del poder público y privado. Pero aún así, aduciendo la razón (¿y la sinrazón?) de que ya fue bastante con Watergate y con las malas actuaciones de Johnson, Ford y Carter, los propios demócratas se oponen a la destitución del presidente, por defender (dicen) el prestigio de la institución presidencial.

P4 Más graves que los errores cometidos por Nixon, son los que ha patrocina-

LA OPINION

do, aunque haya empezado por negarlo y luego por admitirlo, el propio Reagan, mintiendo en un principio sobre su desconocimiento de los delitos perpetrados en el *Irangate*, y terminando por afirmar que las leyes no lo obligan a él, como titular del poder presidencial. ¡Increíble! No se trata ya de defender al gobierno sandinista, ni de pensar que ha sido inmaculado. Ni tampoco de negar que reciba ayuda de la URSS. Es posible que así sea. Pero el que lo ha propiciado es el mismo que se declara campeón de la democracia y es, en realidad, el mejor amigo del comunismo. Cosa parecida sucedió en Cuba. Y también sucederá en otros países cuyas dictaduras han sido protegidas por diversos gobiernos estadounidenses. ¡Cuidado con Chile!

P5 Las declaraciones recientes de Edén Pastora, hace años admirado líder antisomocista y hoy confeso miembro de la CIA, son de verdad aterradoras, al decir públicamente los nombres (por otra ya conocidos) del vicepresidente Bush, de McFarlane, de William Casey, de Elliot Abrams, de Oliver North, de Dick Claridge y de otros altos jerarcas del gobierno yanqui, como cómplices del presidente en su decisión de derrocar al gobierno legítimo de Nicaragua usando traidores del mismo país, narcotraficantes, espías, y cometiendo delitos como el relacionado con Irán, y muchos otros que sería prolijo y repetitivo enumerar, pues son del dominio público. ¿Y así quieren reservar el prestigio de la presidencia? Un juicio severo al autor principal de todo esto debiera declararlo traidor a su propia patria, poniéndose por encima de las leyes y desprestigiándola inicuamente ante el mundo entero.

P6 No, en México no tenemos casos parecidos, como tampoco golpes de Estado militares que han asolado a Iberoamérica desde hace sesenta años. México (hay que repetirlo mil veces) tiene el muy alto honor de su ejército, limpio de haber derrocado a ningún gobierno legal, y fiel servidor de sus instituciones.

Tomado de Excelsior, *1 de junio, 1987*

Después de leer

PREGUNTAS DE COMPRENSION

1. Según el autor, ¿qué opina el pueblo mexicano acerca de la corrupción en su país?
2. En el segundo párrafo del editorial, el autor sugiere que la gente misma es frecuentemente «cómplice» de la corrupción. ¿En qué sentido?
3. El autor dice que México no sufre de cierta forma de corrupción gubernamental. ¿A qué se refiere? ¿Cómo se manifiesta esta clase de corrupción, según el autor?

4. ¿A quién se refiere «su Alteza Serenísima» en el párrafo 3? ¿Cómo traicionó a su patria?
5. El autor considera que los errores de Reagan son peores que los de Nixon. ¿Por qué cree eso? ¿En qué sentido?
6. ¿Quién es Edén Pastora? ¿Qué ha dicho públicamente? ¿Por qué se ha escogido como dato?
7. Según el autor, ¿en qué se basa el «muy alto honor» del ejército mexicano?

ENFOQUE EN EL CONTENIDO Y LA ESTRUCTURA

A. Análisis del tema
¿Cuál es el tema? ¿Cuál es la tesis en general? Esta tesis, ¿es implícita o explícita? Si es explícita, ¿dónde se presenta la tesis principal? ¿Se desarrolla en forma deductiva o inductiva?

B. Análisis de los párrafos
En una hoja aparte, indique cuál es el tópico de cada párrafo.

C. Análisis de la estructura general
En su opinión, de las siguientes estructuras, ¿cuál representa mejor la organización del editorial? ¿Por qué?

Estructura A	Estructura B	Estructura C
P1	P1-2	P1
P2	P3-5	P2-3
P3-4	P6	P4-5
P5		P6
P6		

D. Análisis de un párrafo
El párrafo 3 es un buen ejemplo de un párrafo que mezcla definición y argumentación. Las transiciones muestran cierta alternación de concesión y afirmación que apoyan la tesis del título [*Irangate* = traición a la patria], quitándole la atención al caso mexicano y enfocándola en el caso norteamericano. Discuta esto fijándose en los tres ejemplos que aparecen en el siguiente esquema:

Oración 1: **Pero** hay otras formas de corrupción que no padecemos…, **por lo menos**…

Oración 2: **Una de ellas,** la más grave, es…

Oración 3: **Sobra recordar**... [caso mexicano]
Oración 4: **Pero** no sólo...
Oración 5: Lo es **también**...
Oración 6: **Estoy hablando** de... [caso norteamericano]
Oración 7: **Claro que** no todos...
Oración 8: **Pero aún así**...

E. La estructura de la persuasión

Para persuadir a casi cualquiera, uno puede usar la siguiente fórmula mágica: valor + lógica = persuasión. Si el escritor empieza con un valor en el que cree fuertemente y aplica la lógica al problema, suele lograr persuadir a su lector. Pero no se olvide que la persuasión es un arte que puede apuntar no sólo hacia lo bueno, sino hacia lo malo también. En los siglo XVI y XVII, la Inquisición española mantuvo un valor un tanto diferente: o cristianizar al pueblo o matar a los herejes. Aplicó la lógica al problema y persuadió a millares de que ciertos libros corrompían al pueblo y que cualquier acto cuán irregular que fuese era obra del diablo, y que ambas acciones merecían la tortura y la ejecución. En cambio Tomás Jefferson creía en la igualdad como valor primordial, y a través de la lógica, persuadió a sus colegas que ratificaran la Declaración de Independencia. Por lo tanto, un argumento lógico puede provenir de un valor del que no todos estén de acuerdo.

Vuelva a leer el artículo sobre *Irangate* y conteste las siguientes preguntas.

1. ¿A quién se dirige el escritor? (Por ejemplo: ¿a los mexicanos?, ¿a los norteamericanos?)
2. ¿Puede encontrar una o dos oraciones cortas que resuman el tema?
3. ¿Cuál es la causa principal del problema que discute el autor?
4. ¿Se describen los efectos probables que han ocurrido o que ocurrirían si no se resolviera el problema?
5. ¿El autor emplea alguna estadística para apoyar su posición? ¿Cuál?
6. A veces un escritor se vale de citas que apoyan o reflejan su punto de vista. ¿Puede encontrar una en este artículo?
7. ¿Por qué dedica el autor los primeros dos párrafos a la discusión de la corrupción mexicana? Fíjese en lo siguiente:
    a. El autor comienza los dos párrafos con una fuerte declaración que afirma la realidad de la corrupción mexicana.
    b. Asimismo, los dos párrafos terminan de la misma manera. ¿Cómo?

8. En el párrafo 4, el autor tiene que comprobar su subtesis de que el delito de Reagan es peor que el de Nixon. ¿Cuál es el propósito de enumerar la siguiente serie de argumentos en términos negativos? «**No** se trata ya de defender al gobierno sandinista, **ni** de pensar que ha sido inmaculado. **Ni tampoco** de negar que reciba ayuda de la URSS. Es posible que así sea. Pero... »
9. ¿Cuál es el propósito del autor al referirse a Edén Pastora como «hace años **admirado** líder antisomocista y hoy **confeso** miembro de la CIA»? ¿Va el propósito más allá de solamente identificar en términos concretos a la persona?

ENFOQUE EN EL LENGUAJE

Para más información sobre los temas gramaticales tratados en estas actividades, consúltese el apéndice gramatical.

A. Vocabulario de la corrupción

Busque en el artículo todas las palabras posibles que quepan bajo el campo semántico de corrupción. Enumérelas en una hoja aparte.

B. Práctica de pronombres

En el editorial se encuentran numerosas estructuras pronominales. En los casos que siguen, identifique la clase (sujeto, objeto, derivado) y el referente de los pronombres señalados.

1. **P1** El pueblo ha sido la víctima de esos funcionarios, pero también de muchos hambreadores e intermediarios comerciales pertenecientes a la iniciativa privada, aunque no se pueda acusar a todos los integrantes de **ella** (1) de culpables de esa corrupción. Hay empresarios, de alto, mediano y pequeño niveles, que no **la** (2) han cometido. Sería demagógico afirmar lo contrario. Como negar que hemos tenido funcionarios honestos, y actualmente también **los** (3) tenemos...
2. **P2** ¿Y la mordida, institución nacional? También **la** (1) fomentamos y practicamos. Y hemos dejado pasar gobiernos y más gobiernos en el poder sin rechistar ante los abusos oficiales. Hasta que no llegó la crisis (producto también de la situación mundial) y entonces hemos descargado nuestras iras, primero sobre los dos gobiernos anteriores, y ahora empezamos a hacer**lo** (2) sobre **el** (3) actual, lo que es injusto...
3. **P4** Más graves que los errores cometidos por Nixon, son **los** (1) que ha patrocinado, aunque haya empezado por negar**lo** (2) y luego por admitirlo, el propio Reagan, mintiendo en un principio sobre su

desconocimiento de los delitos perpetrados en el *Irangate*, y terminando por afirmar que las leyes no **lo** (3) obligan a él, como titular del poder presidencial. ¡Increíble! No se trata ya de defender al gobierno sandinista, ni de pensar que ha sido inmaculado. Ni tampoco de negar que reciba ayuda de la URSS. Es posible que así sea. Pero **el que** (4) **lo** (5) ha propiciado es el mismo que se declara campeón de la democracia y es, en realidad, el mejor amigo del comunismo.

C. Práctica del subjuntivo

Discuta la elección del subjuntivo en los siguientes casos en términos de la información gramatical provista en el apéndice gramatical.

1. **P1** El pueblo ha sido la víctima de esos funcionarios, pero también de muchos hambreadores e intermediarios comerciales pertenecientes a la iniciativa privada, aunque no se **pueda** acusar a todos los integrantes de ella de culpables de esa corrupción.
2. **P2** Sí, aquí ha habido y hay aún corrupción en grande, de la cual somos frecuentemente cómplices los ciudadanos que, por comodidad, por desidia, por inercia, por falta de educación cívica, toleramos que los hambreadores **exploten** en su provecho la inflación.
3. **P5** Más graves que los errores cometidos por Nixon, son los que ha patrocinado, aunque **haya** empezado por negarlo y luego por admitirlo, el propio Reagan.
4. **P5** ¡Increíble! No se trata ya de defender al gobierno sandinista, ni de pensar que ha sido inmaculado. Ni tampoco de negar que **reciba** ayuda de la URSS. Es posible que así **sea**.
5. **P6** Un juicio severo al autor principal de todo esto **debiera** declararlo traidor a su propia patria.

D. Práctica de estructuras negativas

Traduzcan las frases siguientes al inglés. ¿Cómo se comparan en los dos idiomas?

1. **P2** … una situación gestada durante lustros **no sólo** en el Tercer Mundo, **sino** en el planeta…
2. **P2** … el respeto a la autodeterminación de los pueblos y **la no intervención** en asuntos ajenos.
3. **P4** Claro que **no** todos sus secretarios de Estado ni todos los senadores y diputados han sido cómplices de las inmoralidades…
4. **P5** **No** se trata ya de defender al gobierno sandinista, **ni** de pensar que ha sido inmaculado. **Ni tampoco** de negar que reciba ayuda de la URSS.

5. **P6** **No**, en México **no** tenemos casos parecidos, **como tampoco** los golpes de Estado militares…
6. **P7** México tiene el muy alto honor de su ejército, limpio de haber derrocado a **ningún** gobierno legal…

E. **Los usos de pero vs. sino (que)**
Ponga las conjunciones debidas para llenar los blancos.
1. Hay mucha corrupción en México, ___ no hay traición a la patria.
2. Según el autor, Reagan no admitió sus delitos __ lo negó todo.
3. Hoy día, el confeso miembro de la CIA, Edén Pastora, no es admirado por los sandinistas __ odiado.
4. El autor dice que los demócratas no están a favor de las malas actuaciones de Reagan, ___ se oponen a la destitución del presidente.
5. Según el autor, las acciones del presidente no le hacen campeón de la democracia ___ traidor a su patria.

Actividades de escritura

A. **¿Una mentira piadosa?**
«A veces es mejor mentirle a uno que decir la verdad». Escriba un ensayo donde explique este punto de vista dando ejemplos que justifiquen y ayuden a persuadir a su lector.

B. **Ud., a la defensa**
Escriba un editorial en el que defienda a Reagan contra el cargo de que es un traidor a su patria por sus actuaciones en cuanto a Irangate.

C. **Definición de un traidor**
Escriba un editorial en que defina lo que es la «traición a la patria» mediante ejemplos actuales.

Para resumir

En esta unidad, Ud. observó que un escritor tiene varias opciones al momento de escribir sobre algún tema que le provoque y sobre el cual le interesa presentar su opinión. Los ejemplos que hemos visto incluyen reseñas, en este caso de una película cuya trama desarrolla un problema que acecha a muchos países latinoamericanos en estos días; una carta al redactor donde la autora no solamente explica su problema sino que ofrece soluciones; y dos editoriales que adoptan un punto de vista poco reconocido en los Estados Unidos.

Los autores de cada texto pretenden elaborar un problema y convencer a sus lectores, de modo que reaccionen tanto intelectual como emotivamente. Se valen de estrategias de persuasión para organizar sus textos, estrategias que incluyen el ordenamiento de ideas según cierta lógica y un valor como principio organizador.

El arte de persuadir conlleva no solamente una organización implícita, sino que prescinde del uso del subjuntivo, ya que lo que presenta el lector es algo subjetivo, desde su punto de vista a fin de convencer y motivar a su lector.

ACTIVIDADES FINALES DE ESCRITURA

A. Un crimen odioso
Escriba un editorial (de tres a cinco párrafos) acerca de lo que Ud. considera «el peor crimen de todos».

B. Para combatir a los narcotraficantes
Escriba un editorial (de tres a cinco párrafos) en que comente lo que se debe hacer en contra del problema de las drogas en los Estados Unidos.

C. ¿Un término justificable?
Escriba un diálogo que ocurra durante un debate formal entre un profesor cubano y un profesor mexicano acerca del valor o la conveniencia de la etiqueta «hispánico». Los participantes del debate tienen que argüir posiciones distintas.

D. Un político honesto: ¿una contradicción de términos?
Cada político está corrompido, tomando y dando mordidas. Escriba una carta al periódico defendiendo o atacando este punto de vista.

UNIDAD 5

LA EXPOSICIÓN

Objetivos

Después de terminar este capítulo, el estudiante podrá:
- definir los elementos básicos de un ensayo.
- distinguir entre un texto de persuasión y uno de exposición de tesis.
- analizar un texto según sus características genéricas.
- intepretar el punto de vista y discutir su eficacia.
- escribir un análisis de un texto de exposición.
- escribir un ensayo que demuestre las técnicas para elaborar una tesis.

Objetivos lingüísticos

Después de terminar este capítulo, el estudiante podrá:
- reconocer y explicar el uso del indicativo y el subjuntivo.
- identificar elementos de cohesión en el texto: varias clases de pronominalización como reflexivos, directos e indirectos, definidos e indefinidos.
- identificar expresiones de transición: conjunciones, adverbiales.

Introducción general

Rasgos de la exposición

Frecuentemente al escribir un ensayo de tesis, un escritor primero decide cómo quiere formular su propuesta. Una estructura común de la que se vale el escritor es empezar con una idea general, de allí ir a una idea específica donde indica su tesis. Esta estructura muestra cómo el escritor se concentra en una idea limitada y específica dentro de un marco mucho más grande para luego afirmar su tesis sobre esa idea específica.

El **tema** general de un texto es el tópico que trata, el resumen de la acción o del universo dramático, su idea central o su principio organizador. Es el asunto o la materia de que se habla. Un tema controlador es un ángulo, una interpretación, una idea sorpresiva, un punto, una incongruencia. La **tesis**, por otro lado, es el punto de vista que se expresa acerca de ese tema, una proposición que el autor plantea respecto al tema. La tesis tiene que apoyarse en argumentos y datos.

La tesis normalmente se hace constar concisamente en una o dos oraciones que aparecen en el texto. En este caso se habla de una tesis explícita. El lector tiene que derivar la tesis de un conjunto de información. Tal tesis es implícita. Un buen ejemplo de textos que suelen tener una tesis implícita son los textos de narraciones literarias. Una tesis explícita a su vez puede desarrollarse de modo deductivo o inductivo. El desarrollo deductivo quiere decir que la tesis se presenta primero y después se desarrolla. En el modelo inductivo el desarrollo impulsa la tesis que aparece al final. Sea implícita o explícita, la tesis menciona o provee otros puntos claves del ensayo, a la vez que da cierto indicio en su totalidad del plan del ensayo.

Una representación visual de las características de un ensayo se puede ver en el siguiente esquema:

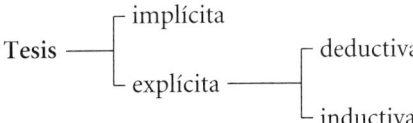

Los ensayistas deben no solamente llamar la atención del lector sino que precisan elaborar una estrategia para introducir y establecer el paso de la información. Deben cuidarse de no introducir demasiada información antes de que el lector pueda asimilarla. Por ejemplo, el desarrollo típico de un ensayo deductivo y explícito toma la siguiente forma:

1. Introducción
    a. Tema y contexto general
       Uno o dos párrafos en que se declara y se limita el tema; se establece el marco del discurso
    b. Tesis
       Una o dos frases en que se declara la intención del autor, o sea lo que se va a demostrar o comprobar
2. Desarrollo
    a. Subtópicos/subtesis
       Se relacionan con la tesis central y normalmente se desarrollan en párrafos distintos
    b. Apoyo para la tesis o los subtópicos/subtesis
       Definiciones, clasificaciones, categorizaciones, ejemplos, casos, anécdotas, datos, citas, argumentos en pro y en contra
3. Conclusión
    Párrafo(s) en que se sintetizan el tema, la tesis y los argumentos centrales sin caer en la repetición

Hay varias estrategias que pueden emplear los escritores para presentar información. La selección de estrategia depende en gran medida del punto que quieren establecer y el tipo de información con la que van a trabajar.

Estrategias

Clasificar	El acto de clasificar es el de descubrir cuáles ideas van con otras ideas y en qué orden deben agruparse o formarse patrones de la información sobre el tema.
Definir	Es sumamente importante definir los conceptos y términos centrales del ensayo para que el lector sepa exactamente a lo que se refiere. Una definición, por lo general, tiene dos componentes: una clasificación general y una restricción de clasificación. Por ejemplo, según el Diccionario Larousse:

LA EXPOSICION

	Término	*Clasificación*	*Restricción*
	Ensayo:	Título de ciertas obras	que no pretenden estudiar a fondo una materia
Narrar		Los escritores frecuentemente ejemplifican su tesis con anécdotas, las que pueden comunicar cierta información tanto directamente como indirectamente a medida que establecen contrastes.	
Ejemplificar		Los ejemplos concretos y elaborados sirven para establecer la autoridad del escritor y permiten que el lector entienda y se acuerde de las ideas. Este acto de ilustrar puede consistir en ejemplos desarrollados, listas de hechos, estadísticas, hasta anécdotas.	
Comparar y contrastar		Esta estrategia es útil para presentar información, porque le ayuda al lector a entender algo nuevo, mostrando cómo se parece o difiere de algo que ya conoce.	
Argumentar		Es importante que los escritores den razones que demuestren una proposición o tesis. Las razones (o argumentos) normalmente se presentan o de forma deductiva (tesis seguida de argumentos) o de forma inductiva (argumentos seguidos de la tesis). Además, según la intención del escritor, los argumentos suelen arreglarse en algún orden de importancia (de menos a más importante y convincente o al revés).	

CÓMO COMENZAR Y CÓMO CONCLUIR

Las introducciones del ensayo, al igual que las de otros textos, dependen en gran medida del trabajo preparatorio que haya hecho el escritor. Para ayudarse a organizar sus ideas, el escritor puede hacerse estas preguntas:

Para comenzar

- ¿Cómo debo comenzar? ¿Empiezo con un hecho sorprendente?, ¿con una anécdota?, ¿con una cita?, ¿con una pregunta? ¿Qué tipo de introducción capturaría la atención de mi lector?
- ¿Debo indicar mi tesis inmediatamente? ¿O debo primero establecer el contexto?
- ¿Cómo puedo indicarle al lector el plan de organización que seguirá mi ensayo? Esa indicación, ¿debe ser detallada?, ¿una descripción breve?

La conclusión de un ensayo también es importante ya que resume toda la información presentada en el ensayo. Antes de concluir, el escritor debe preguntarse:

Para concluir

- ¿Cómo debo terminar el ensayo?
- ¿Debo relacionar la conclusión con la introducción para darle un marco al ensayo?
- ¿Debo terminar con la tesis en el último párrafo?

Organización de las ideas

La organización de las ideas en un ensayo de tesis puede seguir varios formatos.

1. Si el escritor quiere mostrar las causas y sus efectos se puede valer de una de las siguientes formas estructurales:

Énfasis en causa y efecto		
Causa ➔	efecto	una causa, un efecto
Causa 1 ➘ Causa 2 ➔ Causa 3 ➚	efecto	múltiples causas, un solo efecto
Causa ➔ ➔ ➔	efecto 1 efecto 2 efecto 3	una sola causa, múltiples efectos
Causa 1 ➔ Efecto y Causa 2	➔ Efecto y Causa 3	➔ Efecto final = Cadena causal

2. Si el ensayo es un análisis de cierto punto, se puede organizar según o los componentes (las partes) o las interrelaciones de varios puntos.

Análisis de componentes y de interrelaciones	
Primer componente	Interrelación #1
Segundo componente	Interrelación #2
Tercer componente	Interrelación #3

Lectura 1

«Hirohito»
por Alvaro Valverde

Introducción a la lectura

La lectura «Hirohito» es un ensayo descriptivo publicado recientemente en el periódico español *ABC*. Se trata del último emperador del Japón, quien reinó desde 1921 hasta 1989, cuando murió a la edad de 88 años. El lector se dará cuenta de que la intención del autor no se limita a la mera descripción de una persona en un momento de su vida. A través de una serie de técnicas descriptivas, el autor trata de expresar su percepción de una realidad moderna más amplia. En pocas palabras, este ensayo está organizado con base en una tesis.

Antes de leer

A. De imperios y emperadores
1. Identifiquen algunos imperios y emperadores que han existido.
2. ¿Cómo se pueden definir los términos «imperio» y «emperador»? ¿Cuáles son los rasgos esenciales de esta forma de gobierno? ¿Cuáles son las ideas o imágenes que evocan estas palabras?
3. ¿Hay emperadores o imperios reconocidos en el mundo de hoy?
4. ¿Cómo reacciona Ud. al concepto de un «emperador moderno»?

B. Japón según los estudiantes norteamericanos
1. ¿Cuál es su imagen de la sociedad y la cultura japonesas tradicionales?
2. ¿Cuál es su imagen de la sociedad y la cultura japonesas modernas?
3. ¿Cómo cree Ud. que figura el concepto de un emperador en el Japón moderno?

C. **Lectura rápida**

1. Lea las frase nucleares para tener una idea general del contenido. Busque en el diccionario las palabras no conocidas, sobre todo los verbos.

    P1 Hirohito posa para fotógrafos.
    P2 El lugar no es uno cualquiera.
    El último de los emperadores observa y toca una planta.
    P3 Nada delata un cuerpo recién salido de una enfermedad.
    La operación parece haber alcanzado a su persona sin alterarle.
    Las dosis de sangre… no han hecho mella (no han afectado) su inmóvil aspecto.
    P4 El brazo y los ojos muestran un ser de otro tiempo.
    Su presencia es un espejismo.
    [Es] la imagen de un hombre sujeto a la ley del vencido.
    [Es] la [imagen] de un hombre «común».
    P5 Aquel soberano recupera los gestos y adelanta un vigor antiguo.
    P6 Hay algo en el lugar capaz de elevar una ceremonia periodística.
    Este *look* oculta un poso de siglos… [y] supera la farsa.
    [Este *look*] no es Reagan.
    No es Felipe González.
    Es la representación de una estética.
    Es la escena de un pasado.
    Es la línea de una sombra.

D. **El famoso y poderoso participio pasado**

Muchas de las formas descriptivas que va a encontrar en la lectura son participios pasados. Participios pasados son formas del verbo que terminan en **-ado** y en **ido** (hay algunas formas irregulares) que pueden servir como verbos en frases pasivas (*ser + participio pasado*), o como adjetivos o nombres. Aquí hay una lista de los participios pasados en el orden en que aparecen en el texto. Trate de identificar el infinitivo del que se deriva cada uno. Al leer el texto, busque los participios y trate de identificar su función y significado en el contexto de la lectura. Siga el ejemplo.

Participio	Infinitivo	Función del participio
P1 vestido	vestir = *to dress*	adjetivo = *dressed*
erguido		
P2 elegido		
P3 salido		
sometido		
alcanzado		

Participio	Infinitivo	Función del participio
envasada		
hecho		
llamada		
P4 extendido		
cerrado		
escondido		
occidentalizado		
vencido		
avanzado		
P5 despojado		
llevado		
P6 un pasado		
esa huida		

A LEER

«Hirohito»

por Alvaro Valverde

P1 Vestido de forma impecable como corresponde a un ser que goza de atributos divinos, erguido a pesar de sus ochenta y seis años, atento, el emperador Hirohito de Japón posa para los fotógrafos.

P2 El lugar elegido no es uno cualquiera. El último de los emperadores vivos de la Tierra observa detenidamente — y toca — una planta de su jardín del Palacio de Tokio.

P3 Nada, fuera de los signos de su avanzada edad, delata un cuerpo recién salido de la enfermedad. La operación quirúrgica a que fue sometido el septiembre pasado y tras la cual comenzó a pensarse lo peor, parece haber alcanzado a su egregia persona sin alterarle en lo esencial. Las abundantes dosis de sangre envasada, la sospecha del cáncer, la larga y penosa convalecencia, no han hecho mella a la luz de su inmóvil aspecto, en una materia llamada a la eternidad de los dioses.

P4 El brazo extendido, los ojos fijos, orientalmente cerrados y apenas escondidos tras sus ya tradicionales y menudas gafas, muestran a un ser de otro tiempo. Su occidentalizada presencia es, acaso, un mero espejismo, la imagen del hombre sujeto a la ley del vencido, la de un hombre común en un país industrial y avanzado que ya lo consiente en sus sueños de antaño.

P5 Despojado de la reverencia, aquel soberano distante recupera los gestos al uso y adelanta un vigor tan antiguo como las dinastías que le han llevado a ser el número ciento veinticuatro de los Hijos Imperiales.

P6 Hay algo en la elección del lugar — ya lo decía — capaz de elevar a categoría de ejemplo una simple ceremonia periodística, oculta este *look* un poso de siglos, una sensibilidad sabia; supera la farsa que anuncia. No es Reagan saludando desde la ventana del hospital militar después de una de sus incontables intervenciones de colon. No es Felipe González de sport y vaqueros a la nieve bajo la elegante claraboya de la Moncloa. Es la representación de una estética incapaz de ceder ante la hamburguesa y el microchips. Es la inequívoca escena de un pasado que se aleja pero que irremediablemente recupera, en esa misma huida, una estela inmortal, la línea de una sombra que celebra al eterno ocupante del trono imperial del Sol Naciente.

Tomado de ABC, 13 noviembre, 1987

DESPUÉS DE LEER

PREGUNTAS DE COMPRENSION

1. ¿Qué hace Hirohito en el primer párrafo?
2. ¿Cuántos años tenía cuando se escribió esta descripción?
3. ¿En qué sitio se encuentra Hirohito?
4. ¿Por qué estuvo en el hospital?
5. ¿Cómo se describe la postura y el vestido de Hirohito en el cuarto párrafo?
6. ¿Cuántos emperadores japoneses existieron antes de Hirohito?
7. ¿Con quiénes se compara Hirohito en el último párrafo?

ENFOQUE EN LA ESTRUCTURA

A. Tema y tesis
   1. ¿Cuál es el tema de la lectura? ¿Dónde se encuentra?
   2. La lectura también tiene una tesis central. ¿Es explícita? ¿Dónde se encuentra? ¿Se desarrolla de forma deductiva o inductiva?

LA EXPOSICION

B. La estructura general
La estructura de la lectura puede representarse con el esquema siguiente:

```
                P3
P1 ——— P2 ——— P4 ——— P6
                P5
```

1. ¿Por qué cree Ud. que se han agrupado los párrafos de esta manera?
2. Hay una relación entre el P1 y el grupo P3 - 5. ¿Cuál es?
3. ¿Está de acuerdo con el esquema? ¿Por qué (no)?

C. Párrafo por párrafo
1. El primer párrafo de la lectura establece una escena visual. ¿Cómo? ¿Por qué no comienza el autor de la manera siguiente: «Hirohito posa para los fotógrafos. Está vestido de forma… »?
2. Hay una relación entre P2 y P6 que muestra que el tema no se limita a la persona de Hirohito precisamente. Discuta. ¿Se puede relacionar esta observación con la tesis de la lectura?
3. En P3 el autor describe la salud de Hirohito, pero su propósito va más allá de informar al lector concretamente acerca del estado físico del emperador. Discuta. ¿Cómo se relaciona esta información descriptiva con la tesis del ensayo?
4. En P4 el autor vuelve a la escena y alude a un contraste en la apariencia de Hirohito. ¿Cuál es la naturaleza de este contraste? ¿Qué quiere decir el autor? ¿Cómo se relaciona todo esto con la tesis?
5. ¿Sería posible combinar el P5 con el P4? En su opinión, ¿por qué están separados?
6. En P6 el autor emplea la técnica de definir por contraste. Discuta lo siguiente:
    a. El autor está tratando de definir algo. ¿Qué?
    b. La imagen de Hirohito en el jardín de Tokio es contrastada con la de dos líderes políticos, Ronald Reagan y Felipe González. ¿Quiénes son?
    c. ¿Por qué escoge el autor precisamente a estos dos personajes?
    d. ¿Por qué describe a Reagan «saludando desde la ventana del hospital militar»?
    e. ¿Por qué describe a Felipe González «de sport y vaqueros bajo la elegante claraboya de la Moncloa»?
    f. ¿Qué quiere decir el autor con estas imágenes? ¿Cómo se relacionan con la tesis central?
    g. ¿Se puede notar cierta actitud del autor con respecto a las imágenes que describe? ¿Cuál es su actitud? ¿Cómo se revela en el texto?

ENFOQUE EN EL LENGUAJE

Para más información sobre los temas tratados en estas actividades, consúltese el apéndice gramatical.

A. Lo eterno y lo transitorio

La elección de vocabulario es uno de los aspectos más interesantes de la lectura. A través de la composición el autor mantiene una imagen contradictoria de lo «permanente» vs. lo «transitorio» y de «eternidad» vs. «cambio». Lo hace por medio de palabras (adjetivos, nombres, verbos.) En una hoja aparte, haga una lista de las palabras y expresiones que utiliza el autor para comunicar estas imágenes: **permanencia/lo eterno vs. cambio/lo transitorio**. Después, comparen las listas.

B. Luz, cámara, acción

Mediante las palabras que escoge y las imágenes que crea, el autor deja más bien la impresión de haber sacado una fotografía de Hirohito que haber hecho un vídeo. Discutan.

C. Las actitudes

¿Qué sugiere el lenguaje del autor en cuanto a su actitud hacia Hirohito y lo que éste representa? En su opinión, ¿le gusta Hirohito o no? ¿Le gusta lo que Hirohito representa? ¿Simpatiza con Hirohito? ¿Lo critica?

ACTIVIDADES DE ESCRITURA

A. Un artículo favorito

Escriba una descripción (de una página) de la posesión que Ud. más aprecia desde un punto de vista particular. Escoja una tesis que Ud. quiera desarrollar sobre este artículo y trate de describir la posesión tanto en términos subjetivos (sentimientos personales) como objetivos (color, tamaño, materia, función). En vez de nombrar el objeto, trate de revelarlo a través de la pura descripción al mismo tiempo que apunta hacia la tesis que quiere desarrollar.

B. Su cuarto revela su personalidad

La gente tiende a arreglar su ambiente personal de tal manera que refleje su personalidad. Piense en su cuarto o en otro espacio personal semejante. Tome como punto de vista la tesis que el espacio privado refleja la personalidad tanto interna como externa de una persona, que con tal de que se vea ese ambiente, un extranjero podría reconocer el carácter fundamental de esa persona. Piense en las siguientes preguntas:

1. ¿Cuáles son tres de los aspectos de su personalidad que se revelan por el ambiente del espacio (por ejemplo, que Ud. es ambicioso, estudioso, reservado, etc.).
2. ¿Cuáles son los aspectos del ambiente que reflejan estas características personales?

Escriba una composición corta (de una página) en la que se describa a sí mismo indirectamente a través de la descripción del ambiente.

Lectura

2

«Dalí, figura emblemática del siglo XX»
por Julia Sáez-Angulo

Introducción a la lectura

El ensayo a continuación se trata de uno de los pintores españoles más famosos del siglo, Salvador Dalí, que murió en 1989. Dalí pertenecía a la escuela surrealista que dominaba al mundo artístico durante los años de entreguerra, 1920 a 1940. El impacto surrealista se reconoció de inmediato en las artes. Se consideraba ante todo un estado de mente que se reflejaba en el arte a través de un total rechazo y rebelión de los cánones artísticos aceptados. Entre las características principales del surrealismo figuran la yuxtaposición de imágenes que, por bien que reflejaran los sueños, tenían como propósito desorientar y romper con el sentido aceptado de la realidad. El pintor alemán Max Ernst (1891-1976), uno de los primeros artistas surrealistas, provocaba intencionalmente al público burgués, poniendo en ridículo todo lo que ese público tomaba seriamente. Giorgio de Chirico (1888-1978), pintor italiano, influyó a Dalí con sus imágenes inquietantes y poderosas, evocaciones amenazadoras de *piazzas* italianas solitarias.

En 1925 se estrenó la primera exposición surrealista en París, donde presentaron Hans Arp, Max Ernst y Joan Miró, brillando por su ausencia René Magritte y Salvador Dalí. Dalí, en sus pinturas y esculturas, trató de capturar la claridad alucinante de los sueños y el tiempo evanescente, en lo que él llamaba «fotografías de los sueños pintadas a mano». Dalí se valía de símbolos freudianos que perturbaban al público, y lo hacía intencionalmente. Sus pinturas desafían nuestras suposiciones sobre el arte y la realidad.
En el siguiente ensayo sobre Dalí, la tesis se encuentra en el mismo título. El autor intenta justificar la tesis en el ensayo.

Antes de leer

A. ¿Qué es el arte?

1. En su opinión, ¿cómo definiría un dibujo que es:

   … realista?   … abstracto?   … detallado?
   … famoso?   … impresionista?   … clásico?
   … interesante?   … surrealista?   … reciente?

2. ¿Qué diferencia hay entre un dibujo clásico y uno impresionista?

B. Orientación al texto

1. Después de leer el título, ¿cuál cree Ud. será la tesis del autor? ¿Qué puede significar *emblemático*?
2. Con base en el título, ¿qué puede decir acerca del contenido y la estructura del ensayo?

C. Lectura rápida

Lea el título y las frases temáticas de cada párrafo presentados a continuación, buscando en el diccionario sólo las palabras necesarias para la comprensión. Luego, en sus propias palabras, haga un resumen de lo que Ud. cree será la función y el contenido de cada uno de los párrafos. Haga también una lista de preguntas que Ud. como lector quiere que se contesten en el artículo.

Título: Dalí, figura emblemática del siglo XX

P1 …se nos ha ido uno de los nombres decisivos en el mundo de las vanguardias…

P2 Utilizó la paranoia como exaltación orgullosa de sí mismo…

P3 El mundo surrealista llegó a Dalí del Ampurdán, una tierra…

P4 Dalí liberó el mundo de los sueños y de la pulsión sexual…

P5 El siglo XX se encamó a él como buscador de caminos nuevos…

P6 Su ambigüedad respecto a… le merecieron excomuniones…

A leer

«Dalí, figura emblemática del siglo XX»
por Julia Sáez-Angulo

P1 Con la desaparición de Dalí se nos ha ido uno de los nombres españoles decisivos en el mundo de las vanguardias de primeros de siglo. Después de

1. lista
2. afectó
3. destrucción
4. reemplazo
5. prevalente
6. inspiración y pesadilla
7. fracasos
8. prisionero de la extrañeza
9. invenciones
10. contribuciones
11. inspirador, catalizador
12. distancia personal
13. alrededor de
14. mujeres vestidas con ropa del sexo opuesto
15. investigador

Juan Gris, Picasso y Miró, la muerte de Dalí pone fin a esa nómina[1] de oro española en el arte de principios del siglo XX. ¿Qué ha aportado Dalí a ese capítulo de la Historia del Arte? En principio, un fabuloso mundo de imágenes. Encamó[2] el surrealismo como nadie, pese a su expulsión por el papa Breton. Antes lo había sido Aragon y más tarde lo fueron Eluard, Chirico y Max Ernst. Al igual que Magritte, renunció a la pintura en lo que tiene de forma de pintar para concentrarse en lo que debía pintar.

P2 Utilizó la paranoia como exaltación orgullosa de sí mismo para salvarse de la anulación[3] o sentido de suplantación[4] que siempre tuvo, por nacer después y con el nombre de un hermano muerto. Su reafirmación del yo, egótico y paranoico, se tradujo en una singularidad de vida y obra. Fue en rebelde continuo y no se sujetó a ninguna ascendencia[5] de opinión, ni de Buñuel ni de Lorca... Quizá sólo de Gala, esa mujer musa-arpía[6] que estuvo siempre a su lado desde que lo conoció, aunque sus relaciones amorosas transcurrieran por otros derroteros[7]. Dalí fue un rebelde a los grupos. Su docilidad le hubiera hecho sentirse funcionario.

P3 El mundo surrealista le llegó a Dalí del Ampurdán, una tierra donde lo excesivo y extravagante habían formado parte de su infancia. La codificación del surrealismo en París no vino sino a confirmar la conducta excitada e imaginativa del joven Dalí. El artista de Cadaqués hizo de su vida una obra de arte, aunque a muchos les irritara su ambigüedad en lo político y en lo religioso. Bataille le denunció de «prendido por la extrañeza[8], risible y a la vez ardiente, de sus propios artificios[9]». Quizá algo de esto pudiera haber en su obra tardía. Pero nadie podrá quitar a Dalí la gloria de haber dado las primeras imágenes pictóricas del surrealismo en la etapa más temprana. «La miel es más dulce que la sangre» (1927) es prueba de ello. Sus aportaciones[10] con la imagen repetida o su método crítico paranoico hicieron de su obra una gran subversión de lo real. Su reconocimiento inmediato en París prueba de su genialidad como motor de arranque[11], y su genialidad de desenganche personal[12] cuando todo el grupo surrealista parecía institucionalizarse en torno al[13] sumo pontífice Breton.

P4 Dalí liberó el mundo de los sueños y de la pulsión sexual hasta lo indecible y escandaloso. Sus imágenes surrealistas quedaron apartadas en otras etapas en que el pintor se acercaba al arte visionario. El psicoanálisis de Freud por un lado y la técnica de Meissonier, por otro, se fundían con originalidad para el mundo del arte. Algunos ven en esta pintura más literatura que otra cosa, pero las fronteras en arte son algo mágico y pretencioso. Dalí jugó con su ambigüedad como la que recomendaba a sus amigas travestidas[14]. Creaba morbo en el espectador y ¿qué era lo que el público estaba esperando sino eso?

P5 El siglo XX se encamó en él como buscador de caminos nuevos para el arte, como indagador[15] de negocios y mercados para sus objetos artísticos

16. destruirlos
17. hambre
18. variedad
19. remilgadas, ofendidas
20. enojo
21. violentos, enfadados, coléricos
22. funcionarios, líderes
23. poco sutil
24. arrogante

hasta reventarlos[16] con la duda. Dalí no estaba dispuesto a morir de miseria y de inanición[17] como antes ocurrió a Van Gogh o Gauguin. El fue calificado de «ávidodollars» por su gran sentido del *marketing* en la América a la que huyó al llegar los nazis a París. Hizo de sí un modelo de hombre-artista-anuncio. Su sentido de la publicidad fue magistral, aunque algunos lo vieran patético. Resultaba una figura emblemática de su siglo, ávido y voraz en la fama y en las finanzas dentro del batiburrillo[18] del mercado del arte.

P6 Su ambigüedad respecto a la monarquía, el catolicismo y la ciencia le merecieron excomuniones pacatas[19] de varios pontífices del arte, la política y la religión. Se hizo recibir por Reyes y el Pontífice de Roma, en una liturgia más que daliniana, para rabieta[20] de otros monarcas y pontífices airados[21]. Cayeron en su juego y en su trampa. Cataluña cometió el error de no entenderlo bien, de no jugar con sus propias armas en su propio terreno. Barcelona carece de un monumento daliniano y de una casa concebida por Dalí, por la torpeza administrativa de unos jerarcas[22] que miraban con antipatía al personaje. La Ciudad Condal tendrá casas de Gaudí, monolitos de Miró, pero inexplicablemente carecerá de esa obra de Dalí. El pintor de Cadaqués era demasiado genial para tener sólo un perfil y una conducta roma[23]. Era una singularidad altiva[24]. Un ejemplar diseñado por sí mismo para el siglo XX.

Tomado de Razón y fe, *marzo, 1989*

Después de leer

PREGUNTAS DE COMPRENSION

1. Según el autor, ¿quiénes eran los españoles que estuvieron en la vanguardia del arte a principios del siglo XX?
2. ¿Cuál fue la contribución de Dalí a la historia del arte, en opinión del autor?
3. Según lo que dice en el párrafo 2, ¿cuál era el motivo psicológico de su vida y de su obra artística? ¿Qué evento en la vida de Dalí causó tal reacción psicológica?
4. ¿Por qué era «rebelde a los grupos»?
5. Según el P3, ¿cambió a Dalí el movimiento surrealista?
6. ¿Por quién fue criticado Dalí y por qué? En opinión del autor, ¿tiene algo de razón la crítica?
7. El autor señala dos pruebas de la grandeza artística de Dalí. ¿Cuáles son?
8. Para el autor, ¿qué representa Breton?
9. ¿Cuáles eran las fuentes temáticas del arte de Dalí?

10. ¿Qué personajes prominentes influyeron en su arte? ¿De qué manera?
11. ¿Cómo afectó su arte al espectador?
12. ¿Por qué dice el autor que Dalí resultaba «una figura emblemática» del siglo XX?
13. ¿Por qué no hay muchos monumentos dalinianos en Barcelona y en otros sitios?

ENFOQUE EN LA ESTRUCTURA

A. Discusión de la tesis

Según la información dada al comenzar esta unidad, explique si el escritor ha ido de tema general a tesis, o si plantea la tesis inmediatamente seguido por ejemplos que justifican y apoyan su tesis. Fuera del título, ¿se encuentra una tesis explícita? ¿Cómo se desarrolla la tesis a través del ensayo (deductivamente o inductivamente)?

B. Estudio de los párrafos

En una frase corta resuma la idea central de cada párrafo (P 1-6).

C. Estructura general

En su opinión, ¿cuál de las estructuras siguientes representa mejor la estructura general de la composición? ¿Por qué?

Estructura A	Estructura B	Estructura C
P1	P1-2	P1
P2-4	P3-5	P2
P5-6	P6	P3-4
		P5-6

1. En la estructura que ha escogido, ¿cuál es el tema que unifica cada segmento?
2. ¿Cuál es el criterio que separa cada uno de los párrafos dentro de un segmento?

ENFOQUE EN EL LENGUAJE

Para más información sobre los temas gramaticales tratados en estas actividades, consúltese el apéndice gramatical.

A. Vocabulario

El texto contiene mucho vocabulario (nombres y adjetivos) que se refiere a la personalidad y el genio extraordinario de Salvador Dalí. En una hoja aparte, reúna y organice este vocabulario.

B. Práctica de pronombres

Identifique la clase y el referente de cada pronombre, según el contexto.

1. **P1** Con la desaparición de Dalí se **nos** ha ido uno de los nombres españoles decisivos en el mundo de las vanguardias de primeros de siglo.
2. **P2** Fue en rebelde continuo y no **se** sujetó a ninguna ascendencia de opinión, ni de Buñuel ni de Lorca…
3. **P2** Quizá sólo de Gala, esa mujer musa-arpía que estuvo siempre a su lado desde que **lo** conoció…
4. **P3** El mundo surrealista **le** llegó a Dalí del Ampurdán, una tierra donde lo excesivo y extravagante habían formado parte de su infancia.
5. **P3** Bataille **le** denunció de «prendido por la extrañeza, risible y a la vez ardiente, de sus propios artificios».
6. **P4** El psicoanálisis de Freud por un lado y la técnica de Meissonier, por otro, **se** fundían con originalidad para el mundo del arte.
7. **P5** El siglo XX se encamó en **él** como buscador de caminos nuevos para el arte…
8. **P5** Hizo de **sí** un modelo de hombre-artista-anuncio.
9. **P5** Su sentido de la publicidad fue magistral, aunque algunos **lo** vieran patético.
10. **P6** Su ambigüedad respecto a la monarquía, el catolicismo y la ciencia **le** merecieron excomuniones pacatas de varios pontífices del arte, la política y la religión.
11. **P6** Cayeron en su juego y en su trampa. Cataluña cometió el error de no entender**lo** bien, de no jugar con sus propias armas en su propio terreno.

C. Estructuras reflexivas

Siendo el egoísmo de Dalí un tema central de la lectura, no extraña ver una cantidad de expresiones reflexivas con referencia al artista. Lea las siguientes frases y traduzca al inglés los segmentos en negrita.

1. **P1** Al igual que Magritte, renunció a la pintura en lo que tiene de forma de pintar para **concentrarse** en lo que debía pintar.

LA EXPOSICION

2. **P2** Utilizó la paranoia como exaltación orgullosa **de sí mismo** para salvar**se** de la anulación o sentido de suplantación que siempre tuvo, por nacer después y con el nombre de un hermano muerto.
3. **P2** Su reafirmación del yo, egótico y paranoico, **se** tradujo en una singularidad de vida y obra.
4. **P2** Fue en rebelde contínuo y no **se** sujetó a ninguna ascendencia de opinión, ni de Buñuel ni de Lorca…
5. **P2** Dalí fue un rebelde a los grupos. Su docilidad le hubiera hecho sentir**se** funcionario.
6. **P4** El psicoanálisis de Freud por un lado y la técnica de Meissonier, por otro, **se** fundían con originalidad para el mundo del arte.
7. **P4** Hizo **de sí** un modelo de hombre-artista-anuncio.
8. **P6** **Se** hizo recibir por Reyes y el Pontífice de Roma, en una liturgia más que daliniana, para rabieta de otros monarcas y pontífices airados.
9. **P6** Un ejemplar diseñado **por sí mismo** para el siglo XX.

D. Pronombres abstractos y derivados

Indique el significado de las expresiones indefinidas en los siguientes casos. Cuando sea posible, identifique el referente de la expresión.

1. **P1** Encamó el surrealismo como nadie, pese a su expulsión por el papa Breton. Antes **lo** había sido Aragon y más tarde **lo** fueron Eluard, Chirico y Max Ernst.
2. **P1** Al igual que Magritte, renunció a la pintura en **lo que** tiene de forma de pintar para concentrarse en **lo que** debía pintar.
3. **P3** El mundo surrealista le llegó a Dalí del Ampurdán, una tierra donde **lo excesivo y extravagante** habían formado parte de su infancia.
4. **P3** El artista de Cadaqués hizo de su vida una obra de arte, aunque a muchos les irritara su ambigüedad en **lo político** y en **lo religioso**.
5. **P3** Bataille le denunció de «prendido por la extrañeza, risible y a la vez ardiente, de sus propios artificios». Quizá algo de **esto** pudiera haber en su obra tardía.
6. **P3** Pero nadie podrá quitar a Dalí la gloria de haber dado las primeras imágenes pictóricas del surrealismo en la etapa más temprana. «La miel es más dulce que la sangre» (1927) es prueba de **ello**.
7. **P4** Dalí liberó el mundo de los sueños y de la pulsión sexual hasta **lo indecible y escandaloso**.
8. **P4** Dalí jugó con su ambigüedad como **lo que** recomendaba a sus amigas travestidas.

E. **Pronombres relativos**

En una hoja aparte, escriba, con base en los elementos dados, una frase compleja con cláusula relativa. Será necesario reemplazar el elemento en negrita con un pronombre relativo. Hay que decidir si puede ser tanto una cláusula restrictiva como no restrictiva. Discuta cómo la elección del pronombre relativo afecta el enfoque de la cláusula. (Es decir, ¿dónde recae el énfasis?)

1. Salvador Dalí, [**Salvador Dalí** era pintor surrealista] fue una figura emblemática del siglo XX.
2. Dalí nació con el nombre de un hermano [**el hermano** había muerto].
3. El artista francés Breton [el grupo surrealista parecía institucionalizarse en torno a **Breton**] rechazó a Dalí.
4. El error [Calatuña cometió **el error**] fue no entender bien a Dalí.
5. Barcelona tiene muchos monumentos artísticos [ninguno de **los monumentos** fue concebido por Dalí].

F. **Expresiones de transición**

La palabra **transición** significa **pasar a lo próximo**. Las guías de transición son conectores (símbolos, palabras, frases) que le ayudan al escritor pasar de una idea a la próxima.

Expresiones de transición

Para mirar hacia adelante	entonces, después, finalmente, ahora, consecuentemente, en resumen, al resumir
Para marcar el tiempo	en este momento, ahora, luego, antes, pronto, entonces, después, finalmente, mientras, mientras que, al mismo tiempo, en cuanto, recientemente
Para marcar lugar	aquí, allí, hasta este punto, en frente de, fuera de, en, además de, al lado de
Para comparar	y, semejantemente, de forma similar, de tal modo, de esta manera, tanto como, para que, también, más/menos que, al igual que
Para contrastar	pero, sin embargo, por otro lado, en su lugar, en vez de, en lugar de, por muy… que, por mucho… que, aparte de, al contrario, de otra manera, de otro modo, si… entonces, aunque, ni de… ni de, en cambio, por otra parte, sino

Para añadir	además, también, igualmente, así mismo, de la misma manera
Para dar razones	por, porque, según, por lo tanto, por esta razón, entonces, para que, así que
Para referir a	en cuanto a, según, hasta, con referencia a, con motivo de, aquel, lo anterior, éste, con respecto a
Para conceder	aunque, de todas formas, en todo caso, aun cuando, aunque, de todos modos, sin embargo, a razón de, por un lado
Para reformular	eso significa…, en otras palabras, es decir, otra manera de decirlo es, como se ha visto, como se ha dicho antes, parece que, o sea
Para expresar condiciones	a condición de que, en caso de que, suponiendo que, si, a menos que, con tal de que
Para concluir	El resultado es, en conclusión, para concluir, por, porque, desde que, consecuentemente, según, por lo tanto, por fin

Busque en el texto otros conectores adicionales que ayudan a mantener la fluidez de las ideas. Enumérelas. ¿Qué significan las siguientes expresiones relacionales dentro del contexto dado?

1. **P1** ¿Qué ha aportado Dalí a ese capítulo de la Historia del Arte? **En principio**, un fabuloso mundo de imágenes.
2. **P1** Encamó el surrealismo como nadie, **pese** a su expulsión por el papa Breton. Antes lo había sido Aragón y más tarde lo fueron Eluard, Chirico y Max Ernst.
3. **P1** **Al igual** que Magritte, renunció a la pintura en lo que tiene de forma de pintar para concentrarse en lo que debía pintar.
4. **P2** Fue un rebelde continuo y no se sujetó a ninguna ascendencia de opinión, **ni** de Buñuel **ni** de Lorca… /…
5. **P2** **Quizá** sólo de Gala, esa mujer musa-arpía que estuvo siempre a su lado desde que lo conoció, **aunque** sus relaciones amorosas trasncurrieran por otros derroteros.
6. **P3** La codificación del surrealismo en París **no** vino **sino** a confirmar la conducta excitada e imaginativa del joven Dalí.

7. **P3** Su reconocimiento inmediato en París **prueba de** su genialidad como motor de arranque, y su genialidad de desenganche personal cuando todo el grupo surrealista parecía institucionalizarse en torno al sumo pontífice Breton.
8. **P4** El psicoanálisis de Freud **por un lado** y la técnica de Meissonier, **por otro**, se fundían con originalidad para el mundo del arte.
9. **P4** Algunos ven en esta pintura **más** literatura **que** otra cosa, pero las fronteras en arte son algo mágico y prentencioso.
10. **P6** Su ambigüedad **respecto a** la monarquía, el catolicismo y la ciencia le merecieron excomuniones pacatas de varios pontífices del arte, la política y la religión.

ACTIVIDADES DE ESCRITURA

A. **Dalí como artista y ciudadano**
Escriba un breve ensayo que resuma la crítica que se le ha hecho a Dalí como artista y como figura pública.

B. **Evaluación de un crítico**
Escriba un breve ensayo que resuma el punto de vista del autor del ensayo acerca del arte y de la personalidad de Dalí.

C. **En defensa de la «visión artística»**
Ud. es un artista (o escultor) que ha producido una obra de arte pública muy abstracta para el parque central de una ciudad. El periódico principal de la ciudad critica la obra por no tener ni forma ni sentido. Escriba una carta al redactor del periódico defendiendo el derecho del artista de expresarse a través del arte, aunque sea arte público.

LECTURA 3

«EL NUEVO CINE VIOLENTO: ¿EXACERBACIÓN O CATARSIS?»
POR FRANCISCO MORENO

INTRODUCCIÓN A LA LECTURA

La próxima lectura es parte de un ensayo que presenta un análisis de lo que el autor español considera un fenómeno reciente del cine norteamericano. El lector notará que el autor establece el tema, limita el tema, plantea una tesis y desarrolla la tesis con ejemplos analizados. Para facilitar la lectura de este texto, se ha dividido en cinco partes, cada una seguida de preguntas de comprensión y actividades de contenido y estructura y de lenguaje. Una sección del original se ha omitido en la lectura que sigue.

ANTES DE LEER

A. **Discusión del tema general**
1. ¿Hay mucha violencia en los medios de communicación? ¿Cuáles son los efectos de esa violencia?
2. ¿Por qué le gusta al público la violencia, en su opinión?
3. ¿Cree Ud. que ver mucha violencia le hace a uno cometer actos de violencia?

B. **Fórmulas cinemáticas**
¿Qué tienen en común las fórmulas discutidas abajo?
1. Los tipos Rambo: Sylvester Stallone, Chuck Norris, Charles Bronson, Dolph Lundgren, Clint Eastwood
2. Los tipos Rocky: Sylvester Stallone
3. Los tipos Ninja/las artes marciales: Chuck Norris, David Carradine, Ralph Macchio

C. **Análisis de los títulos**
El título contiene el tema y una pregunta: «El nuevo cine violento: ¿exacerbación o catarsis?»
1. ¿Cuál es el tema de la lectura? ¿Cuál es la pregunta que hace el autor? ¿Tiene que contestar la pregunta el autor? ¿Cómo cree que la va a contestar?
2. Lea a continuación los subtítulos y la primera frase de cada párrafo, buscando las palabras esenciales en el diccionario. Haga un resumen corto en inglés de lo que Ud. cree es el contenido del texto y del desarrollo argumental del autor. Haga una lista de las preguntas que Ud. tiene como lector.

Introducción
P1 La violencia ha constituido uno de los pilares básicos del espectáculo cinematográfico…
P2 Pero sería prolijo insistir acerca de las múltiples y diferentes facetas que el fenómeno de la violencia ha presentado…

Demanda de violencia

P3 El cine violento siempre ha contado con detractores que no se paraban a formular distingos.

Vietnam: una guerra «revisada»

P4 … la película de Sylvester Stallone no fue un hecho aislado que acertara en la diana por casualidad, sino que respondió a una bien calculada operación…

P5 Los análisis del fulgurante éxito de Rambo y sus secuelas han llenado páginas de periódicos y revistas, sin demasiadas divergencias.

Comunistas y delincuentes: siguientes objetivos militares (omitida en la lectura)

P6 Pero con Rambo y sus congéneres no termina la oleada del nuevo cine violento.

P7 Pero es que esta nueva corriente no repara en coherencias ni verosimilitudes.

P8 De esta manera, es posible ganar, con el simple hecho de contemplar una película, dos nuevas batallas: una contra el odiado enemigo (el comunismo) y la otra contra el temido cáncer interno (la delincuencia).

La «rambomanía» exportada

P9 Si cuanto llevamos dicho compete de manera particular al público consumidor de los EE.UU., el índice de aceptación de esta clase de filmes debería lógicamente descender fuera de aquel país.

Un ejemplo español

P10 Con todo, el impacto de esta clase de obras es mucho menor fuera de sus fronteras.

Ínfima calidad artística

P11 El último y lamentable aspecto de este conjunto de películas radica en su zafia condición artística.

A LEER Primera parte
«El nuevo cine violento: ¿exacerbación o catarsis?»
por Francisco Moreno

P1 La violencia ha constituido uno de los pilares básicos del espectáculo cinematográfico, ya desde los orígenes del que habría de ser catalogado como séptimo arte. Ha existido como soporte imprescindible de géneros como el western, la serie negra, el cine bélico o el de aventuras… Ha pasado de ser ingrediente escenográfico a convertirse en un sujeto dramático y tema de reflexión central de numerosas obras… Se ha transformado en instrumento poético en manos de grandes cineastas o en deleznable recurso al servicio de ínfimos productos… Ha dado lugar, en fin, dentro de la propia estética cinematográfica a un importante apartado cual es la propia **estética de la violencia**.

P2 Pero sería prolijo insistir acerca de las múltiples y diferentes facetas que el fenómeno de la violencia ha presentado en su íntima **convivencia**… con el cine, y escaparía, además, a los límites de esta notas, que pretenden circunscribirse a un solo aspecto de la violencia cinematográfica de uso corriente en nuestros días: la representada por la nueva ola del cine, americano principalmente, servida bajo el signo de rearme moral del **reganismo** y la **rambomanía**.

DESPUÉS DE LEER Primera parte

PREGUNTAS DE COMPRENSION

1. Según el autor, ¿cuál es el «séptimo arte». ¿Cuáles, cree Ud., son las primeras «seis» artes?
2. ¿En qué clases de película sirve la violencia como «soporte inprescindible»?
3. Según el autor, ¿cómo ha cambiado (a través del tiempo) el uso de la violencia en el cine?
4. En opinión del autor, ¿siempre se emplea mal la violencia en el cine? ¿Cómo revela esta opinión?
5. ¿Qué aspecto concreto del cine quiere discutir el autor?
6. Según insinúa el autor, ¿cuál es el motivo de ese fenómeno?

ENFOQUE EN EL LENGUAJE

Para más información sobre los temas gramaticales tratados en estas actividades, consúltese el apéndice gramatical.

A. Pronominalizaciones

Hay tres pronominalizaciones con base en la elisión en el primer párrafo. En cada caso ¿cuál es el nombre omitido?

1. La violencia ha constituido uno de los pilares básicos del espectáculo cinematográfico, ya desde los orígenes **del** que habría de ser catalogado como séptimo arte.
2. Ha existido como soporte imprescindible de géneros como el *western*, la serie negra, el cine bélico o **el** de aventuras.
3 … un solo aspecto de la violencia cinematográfica de uso corriente en nuestros días: **la** representada por la nueva ola del cine…

DE LECTOR A ESCRITOR

B. **Expresiones verbales**

En cada uno de los segmentos siguientes se encuentra un modismo basado en un verbo. Búsquelo y apunte la fórmula que Ud. buscaría en el diccionario para enterarse del significado. ¿Requieren preposiciones las fórmulas? En una hoja aparte, escriba una frase original utilizando la fórmula.

1. … habría de ser catalogado como séptimo arte.
2. Ha pasado de ser ingrediente escenográfico a convertirse en un sujeto dramático.
3. … convertirse en un sujeto dramático…
4. Se ha transformado en instrumento poético.
5. Ha dado lugar… a un importante apartado…

C. **Formación de palabras**

Estudie el análisis de los términos siguientes. ¿Qué significan los componentes de cada palabra? Discuta la posible relación de estos términos con el tema y la tesis de la lectura.

1. rearme moral = re + armar
2. reganismo = reagan + ismo
3. rambomanía = rambo + manía

A LEER   Segunda parte

Demanda de violencia

P3 El cine violento siempre ha contado con detractores que no se paraban a formular distingos. Hoy se acepta, sin embargo, de manera casi unánime, que el tratamiento de la violencia ha contado con cineastas de genio, que se han servido de ella para lograr verdaderos ritos purificadores; una función catártica y liberadora, cuyo destino final no sería otro que el rechazo profundo, en el ámbito real, de aquello que ha servido de entretenimiento en el ámbito de la ficción. Este noble objetivo no ha desaparecido completamente en nuestros días, aunque cada vez quedan menos cineastas con el talento suficiente para alcanzarlo. La demanda creciente de espectáculos violentos que exige el público (se dice que, al igual que sucede con el género de terror, el consumo de la violencia se acentúa en épocas de grandes crisis) en la actualidad ha dado lugar también a películas que lo recuperan dentro de la mejor tradición; es el caso de la, a veces excelente, *Manhattan Sur*, o en menor medida de los nuevos *westerns*, *El jinete pálido* y *Silverado*. Pero el tema comienza a ser inquietante cuando se comprueba que la aceptación de estos filmes ha sido menos que discreta, y que, frente a su concepción de la violencia como función purgante y liberadora, triunfan mayoritariamente, arrastrando ríos de dinero a las taquillas, aquellos productos que la utilizan opuestamente, antes como elemento de exacerbación que de catarsis.

DESPUÉS DE LEER — Segunda parte

PREGUNTAS DE COMPRENSION

1. Según el autor, ¿cuál es el objetivo legítimo del uso de la violencia en el cine?
2. ¿Falta por completo este objetivo en el cine corriente?
3. ¿Por qué hay una demanda creciente de espectáculos violentos? El autor sugiere una razón. ¿Cuál es?
4. En opinión del ensayista, ¿utilizan bien o mal la violencia las películas siguientes: *Manhattan sur*, *El jinete pálido* y *Silverado*?

    a. ¿A qué género de cine pertenecen *El jinete pálido* y *Silverado*?
    b. Entre las películas mencionadas, ¿tiene alguna preferencia el autor? ¿Cómo sabe Ud.?

5. ¿Cuál es el gran problema que nota el autor?

ENFOQUE EN EL LENGUAJE

Para más información sobre los temas gramaticales tratados en estas actividades, consúltese el apéndice gramatical.

A. Expresiones verbales

En cada segmento siguiente se encuentra un modismo basado en un verbo. Búsquelo y apunte la fórmula que Ud. buscaría en el diccionario para enterarse del significado. ¿Requieren preposiciones o pronombres reflexivos las fórmulas? En una hoja aparte, escriba una frase original utilizando la fórmula. Compare la forma y el significado de los modismos verbales en los numerales 2 y 4.

1. El cine violento siempre ha contado con detractores.
2. … cineastas de genio, que se han servido de ella para lograr verdaderos ritos purificadores…
3. … en el ámbito real, de aquello que ha servido de entretenimiento en el ámbito de la ficción.
4. … en la actualidad ha dado lugar también a películas que lo recuperan dentro de la mejor tradición.

B. **Otras expresiones y estructuras transicionales**

En cada segmento siguiente se encuentra un modismo. Búsquelo y apunte la fórmula que Ud. buscaría en el diccionario para enterarse del significado. ¿Requieren preposiciones o pronombres reflexivos las fórmulas? En una hoja aparte, escriba una frase original utilizando la fórmula.

1. … una función catártica y liberadora, cuyo destino final **no sería otro que** el rechazo…
2. Este noble objetivo no ha desaparecido completamente en nuestros días, aunque **cada vez** quedan **menos** cineastas con el talento suficiente para alcanzarlo.
3. Se dice que, **al igual que** sucede con el género de terror, el consumo de la violencia se acentúa en épocas de grandes crisis.
4. **En la actualidad** ha dado lugar también a películas que lo recuperan dentro de la mejor tradición…
5. … es el caso de la, a veces excelente, *Manhattan sur*, o **en menor medida** de los nuevos westerns, *El jinete pálido* y *Silverado*.
6. … triunfan mayoritariamente, arrastrando ríos de dinero a las taquillas, aquellos productos que la utilizan opuestamente, **antes como** elemento de exacerbación **que de** catarsis.

A LEER   Tercera parte

Vietnam: una guerra «revisada»

P4 Aunque medios de comunicación, analistas y sociólogos hayan comenzado a ocuparse de este fenómeno a raíz del multitudinario éxito de *Rambo*, la película de Sylvester Stallone no fue un hecho aislado que acertara en la diana por casualidad, sino que respondió a una bien calculada operación, destinada a satisfacer comprobados anhelos de una enorme masa de espectadores, que en plena efervescencia de las tesis reaganianas, previamente había vibrado, identificándose con dos ficciones a las que Stallone calcó sin demasiados escrúpulos: *Más allá del valor* y *Desaparecido en combate*. La opción de Rambo fue afinar ciertos matices ideológicos que en los anteriores filmes podían no quedar demasiado claros, aumentar hasta la exageración la dosis de violencia y encomendar la tarea de salvamento a un héroe supuestamente carismático que viniera a sustituir a todos los Supermanes y Capitanes América de épocas pasadas. Para ello, Stallone recurrió al protagonista de un filme anterior, el ex boina verde Rambo de *Acorralado*, un personaje sacado originariamente de una novela, *Primera sangre*, de David Morrell, cuyo contenido ideológico, por cierto, tenía muy poco que ver con *Acorralado* y está en las antípodas de la filofascista *Rambo*.

LA EXPOSICION

P5 Los análisis del fulgurante éxito de *Rambo* y sus secuelas han llenado páginas de periódicos y revistas, sin demasiadas divergencias. La aceptación popular del término **rambomanía** para señalar la creciente exaltación del sentimiento patriótico de los norteamericanos, es un buen resumen de la suma de gratificaciones que el filme proporciona. Se ha hablado de que el filme (y no hay que olvidar sus antecesores y predecesores como el también exitoso *Desaparecido en combate*) ha servido para ganar en la imaginación colectiva una guerra que se perdió y de manera humillante... Ha lavado la cara a un conflicto sucio, injusto y atroz que años atrás llegó a repugnar a los propios norteamericanos... Y fundamentalmente, ha contribuido a devolver al desmoralizado patriota el ardor hacia los valores militaristas, imperialistas, individuales y patrióticos tan propugnados desde la misma Casa Blanca por el presidente Ronald Reagan. Es conocido el comentario del ex-actor después de ver la película: «Ahora comprendo lo que hay que hacer la próxima vez que haya crisis de rehenes en Beirut». La frase, interpretada por algunos como una humorada, además de dar pie a una nueva y triunfal película sobre el tema (*Delta Force*, aún no estrenada en España), ha sido corroborada en toda su magnitud por la actuación del presidente durante la reciente crisis con Libia. Y es que, aunque el análisis político y estratégico de la situación sea evidentemente mucho más amplio y complejo, en definitiva, y por mucho que cueste aceptarlo, los hechos se mueven a esos niveles de despotismo y barbarie. El papel que juegan determinados productos cinematográficos en la propaganda y justificación de tales hechos, no es algo que deba despreciarse.

DESPUÉS DE LEER   Tercera parte

PREGUNTAS DE COMPRENSION

1. ¿Qué fenómeno han estudiado los sociólogos a raíz del éxito de *Rambo*?
2. En opinión del autor, ¿es accidental el éxito de los filmes tipo *Rambo*? Explique.
3. ¿Qué opinión tiene el autor en cuanto a Sylvester Stallone? ¿Por qué?
4. ¿Dónde consiguió Stallone el modelo de su personaje Rambo?
5. ¿Estarían de acuerdo Morrell y Stallone en materia del personaje de Rambo? Explique.

ENFOQUE EN EL LENGUAJE

Para más información sobre los temas gramaticales tratados en estas actividades, consúltese el apéndice gramatical.

A. Expresiones verbales

En cada segmento siguiente se encuentra un modismo basado en un verbo. Búsquelo y apunte la fórmula que Ud. buscaría en el diccionario para enterarse del significado. ¿Requieren preposiciones o pronombres reflexivos las fórmulas? En una hoja aparte, escriba una frase original utilizando la fórmula.

1. El éxito de Rambo… no fue un hecho aislado que acertara en la diana por casualidad, sino que…
2. … un héroe supuestamente carismático que viniera a sustituir a todos los Supermanes y Capitanes América de épocas pasadas.
3. Stallone recurrió al protagonista de un filme anterior…
4. … una novela, *Primera sangre*, de David Morrell, cuyo contenido ideológico por cierto, tenía muy poco que ver con *Acorralado*…
5. … y está en las antípodas de la filofascista *Rambo*.

B. Otras expresiones y estructuras útiles:

En cada segmento siguiente se encuentra un modismo. Búsquelo y apunte la fórmula que Ud. buscaría en el diccionario para enterarse del significado. ¿Requieren preposiciones o pronombres reflexivos las fórmulas? En una hoja aparte, escriba una frase original utilizando la fórmula.

1. El éxito de *Rambo*… no fue un hecho aislado que acertara en la diana por casualidad, sino que…
2. … en plena efervescencia de las tesis reganianas, previamente había vibrado identificándose con dos ficciones…
3. … un héroe supuestamente carismático…
4. … un personaje sacado originariamente de una novela…
5. … una novela, *Primera sangre*, de David Morrell, cuyo contenido ideológico, por cierto, tenía muy poco que ver con *Acorralado*.

A LEER Cuarta parte

La «rambomanía» exportada

P6 Si cuanto llevamos dicho compete de manera particular al público consumidor de los EE.UU., el índice de aceptación de esta clase de filmes debería lógicamente descender fuera de aquel país. Y así sucede en efecto, si exceptuamos aquellos productos — *Rambo*, *Rocky IV* — que vienen acompañados por un lanzamiento publicitario a gran escala que convierte en poco menos que imprescindible su consumo para un público, juvenil en su mayoría, ávido de emociones fuertes y espectáculos totales (raro es el filme que no lleva aparejada la correspondiente canción-clip machaconamente difundida por todas las emisoras de radio y televisión semanas antes del estreno). Aun así, la ínfima calidad de estas obras, lo burdo de su confección y mensaje — tanto más evidente para el público no norteamericano — , haría pensar en una significativa indiferencia, cuando no desprecio, tal y como hace años sucediera con productos de similar calaña (recuérdese el estrepitoso fracaso que registró en Europa el filme *Boinas verdes*). Pero es precisamente el señuelo de la enorme violencia desplegada en estos filmes el que incita a su consumo. También existe otro factor, complicado de analizar, pero que no podemos dejar a un lado, la descarada explotación del racismo de que hacen gala estas cintas. Y no olvidemos que en la vieja Europa el racismo es un fenómeno en alarmante proceso de crecimiento...

DESPUÉS DE LEER Cuarta parte

PREGUNTAS DE COMPRENSION

1. ¿Cuál es la hipótesis que el autor plantea respecto a la aceptación de esta clase de película fuera de los Estados Unidos? ¿Por qué cree Ud. así?
2. Según el autor, ¿tiene razón?
3. Hay algunas excepciones según el autor. ¿Cuáles son y cómo las explica el autor?
4. ¿Tuvo éxito en Europa la película *Boinas verdes*?
5. El autor alude a un factor que incita al europeo al consumo de la violencia de películas como *Rambo*. ¿Cuál es?

ENFOQUE EN EL LENGUAJE

Para más información sobre los temas gramaticales tratados en estas actividades, consúltese el apéndice gramatical.

A. Expresiones verbales

En cada segmento siguiente se encuentra un modismo basado en un verbo. Búsquelo y apunte la fórmula que Ud. buscaría en el diccionario para enterarse del significado. ¿Requieren preposiciones o pronombres reflexivos las fórmulas? En una hoja aparte, escriba una frase original utilizando la fórmula.

1. Si cuanto llevamos dicho compete de manera particular…
2. Y así sucede en efecto, si exceptuamos aquellos productos…
3. … (raro es el filme que no lleva aparejada la correspondiente canción-clip…)
4. … la ínfima calidad de estas obras… haría pensar en una significativa indiferencia…
5. También existe otro factor… la descarada explotación del racismo de que hacen gala estas cintas.

B. **Otras expresiones y estructuras útiles:**

En cada segmento siguiente se encuentra un modismo. Búsquelo y apunte la fórmula que Ud. buscaría en el diccionario para enterarse del significado. ¿Requieren preposiciones o pronombres reflexivos las fórmulas? En una hoja aparte, escriba una frase original utilizando la fórmula.

1. Y así sucede en efecto…
2. Aun así, la ínfima calidad de estas obras…
3. … la ínfima calidad de estas obras… — tanto más evidente para el público no norteamericano — …
4. … la ínfima calidad de estas obras… haría pensar en una significativa indiferencia, cuando no desprecio…
5. … haría pensar en una significativa indiferencia…, tal como hace años sucediera con productos de similar calaña…

A LEER   Quinta parte

Un ejemplo español

P7 Con todo, el impacto de esta clase de obras es mucho menor fuera de sus fronteras. Tal vez por eso, las cinematografías europeas han comenzado a producir obras de corte similar referidas a sus propios y particulares demonios. Sabemos del aumento de la crudeza y la violencia en un sector de la producción del cine francés, aunque sus películas rara vez llegan a nuestras pantallas. En cuanto al cine español, un ejemplo reciente lo constituye *La noche de la ira* (anunciado como el filme más violento del cine español), donde un guión tan arbitrario e inverosímil como sus colegas americanos se esfuerza por llegar al verdadero punto fuerte de la historia: una ritual — y literal — cacería de drogadictos llevada a cabo por los habitantes de un pueblo situado en el centro de la península, en venganza de unos asesinatos cometidos años atrás por un grupo de delincuentes drogadictos. La ridícula trasposición de elementos del *western* americano a esta historia o el intento, tan poco disimulado como fallido, de hacer una versión de *Perros de paja*, a la española, no pueden hacer ignorar, sin embargo, algunas notas de preocupante racismo: a fin de cuentas para el ciudadano español atemorizado por la inseguridad ciudadana, delincuentes y drogadictos constituyen — junto al terrorismo — su obsesión más inmediata, a falta de enemigos odiados allende la frontera.

DESPUÉS DE LEER Quinta parte

PREGUNTAS DE COMPRENSION

1. ¿Cómo han reaccionado las cinematografías europeas a la falta de impacto del cine violento norteamericano? ¿Por qué?
2. ¿Qué ha pasado en Francia?
3. ¿De qué trata la película española *La noche de la ira*?
4. Según el autor, ¿Qué película imita *La noche de la ira*?
5. ¿Qué motivo especial de violencia nota el autor en la película española?

ENFOQUE EN EL LENGUAJE

Para más información sobre los temas gramaticales tratados en estas actividades, consúltese el apéndice gramatical.

A. Expresiones verbales

En cada segmento siguiente se encuentra un modismo basado en un verbo. Búsquelo y apunte la fórmula que Ud. buscaría en el diccionario para enterarse del significado. ¿Requieren preposiciones o pronombres reflexivos las fórmulas? En una hoja aparte, escriba una frase original utilizando la fórmula.

1. ... un guión tan inverosímil como sus colegas americanos se esfuerza por llegar al verdadero punto de la historia...
2. ... una ritual — y literal — cacería de drogadictos llevada a cabo por los habitantes de un pueblo...
3. ... no pueden hacer ignorar, sin embargo, algunas notas de preocupante racismo...

B. Otras expresiones y estructuras útiles:

En cada segmento siguiente se encuentra un modismo. Búsquelo y apunte la fórmula que Ud. buscaría en el diccionario para enterarse del significado. ¿Requieren preposiciones o pronombres reflexivos las fórmulas? En una hoja aparte, escriba una frase original utilizando la fórmula.

1. Con todo, el impacto de esta clase de obras es mucho menor fuera de sus fronteras.

2. Tal vez por eso, las cinematografías europeas han comenzado a producir obras de corte similar…
3. En cuanto al cine español, un ejemplo reciente lo constituye *La noche de la ira*…
4. … el intento, tan poco disimulado como fallido, de hacer una versión de *Perros de paja*…
5. … una versión de *Perros de paja*, a la española…
6. … a fin de cuentas para el ciudadano español… delincuentes y drogadictos constituyen… su obsesión más inmediata…
7. … delincuentes y drogadictos constituyen… su obsesión más inmediata, a falta de enemigos odiados allende la frontera.

A LEER Sexta parte

Ínfima calidad artística

P8 El último y lamentable aspecto de este conjunto de películas radica en su zafia condición artística. La torpeza narrativa es una constante que asombra en productos de una cinematografía que siempre ha destacado por sus espléndidas cualidades narradoras; junto a ella, la extrema fealdad y la realización barata y efectista (algunos filmes están fabricados en su mayor parte a base de objetivos angulares, *zooms* a diestra y siniestra y montajes tramposos, cuya misión es embrollar lo que está pasando y ocultar así su falta de rigor) es la tónica seguida por sus realizadores. El capítulo de la interpretación se nutre de actores provistos de la buena musculatura como inexistente capacidad expresiva, *cualidad* ésta, por otra parte, imprescindible para encarnar a semejantes zombis: la misma inexpresividad del personaje permite establecer un lazo de identificación a cualquier público; llenar con la propia insatisfacción el vacío expresivo del actor. En cuanto a los guiones, toscos y pueriles sin excepción, sólo parecen tener como misión justificar el mayor número posible de escenas violentas protagonizadas por unas criaturas que, ya sea en su condición de salvadores o en la de rufianes, sólo demuestran a la larga — y ése es otro gran fallo argumental y estético de este cine — ser hermanos gemelos o, como alguien dijo no hace mucho, hijos de las misma mentalidad que los imaginó.

Tomado de Razón y fe, *marzo 1989*

DESPUÉS DE LEER Sexta parte

PREGUNTAS DE COMPRENSION

1. Según el autor, ¿las películas tienen un alto grado de calidad artística?
2. ¿Cómo describe la narrativa?
3. ¿Por qué considera «fea» la realización (*production values*) de estas películas?
4. ¿A qué se comparan los actores en tales películas?
5. ¿Cuál es el propósito básico de los guiones de tales películas?
6. ¿Qué quiere decir el autor cuando se refiere a los personajes y «hermanos gemelos»?

ENFOQUE EN EL LENGUAJE

Para más información sobre los temas gramaticales tratados en estas actividades, consúltese el apéndice gramatical.

A. Vocabulario:
En una hoja aparte, reúna y organice el vocabulario de descripción negativa que se encuentra en este párrafo.

B. Expresiones verbales:
En cada segmento siguiente se encuentra un modismo. Búsquelo y apunte la fórmula que Ud. buscaría en el diccionario para enterarse del significado. Si se basa en un verbo, ¿requieren preposiciones o pronombres reflexivos las fórmulas? Escriba una frase original utilizando la fórmula.

1. El último y lamentable aspecto de este conjunto de películas radica en su zafia condición artística.
2. La torpeza narrativa es una constante que asombra... junto a ella, la extrema fealdad y la realización barata y efectista (algunos filmes están fabricados en su mayor parte a base de objetivos angulares, *zooms* a diestra y siniestra y montajes tramposos, cuya misión es embrollar lo que está pasando y ocultar así su falta de rigor) es la tónica seguida por sus realizadores.
3. El capítulo de la interpretación se nutre de actores provistos de la buena musculatura como inexistente capacidad expresiva, cualidad ésta, por otra parte, imprescindible para encarnar a semejantes zombies: la misma inexpresividad del personaje permite establecer un lazo de identificación a cualquier público; llenar con la propia insatisfacción el vacío expresivo del actor.

4. En cuanto a los guiones, toscos y pueriles sin excepción, sólo parecen tener como misión justificar el mayor número posible de escenas violentas protagonizadas por unas criaturas que, ya sea en su condición de salvadores o en la de rufianes, sólo demuestran a la larga — y ése es otro gran fallo argumental y estético de este cine — ser hermanos gemelos o, como alguien dijo no hace mucho, hijos de las misma mentalidad que los imaginó.

ENFOQUE EN EL CONTENIDO Y LA ESTRUCTURA (Partes I-VI)

A. La tesis
1. Resuma en una frase lo que Ud. considera es la tesis del ensayo.
2. ¿Se ha expresado la tesis explícitamente en algún sitio? ¿Dónde?
3. En su opinión, ¿se ha desarrollado la tesis deductiva o inductivamente? Discuta.

B. Un posible esquema estructural
1. Resuma el tópico o idea central de cada párrafo.
2. Elabore un esquema estructural.

C. Párrafo por párrafo
Resuma la idea central de cada párrafo y entonces discuta:

1. **Introducción:**
   P1 Idea central:
   a. El primer párrafo presenta el tema del ensayo y desarrolla una tesis general. ¿Cuáles son? ¿Dónde se encuentran — en qué frase(s)?
   b. El párrafo se basa en la repetición de una estructura. ¿Cuál?
   c. ¿Cuál es la función de la última frase? Piense en el significado de la expresión final.

   P2 Idea central:
   a. El segundo párrafo tiene una función muy importante en cuanto al desarrollo del tema. ¿Cuál es?
   b. ¿Concuerda esa función con el esquema de un ensayo explícito y deductivo presentado en la introducción a esta unidad?

2. **Demanda de la violencia**
   P3 Idea central:
   a. En la primera parte del párrafo, el autor trata de diferenciarse de otros «críticos» de la violencia en el cine. ¿Por qué importa eso? ¿Cuál es la diferencia que señala?
   b. La última frase contesta la pregunta planteada en el título y la respuesta es en efecto la tesis específica del ensayo. Discuta.

3. **Vietnam: una guerra «revisada»**
   P4 Idea central:
   a. La segunda frase muestra el siguiente esquema:
      Causa ➤ Efecto
   b. La tercera frase ejemplifica el siguiente esquema:
      Causa ➤ Efecto 1
            ➤ Efecto 2
            ➤ Efecto 3
   c. ¿Qué función cumple la anécdota relacionada con Reagan?
   d. La última frase saca una conclusión directamente relacionada con la tesis. Discuta.

4. **La «rambomanía» exportada**
   P6 Idea central:
   a. El párrafo plantea una hipótesis concreta relacionada con la tesis del ensayo. Discuta. ¿Qué tiene que hacer el autor? ¿Qué clase de evidencia va a esperar el lector para ser convencido?
   b. En este párrafo, el autor saca una conclusión inmediatamente pero no presenta datos positivos para apoyar la hipótesis. Discuta. ¿Cuál es su estrategia de argumentación?

5. **Un ejemplo español**
   P7 Idea central:
   a. El autor reitera la conclusión respecto a la hipótesis y la sigue elaborando con ejemplos. ¿Cuáles son los ejemplos? ¿Por qué se escogieron?
   b. ¿Apoyan la hipótesis? ¿Cómo?

6. Ínfima calidad artística
   P8 Idea central:
   a. ¿Por qué deja la discusión del aspecto artístico para el último párrafo?
   b. El autor organiza el párrafo en torno a cinco críticas. ¿Cuáles son? Se presentan en algún orden específico? (¿Más ➛ menos importante? ¿Viceversa?)
   c. La última frase sirve de resumen general de la tesis del ensayo. Discuta.

ACTIVIDADES DE ESCRITURA

A. Los niños y la violencia
Reflexione sobre el efecto de la violencia en la televisión y el cine sobre los niños. Escriba un ensayo breve donde presente su tesis, y en el que desarrolle una serie de argumentos o a favor o en contra de esos tipos de programas.

B. La democracia vs. la cualidad
Hoy en día no importa si un programa de televisión o una película sea bueno o no, con tal de que los *ratings* según el consumidor sean altos. Escriba una carta al redactor de un diario de su pueblo o ciudad donde presente su tesis sobre este asunto.

C. ¿Qué necesita Ud., psicólogo o telenovela?
Anteriormente las telenovelas se consideraban solamente para las mujeres, y se presentaban durante el día. A través de los años esto ha cambiado, y las telenovelas ahora abundan en la televisión a todas horas. Muchos críticos afirman que los temas de las telenovelas reflejan las necesidades del público que las mira. Escriba un ensayo comentando cómo las telenovelas funcionan psicológicamente, y presente una tesis en cuanto a esos comentarios.

PARA RESUMIR

En esta unidad, se han presentado tres ensayos distintos con el rasgo común de que cada uno elabora una tesis. El ensayo sobre Hirohito parte de una descripción del personaje y de su lugar para de allí presentar su percepción de una realidad a la vez eterna y transitoria. El autor desarrolla su tesis de forma inductiva, aludiendo a ella a través de la descripción de persona y lugar y declarándola explícitamente en la última oración. «Hirohito» ofrece además un excelente ejemplo del uso del contraste en el último párrafo. Se ve que el poder del contraste estriba en la precisión con la que se han seleccionado los casos.

También patente es la elección de vocabulario para mantener y matizar el tema de conflicto entre lo tradicional y lo moderno (lo eterno y lo transitorio).

En el segundo ensayo, el autor afirma la importancia de Dalí tanto como pintor surrealista como figura representativa de las preocupaciones del siglo XX. Se puede decir que este ensayo también presenta su tesis inductivamente. Aunque la tesis se declara en el título y se justifica implícitamente a través de la exposición, no se clarifica sino hasta el penúltimo párrafo. Se ve cómo el tema del egoísmo y de la auto-creación de Dalí genera una serie de expresiones reflexivas como consecuencia lingüística.

El último ensayo se enfoca en el tema de la violencia en el cine y propone mostrar cómo una determinada ola de películas reflejan y se nutren de la realidad socio-política de los Estados Unidos desde la Guerra de Vietnam. El ensayo se desarrolla en forma clásica: 1) en el primer párrafo se establece el tema, 2) en el segundo párrafo se limita el tema, y 3) en el tercero se declara una tesis específica, la cual se elabora en forma deductiva a través del análisis de casos específicos. Como el mismo título ya sugiere, el ensayo ofrece varios ejemplos de estructuración causa-efecto. Además, el autor apoya la tesis «científicamente», planteando una hipótesis para comprobar.

ACTIVIDADES DE ESCRITURA EXTENDIDA

A. ¿Violencia que vale la pena?

Usted es un aficionado de la televisión y acaba de ver un nuevo programa que incluye mucha violencia y un excesivo uso de drogas. Aunque ha estado en contra de la violencia, Ud. piensa que este programa es un reflejo singular de la década de los 1980. Elabore una tesis y escriba su artículo, teniendo en cuenta que su lector probablemente rechazará el programa por su violencia.

B. Mejor que mil palabras

El famoso fotógrafo Edward Steichen opinaba que las fotos ayudan a un pueblo a identificarse con los problemas de otros. El arte — las pinturas — cumplen el mismo propósito. Por ejemplo, «El 3 de mayo, 1808», de Francisco Goya, nos ayuda a ver los horrores y la ironía de la guerra. Hojee un libro de arte y seleccione un dibujo o cuadro que refleje los problemas al que un pueblo tuvo que enfrentarse. Elabore una tesis y comente cómo la pintura le ayuda a uno a comprender las dimensiones humanas de un problema social o político.

C. Un problema social general

Escriba un ensayo sobre algún problema social, donde discuta las posibles soluciones a este problema, como por ejemplo, la contaminación del ambiente, la contaminación del aire, o la preservación de la naturaleza. Puede seguir este modelo: establezca el tema general, limite el tema, desarrolle una tesis de acuerdo a uno de los modelos de causa y efecto, y por fin, proponga una solución.

Apéndice gramatical

Table of Contents

169	Introduction: Overview of Basic Language Concepts
170	Predication: Verb Phrases
	General *170*
	Verb Form and Meaning/Function *171*
	Person *171*
	Tense/Aspect *172*
	General *172*
	Imperfect Aspect *173*
	Perfect Aspect *174*
	Preterite vs. Imperfect *174*
	Mood *176*
	General *176*
	Subjunctive vs. Indicative *177*
	Overview *177*
	Noun Clauses *177-178*
	Adjective Clauses *178-179*
	Adverb Clauses *179-180*
	Some Adverbial Conjunctions Requiring Subjunctive *180-181*
	The Copula *181*
	Ser vs. **Estar**: Summary of Basic Contrasts *181-182*
	Some Observations *182-183*
184	Complementation: Noun Phrases
	General *184*

    Noun Functions *184*
    Pronouns *185*
      Function-free Pronouns *185*
      Function-bound Pronouns *187*
      Reflexive Objects and Pronouns *193*
    Infinitives as Complements *195*
      Infinitives vs. Present Participles (gerunds) *195*
      Infinitives vs. Full Clauses *196*
    The Passive Construction: **Ser** + Past Participle *196*

197 Modification: Adjectival and Adverbial Phrases
    General *197*
    Adjectival Phrases *198*
      Adjective Classes *198*
      Use of the Article *199*
      Adjective Classes and Position of the Adjective *201*
    Adverbs and Adverbial Expressions *202*
    Comparatives and Related Expressions *203*

205 Relationships: Prepositional Phrases and Conjunctions
    Prepositional Phrases *205*
      General *205*
      Simple Prepositions *206*
      Compound Prepositions *209*
    Conjunctions *214*
      Coordination *214*
      Subordination *216*
    Sentential Adverbs *218*

Introduction

This Grammatical Appendix does not attempt to review all the details of Spanish grammar. Its basic purpose is, rather, to provide reference for the language activities in the five units. Nevertheless, it provides an overview of the Spanish language that reveals it to be a structured system relating three basic categories of language analysis: meaning, form, and function. To illustrate the relationships among the types of categories at the most general level:

1. We perceive what goes on in the world around us in terms of "meaningful" units we can call situations.
   [car — stop — stranger — get out]
   [**coche — pararse — forastero — bajar**]

2. We report on situations in the "form" of sentences.
   "A car stopped and a stranger got out."
   "Un coche se paró y un forastero bajó."

3. The "function" of sentences is to make statements or express complete thoughts about situations.

If you think about the situations we observe in the world, they are made up of four basic categories of meaning and/or perception: entities, states and events, attributes, and relationships. Each of these categories of meaning is closely related to a particular language form or part of speech which performs a definable function in a sentence or statement. Chart #1 gives you an overview of these concepts.

1. Overview of Basic Concepts

Meaning:	Form/Part of speech:	Sentence function:
Situations	Sentence	Statement
Events/States	Verb (phrase)	Predication
Entities	Noun (phrase)	Complementation
		• Subject of verb
		• Predicate noun
		• Direct object of verb
		• Indirect object of verb
		• Object of preposition
		• Comparative term
Attributes		Modification
• of entities	Adjective (phrase)	• of noun
• of events	Adverb (phrase)	• of verb
• of attributes	Adverb (phrase)	• of adjective/adverb
Relationships	Preposition (phrase)	Modification of noun/verb
	Conjunction	Coordination
		Subordination

PREDICATION: VERB PHRASES

GENERAL

We perceive some things as taking place over time; these are states (to be sick/**estar enfermo/a**) or events (to write a letter/**escribir una carta**). The language form that is used to refer to states or events is called a verb or verb phrase. The verb phrase functions as the predicate of the sentence; that is, the part of the sentence that "says something about the subject."

APENDICE GRAMATICAL

Verb Form and Meaning/Function

The infinitive. A verb in its unchanged or "dictionary" form is called the infinitive. Infinitive means "not finite" or "not limited." That is, the verb simply names a general state or event, but the form of the verb does not give any information about that state or event. In Spanish, you recognize the infinitive form by the ending of the verb: **-ar** (**trabajar**), **-er** (**aprender**), or **-ir** (**decidir**). In both English and Spanish, the infinitive form of the verb can be changed to give four specific kinds of information about the state or event.

- *Person:* The form indicates the subject of the state or event.
- *Tense:* The form indicates the time frame of the event (present, past, future).
- *Aspect:* The form indicates whether the event is viewed or reported as completed or incomplete with respect to other events.
- *Mood:* The form indicates something about the attitude of the speaker or the reality of the event in the mind of the speaker.

Each of these categories is discussed later in more detail, and examples are given.

In both English and Spanish, the verb can change form in two ways to convey information about the person, tense, aspect, or mood:

1. Inflection of the verb: Root or ending of verb changes form.

    writes ➔ wrote   escribe ➔ escribió
    studies ➔ studied   estudia ➔ estudió

2. Verb construction: Verb is expanded by adding helping verbs:

    writes ➔ *will* write.   escribe ➔ *va a* escribir

    English and Spanish do not always change the verb in the same way. English frequently requires a helping verb where Spanish changes the verb ending:

    Alfredo *will* wash his car tomorrow.   Alfredo *lavará* su coche mañana.
    Alfredo *was washing* his car.   Alfredo *lavaba* su coche.
    Alfredo *would wash* his car, but...   Alfredo *lavaría* su coche, pero...

Person

If the subject of the verb is the speaker, then the verb form is in the first person. If the subject is the person spoken to, then the verb takes second-person form. Finally, if the subject is the person or thing spoken about, then the verb is changed to third-person form.

Infinitive:	to travel	viajar
First person singular	I travel.	Yo viajo.
Second person singular	You travel.	Tú viajas.
Third person singular	He travels.	El viaja.
First person plural	We travel.	Nosotros viajamos.
Second person plural	You (all) travel.	Vosotros viajáis.
Third person plural	They travel.	Ellos viajan.

The major difference between English and Spanish is that English verbs (except *to be*) change form only to indicate third-person singular subjects (travels) and then only in the present tense. Spanish verbs, on the other hand, change to indicate each person and to distinguish between singular and plural subjects in all tenses. Since this language overview is designed to help you synthesize your understanding of Spanish and to take stock of the major differences between Spanish and English, it does not include lists of verb forms. You can consult any Spanish textbook for review purposes.

Formal vs. informal address. In the case of second person — the person spoken to — there is a major difference between Spanish and English. Unlike English, Spanish uses one form of the verb for informal address, and a different form for formal address.

- *Informal*
  You work too much, Ralph.   Rafael, tú trabajas demasiado.
  You guys work too much.   Vosotros trabajáis demasiado.
- *Formal*
  You work too much, Mr. García.   Sr. García, Ud. trabaja demasiado.
  Gentlemen, you all work too much. Señores, ustedes trabajan
                                      demasiado.

TENSE/ASPECT

General

Events take place in one of three time frames: the present, the past, or the future. In both English and Spanish, the verb form changes to reflect this.

Present: Tony *writes* poetry.   Antonio *escribe* poesía.
Past: Tony *wrote* a song.   Antonio *escribió* una canción.
Future: Tony *will write* a play.   Antonio *escribirá* un drama.
         Tony *is going to write* one.   Antonio *va a escribir* uno.

The form of the verb that indicates how the event is perceived or reported as taking place in time is called the aspect of the verb. An event can be reported in two basic ways in both English and Spanish.

Imperfect aspect: The event is reported as incomplete or unfinished.
Mauricio *was entering* at that moment.   Mauricio *entraba* en ese momento.

Perfect aspect: The event can be reported as complete or finished.
Mauricio *entered* at that moment.   Mauricio *entró* en ese momento.

In the next sections you will learn more about imperfect and perfect aspects.

Imperfect Aspect

An event in the present or past can be viewed or reported as imperfect (or incomplete) in two rather different senses:

1. The event is viewed or reported as habitual or customary.
   Frank *writes* poetry.   Paco *escribe* poesía.
   Frank *used to write* poetry.   Paco *escribía* poesía.
   Frank *would write* poetry.   Paco *escribía* poesía.

2. Event is viewed or reported as ongoing or in progress.
   Frank *is writing* a novel.   Paco *escribe* una novela.
                                   Paco *está escribiendo* una novela.
   Frank *was writing* a novel.   Paco *escribía* una novela.
                                   Paco *estaba escribiendo* una novela.

You will notice that in the examples given above, English requires different verb forms for the two types of imperfect aspect; the progressive verb form *is writing* (*to be* + verb *-ing*) is used for ongoing aspect. Spanish also has a progressive form, **está escribiendo** (**estar** + verb **-ndo**) but its use is more limited than that of the English progressive. More frequently the present indicative or imperfect verb forms are used to express this notion. Some differences are:

- The Spanish progressive form focuses more powerfully on the moment of action and on purposeful and effortful action than the English form does. In most contexts, the simple present and imperfect forms in Spanish are sufficient to convey both meanings (habitual/ongoing).
- Unlike the corresponding form in English, the progressive in Spanish may only refer to actions or events unfolding at the moment of speaking; it may not refer to future events:
  I am traveling in Spain now.   *Estoy viajando* por España ahora.
  I am traveling to Spain soon.   *Voy a viajar* a España pronto.
                                   Viajo a España pronto.

- In both languages, the present participle may function as an adverb; that is, it can modify a verb:

  We entered the house *running*.   Entramos en la casa *corriendo*.

  But, unlike English, the present participle may not function as either an adjective or a noun:

  We have a *winning* team.   Tenemos un equipo *ganador/que gana*.

  The man *waiting* there is a spy.   El hombre *que espera allí* es espía.

  I like *fishing*.   Me gusta *pescar/ir de pesca*.

  Winning is better than *losing*.   *Ganar* es mejor que *perder*.

Perfect Aspect

An event occurring in the present time frame must be reported in the imperfect aspect since the event cannot yet be complete. Events in the past, however, can be reported as imperfect or perfect. An event can be viewed or reported as perfect (complete) in two basic ways:

1. The event is viewed as simply finished (**preterite** aspect).
   Frank *wrote* a play.   Paco *escribió* un drama.

2. The event can be viewed or reported as completed by a specific moment in the present or past.

   - Completed by the present moment (**present perfect** aspect).
     Carmen *has lived* in Spain.   Carmen *ha vivido* en España.
     Frank *has written* a play.   Paco *ha escrito* un drama.
   - Completed by a past moment (past perfect aspect).
     Frank *had written* a play.   Paco *había escrito* un drama.

Preterit vs. Imperfect

The preterite and imperfect aspects of the past tense sometimes get confused. First study chart 2A.

2A. Preterite vs. Imperfect

Preterite	Imperfect
Single act (completed)	Habit/custom (used to do)
I *went* to the park yesterday.	As a child, I *used to go/would go* to the park.
Fui al parque ayer.	De niño *iba* al parque.
Peter *ate* an apple.	Peter always *used to/would* eat apples.
Pedro *comió* una manzana.	Pedro siempre *comía* manzanas.

Series of single acts (completed) I *went* to the park, *talked* with my girlfriend, and *returned* home. **Fui** al parque, **hablé** con mi novia y **regesé** a casa.	Interrupted event in progess (was doing) I *was going* to the park when I *saw* the accident. **Iba** al parque cuando *vi* el accidente.
Event contained in time frame I *traveled* a lot last year. **Viajé** mucho el año pasado. I *worked* every day last month. **Trabajé** todos los días el mes pasado.	Descriptive background It *was* very sunny that morning. **Hacía** mucho sol esa mañana. I *was* fifteen then. Entonces *tenía* quince años.

Now study chart 2B. It shows that certain verbs change meaning quite sharply depending on aspect.

2B. Verbs that Change Meaning in Preterite vs. Imperfect

Preterite (Act was completed or attempted)	**Imperfect** (State or potential)
Conocer We *met* Ellen yesterday. *Conocimos* a Elena ayer.	We *knew* Ellen. *Conocíamos* a Elena.
Saber We *found out* the truth. *Supimos* la verdad.	We *knew* the truth. *Sabíamos* la verdad.
Tener Mary *got* an idea. María *tuvo* una idea. Mary *got/received* a letter. María *tuvo* una carta.	Mary *had (possessed)* an idea. María *tenía* una idea. Mary *had/possessed* a letter. María *tenía* una carta.
Poder They *managed* to do it./They *succeeded* in doing it. *Pudieron* hacerlo.	They *were capable* of doing it (but may have done nothing). *Podían* hacerlo.

Querer	
We *tried/attempted* to open the window.	We *wanted* to open the window (but may have done nothing).
Quisimos abrir la ventana.	*Queríamos* abrir la ventana.
I *refused* to study.	I *didn't want* to study.
No quise estudiar.	*No quería* estudiar.

Mood

- General

Both English and Spanish modify verbs to indicate the reality and actuality, or non-reality and non-actuality of an event. These changes in the verb are said to indicate mood. There are three moods:

1. *Indicative:* The event is reported as realized or actualized.

Carmen usually *arrives* late.	Carmen normalmente *llega* tarde.
But I know that she *is* here.	Pero yo sé que *está* aquí.
I think she *brought* a friend.	Creo que *trajo* a un amigo.
The party *ends* when she *leaves*.	La fiesta *termina* cuando *se va*.

2. *Subjunctive:* The event is reported as unrealized or not actualized.

I prefer that Carmen *arrive* early.	Prefiero que Carmen *llegue* temprano.
It is important that she *be* here.	Es importante que ella *esté* aquí.
I doubt she *brought* anyone.	Dudo que ella *trajera* a alguien.
The party will end when she *leaves*.	La fiesta termina cuando *se vaya*.

    Compare the subjunctive verb forms with those in the indicative sentences in 1.

3. *Conditional:* The event is reported as requiring certain conditions.

She *would arrive* early if she could.	*Llegaría* temprano si pudiera.
She *would be* here but she is busy.	*Estaría* aquí pero está ocupada.
She *would bring* a friend but...	*Traería* a una amigo pero...

You will notice from the examples given above that in many cases English forms also reflect the contrast of indicative and subjunctive moods (*Carmen arrives* vs. *Carmen arrive*, *she is here* vs. *she be here*). However, the English subjunctive is used in a much more restricted set of circumstances than its Spanish counterpart.

APENDICE GRAMATICAL

It is also important to note that, while Spanish marks conditional mood with a verb ending, English uses the helping verb *would*. However, the English *would* also serves to indicate the habitual imperfect aspect or conditional mood. Spanish requires different (imperfect and conditional) forms of the verb. Compare the sentences given below:

Habitual Imperfect:	As a child I *would go* to church every Sunday.
	De niño *asistía* a la iglesia todos los domingos.
Conditional Mood:	I *would go* to church if I had the time.
	Yo *asistiría* a la iglesia si tuviera el tiempo.

Subjunctive vs. Indicative

Since the choice between the indicative and the subjunctive still presents difficulties at advanced levels, this section contrasts the two moods in three types of clauses: noun clauses, adjective clauses, and adverb clauses. Chart 3A summarizes the contrasts that Charts 3B, 3C, and 3D present in more detail.

3A. Overview of Subjunctive vs. Indicative

Clause type	Indicative if:	Subjunctive if:
Noun	main clause *reports*. *affirms*.	main clause *comments*. *does not affirm*. *shows influence*.
Adjective	modified noun is specific.	modified noun is non-specific
Adverb	subordinate event is realized.	subordinate event is unrealized.

3B. Subjunctive vs. Indicative Mood: Noun Clause

Main clause expression	clause verb
• *Reports* (generally verbs of communication): I *read* that the government *wants* to lower taxes. *Leí* que el gobierno *quiere* bajar los impuestos. They *said* that it *rained* every day in the summer. *Decían* que *llovía* todos los días en el verano.	⇒ Indicative

Main clause expression	clause verb
• *Comments* (value judgment/emotional reaction): *It is good* that the government *wants* to lower taxes. ***Es bueno*** que el gobierno ***quiera*** bajar los impuestos. *I didn't like* (the fact) that it *rained* so much. ***No me gustaba*** que ***lloviera*** tanto.	➻ Subjunctive
• *Affirms* (indicates knowledge, belief, truth, certainty): I *am sure/convinced* that the Senate *will* pass the law. ***Estoy seguro/convencido*** de que el senado ***va*** a pasar la ley. It was *certain/obvious/true* that Arthur *was* married. ***Era cierto/obvio/verdad*** que Arturo ***estaba*** casado.	➻ Indicative
• *Does not affirm* (indicates doubt, denial, possibility) *It is doubtful* that the Senate *will* pass the law. ***Es dudoso*** que el senado ***vaya*** a pasar la ley. It was *possible/probable* that Arthur *was* married. ***Era posible/probable*** que Arturo ***estuviera*** casado.	➻ Subjunctive
• *Influence* (indicates will, persuasion, cause, necessity): I *suggest/recommend* that you *take* a trip. ***Sugiero/Recomiendo*** que ***hagas*** un viaje a España. The government *demands/insists* that we all *pay* taxes. ***El gobierno exige/insiste*** en que todos ***paguemos*** impuestos. It was *necessary/obligatory/urgent* that we *save* money. ***Era necesario/obligatorio/urgente*** que ***ahorráramos*** dinero.	➻ Subjunctive

Compare the "specific" and "non-specific" examples that follow.

3C. Indicative vs. Subjunctive: Adjective Clause

Modified noun	Clause verb
• *Specific* (existent, known by direct experience): I *have* a friend who *speaks* eleven languages. ***Tengo*** un amigo que ***habla*** once idiomas. (My friend is known to me, so the noun is specific.) I *know* a restaurant that *serves* paella Valencian style. ***Conozco*** un restaurante que ***sirve*** paella valenciana. (The restaurant exists and is known to me, so the noun is specific.)	➻ Indicative

We *travelled* to a beach resort where there *were* no American turists. *Viajamos* a un balneario donde no *había* turistas norteamericanos. (The resort existed and was known to us so the noun is specific.)	⇒ Indicative
• *Non-specific* (non-existent, hypothetical): There *is no one here* who *speaks* eleven languages. *No hay nadie aquí* que *hable* seis idiomas. (No such person exists, so the noun is non-specific.) I *am looking* for a restaurant that *serves* paella Valencian style. *Busco* un restaurante que *sirva* paella valenciana. (Looking for any restaurant that serves paella, so the noun is non-specific.) Did a beach resort *exist* where there *were* no American tourists? *¿Existía* algún balneario donde no *hubiera* turistas norteamericanos? (The speaker is asking for information so the resort is necessarily non-specific in the speaker's mind.)	⇒ Subjunctive

3D. Indicative vs. Subjunctive: Adverb Clause

Event described by adverb clause	Clause verb
• *Realized* (has taken place or does take place): I *always answer* when *I receive* a letter. *Siempre contesto* cuando *recibo* una carta. (I do receive letters, so the event of receiving is realized.) We *leave* after they *arrive*. *Salimos* después que *llegan*. (They do arrive by the time we leave, so the event of arriving is realized.) On Saturdays *I go shopping*, if it *does not rain*. Los sábados *voy de compras*, si *no llueve*. (I do normally go shopping, so the event of it not raining is realized.)	⇒ Indicative

Event described by adverb clause	Clause verb
• *Unrealized* (has not ocurred or does not occur): I *will write* when I *receive* a letter. **Voy a escribir** cuando *reciba* **una carta.** (I have received no letter yet, so the event of receiving is unrealized.) We *are going to leave* as soon as they *arrive*. **Vamos a salir** tan pronto como *lleguen*. (They have not yet arrived, so the event of their arrival is unrealized.) I *would go shopping* if it *were not raining* so hard. Yo *iría de compras*, si *no lloviera* tanto. (The event of it not raining so hard is contrary to fact, therefore unrealized.)	⇒ Subjunctive

As Chart 3E below shows, certain adverb clause conjunctions in Spanish are always followed by the subjunctive form of the verb. However, this follows logically from the explanation given previously. The event described by the clause is always unrealized for logical reasons, so it requires the subjunctive. The action or event may be unrealized in either of two senses:

1. Unrealized in the present: that is, it refers to a future event.
2. Unrealized with respect to the action or event in the main clause: that is, it takes place after (or is contingent upon) the action of the main clause.

3E. Some Adverbial Conjunctions Requiring Subjunctive

I want to talk with you *before you leave.*
Quiero hablar contigo *antes de que vayas*.
(The leaving is to take place after future event of *talking*, so is still unrealized.)
The thief enters *without anyone hearing him.*
El ladrón entra *sin que nadie lo escuche*.
(Any event in a *without* clause is logically unrealized.)
I am helping you *so that you pass* the test.
Te ayudo *para que pases* el examen.
(Your passing is contingent on the future event of my helping, so is as yet unrealized.)
I will lend you the money *provided* that *you return* it to me soon.

Te presto el dinero *con tal (de) que* me lo *devuelvas* pronto.
(Your returning the money is unrealized; it is a
 condition still unmet at the moment.)
We go to the movies *unless* it *rains*.
Vamos al cine *a menos que llueva*.
(When the event of going takes place, the event of
 raining is unrealized.)

THE COPULA

One area of verb phrase grammar that continues to give students difficulty is the choice between **ser** and **estar** and other expressions equivalent to the English *to be*.

4. Ser vs. Estar: Summary of Basic Contrasts

Ser + *noun* = *classification* Peter *is a carpinter*. **Pedro *es carpintero*.**	**Estar** cannot precede a noun.

Ser + *adjective* = *essence*
 Anita *is intelligent*.
 Anita *es inteligente*.
 The river *is long*.
 El río *es largo*.
 Laura is *good/bad*.
  (personality)
 Laura *es buena/mala*.
  (adjective)
	Estar + *adjective* = *condition*
	 Carmen *is angry*.
	 Carmen *está enojada*.
	 The water *is dirty*.
	 El agua *está sucia*.
	 Laura *is well/ill*.
	  (condition)
	 Laura *está bien/mal*.
	  (adverb)

Ser + *location of events* The war *was in Vietnam*. **La guerra *fue en Vietnam*.** The accident *was on the corner*. **El accidente *fue en la esquina*.**	**Estar** + *location of objects* The army *was in Vietnam*. **El ejército *estuvo en Vietnam*.** The streetcar *was on the corner*. **El tranvía *estuvo en la esquina*.**
Ser + *past participle* = *action* The door *was opened* (by Anne). **La puerta *fue abierta* (por Ana).** The house *was sold* (by George). **La casa *fué vendida* (por Jorge).**	**Estar** + *past participle* = *state* The door *was open*. **La puerta *estaba abierta*.** The house *was sold*. (unavailable) **La casa *estaba vendida*.**

Ser + de = *origin:* Gabriel *is from Chile.* Gabriel *es de Chile.* *material:* The chair *is metal.* La silla *es de metal.* *possession:* The watch *is Anne's.* El reloj *es de Ana.*	**Estar + de** = *role/activity* Lucy *is serving* as secretary. Lucía *está de secretaria* hoy. Yesterday *we were shopping.* Ayer *estuvimos de compras.* Tomorrow we *will be on a visit.* *Estarémos de visita* mañana.
Ser is never used with the present participle.	**Estar +** *present participle* We *are working* hard. *Estamos trabajando* duro. We *were sleeping.* *Estábamos durmiendo.*
Ser + expressions of clock time: It *is one thirty.* *Es la una y media.* It *was two fifteen.* *Eran las dos y cuarto.*	**Estar** is never used with clock time.

The frequently made distinction between **ser** and **estar** — permanent vs. temporary — can be misleading. There is nothing necessarily permanent about physical attributes such as size, weight, and color, nor about social attributes such as wealth and youth. These attributes are, however, very basic and essential categories of description and generally take **ser**. On the other hand, locations and conditions or states such as death are very permanent, yet still require **estar**.

Essential
La pared *es roja.*
Mi tío *es rico.*
Mi jefe *es joven.*

Condition
El asesino *está muerto.*
El río *está al norte* de la ciudad.

Some adjectives can describe both essences or conditions and states.

Guillermo *es loco.*
(He's a crazy person.)
Berta *es triste.*
(She's a sad case.)

Santiago *está loco.*
(He's acting crazy.)
Beatriz *está triste.*
(She's feeling sad.)

Some adjectives change meaning drastically when used with **ser** or **estar**.

Este libro *es sucio.*
(Its content is dirty.)

Este libro *está sucio.*
(Its condition is dirty.)

La fruta *es verde*.	La fruta *está verde*.
(Its color is green.)	(It is not ripe.)
Esta comida *es muy rica*.	Esta comida *está muy rica*.
(It is rich.)	(It tastes good.)
Ramon *es aburrido*.	Ramon *está aburrido*.
(He is boring.)	(He is bored.)

What a person would normally expect is one criterion that helps determine whether an adjective describes an essence or a condition. The use of **estar** signals the violation of a norm or expectation.

Normal/expected	Not normal/unexpected
El hielo *es frío*.	¡La sopa *está fría*!
	(Soup is not normally cold.)
El acero *es duro*.	¡El pan *está duro*!
Hector *es gordo*.	¡Qué gordo *está Hector*! ¡No lo creo!
Las montañas *son altas*.	¡Lo altas que *están* las montañas!

Keep in mind that, in addition to **ser** and **estar,** a number of other verbal expressions translate from Spanish as *to be* in English.

- **Haber** (**hay, hubo, había**) is used to state the existence of entities or the occurence of events.

There *were* two men in the car.	*Había* dos hombres en el coche.
There *is* a party tonight.	*Hay* una fiesta esta noche.

- **Tener** is used in a number of idiomatic expressions, many (but not all) involving emotion or physical sensation.

I *am (feel) hot/cold*.	*Tengo calor/frío*.
You *are (feel) hungry/thirsty*.	*Tienes hambre/sed*.
He *is (feels) afraid*.	*Tiene miedo*.
We *are in a hurry*.	*Tenemos prisa*.
They *are always successful*.	*Siempre tienen éxito*.

- **Hacer** is used in certain weather expressions.

    It *is cold/hot/cool/sunny/windy*.
    Hace frío/calor/fresco/sol/viento.

COMPLEMENTATION: NOUN PHRASES

GENERAL

We perceive or classify some things as relatively stable or fixed units that we might call *entities*. The language form or part of speech used to name or refer to entities is called the *noun* (or noun phrase). A noun phrase is a noun with all of its modifiers (articles, adjectives, prepositional phrases, etc.).

Noun phrases function as complements (subjects and objects) in sentences. Complementation is discussed in the next section.

NOUN FUNCTIONS

Any situation expressed as a statement generally requires at least one entity. That entity is the subject of the statement. Situations can involve more than one entity; that is, sentences can have more than one noun (or noun phrase). Nouns and noun phrases function as complements of the sentence. There are six types of complements: subject, predicate object, direct object, indirect object, object of preposition, and comparative term. The noun phrase **mi padre** functions as a different kind of complement in each of the following examples:

Subject:	*My father* works in an office.
	Mi padre trabaja en una oficina.
Predicate object:	The tall man is *my father*.
	El hombre alto es **mi padre**.
Direct object:	We are seeking (looking for) *my father*.
	Buscamos *a mi padre*.
Indirect object:	We are giving a book *to my father*.
	Damos un libro *a mi padre*.
Prepositional object:	I talk *with my father* on the telephone.
	Hablo *con mi padre* por teléfono.
Object of comparison:	I am taller *than my father*.
	Yo soy *más alto que mi padre*.

One important reason for being able to recognize the different complement functions that a noun can represent is that it affects the choice of pronoun. Pronouns in general are reviewed in the next section; then each complement type is discussed as part of the process of pronominalization.

PRONOUNS

In general terms, pronouns are forms that replace nouns in order to maintain reference and to eliminate unnecessary repetition of nouns and noun phrases. There are two basic types of pronouns: 1) function-free pronouns and 2) function-bound pronouns.

Function-free Pronouns

These are pronouns that can replace a noun serving any complement function (subject, direct object, etc.); their form does not change regardless of how the noun they replace functions in the sentence.

Function:	English	Spanish
Subject	*Someone* called.	*Alguien* llamó.
Direct object	She saw *someone*.	Vio *a alguien*.
Indirect object	She wrote to *someone*.	Escribió *a alguien*.
Prepositional object	She danced with *someone*.	Bailó *con alguien*.

There are two kinds of function-free pronouns:

Indefinite Pronouns. There is a basic set of indefinite pronouns that represent nouns in situations where entities cannot be specifically named.

	interrogative	positive	negative
Non-human referent:	¿qué?/¿cuál? ¿dónde?/¿cuándo?	algo	nada
Human referent:	¿qué?/¿cuál? ¿quién?	alguien	nadie

Another set of indefinite pronouns is formed by adding **-quiera** (*-ever*) to question words: **cual(es)quiera** (*whichever*), **quien(es)quiera** (*whoever*), **dondequiera** (*wherever*), and **cuandoquiera** (*whenever*).

Derived Pronouns. Pronouns frequently are derived from various kinds of adjectives and adjectival structures (noun modifiers). There are several kinds of derived pronouns:

- *Demonstrative pronouns from demonstrative adjectives*
  Definite: ¿Ves este/ese/aquel edificio? ➡ ¿Ves éste/ése/áquel?
  Indefinite: Esto/Eso/Aquello no me gusta.

- *Possessive adjectives/pronouns* (showing contrast, emphasis)
  Definite: **Mi perro es más grande que el tuyo.** ➡ **El mío es el más grande.**
  Indefinite: **Lo mío es mío y lo tuyo es mío.**

- *Limiting (quantifying) adjectives/pronouns*
  — **Uno**, like the English word *one*, can be used as a pronoun with either an indefinite or a definite reference.

  Definite: *One* is coming but not the other.
                  Uno viene pero el otro no.

  Indefinite: *One* doesn't know where to start.
                  Uno no sabe por donde empezar.

  — **Alguno/Ninguno/Cualquiera** convey the notions of *some* and *any*. These notions are complex; they have different translations depending on whether the concept is interrogative, negative, or indefinite. Compare the sentences below:

Adjective	Pronoun
¿Hay *algún* restaurante cerca? (*some/any*)	¿Conoces alguno? (*any*)
No hay *ningún* restaurante cerca. (*no/any*)	No hay ninguno. (*any*)
Cualquier restaurante sirve. (*any*)	Cualquiera sirve. (*any*)

  — Totalizing adjectives ➛ pronouns

	more than two:	two:
+Total:	todo(s) (*all/every one*)	ambos/los dos (*both*)
	cada uno (*each one*)	cada uno (*each one*)
Neutral:	cualquiera (*any*)	cualquiera de los dos (*either*)
−Total:	ninguno/a (*none/any*)	ninguno de los dos (*neither*)

Here are some specifics on this set of limiting pronouns:

- **Todo el mundo** is a general pronoun meaning *everybody* or *everyone*.
- **Cada** cannot stand alone as a pronoun.
      Each (*one*) has a task.   *Cado uno* tiene una tarea.
- There are no simple Spanish forms for the English pronouns *either* and *neither*.
- **Ninguno/a** is always used in the singular.

Descriptive modifiers: Spanish often pronominalizes a noun phrase by deleting the noun, if its referent is already understood in context. This creates a descriptive modifier. English equivalents, on the other hand, involve replacement of the noun with the pronoun *one*. Spanish never uses **uno** in this way.

The red car belongs to George.	El coche rojo pertenece a Jorge.
The red *one* belongs to George.	*El rojo* pertenece a Jorge.
Last night's party was great.	La fiesta de anoche fue estupenda.
Last night's (*one*) was great.	*La de anoche* fue estupenda.
The houses that we sold are old.	Las casas que vendimos son viejas.
The *ones* that we sold are old.	*Las que* vendimos son viejas.

There is a parallel set of indefinite pronoun structures:

Lo bueno es que todos ganamos.	*The good thing is* that we all win.
Lo de la fiesta no me interesa.	*That business/stuff about the party* doesn't interest me.
Lo que digo es verdad.	*What I say* is true.

Function-bound Pronouns

A major difference between English and Spanish is that English function-bound pronouns only distinguish between subjects and non-subjects; all non-subjects tend to be treated as objects and thus take the same form. Spanish pronouns, on the other hand, distinguish among types of objects. In particular, they distinguish direct and indirect objects from each other, from subjects, and from all other types of objects.

5A. Comparison of English and Spanish Pronoun Systems

Examples:	English:	Spanish:
Subject	*He* went to Spain.	*Él* fue a España.
Direct object	I saw *him* there.	*Lo* vi allí.
Indirect object	I wrote a letter *to him*.	*Le* escribí una carta.
Object of preposition	I went *with him*.	Fui *con él*.
Object of comparison	I am smarter than *he/him*.	Soy más inteligente que *él*.
Predicate noun	It is *he/him*.	Es *él*.

Notice that English permits two types of pronouns in comparatives and in predicate nominative structures; the subject pronoun *he* reflects a refined, technically correct style of speech, while the object form *him* is the one we tend to use in everyday speech.

Chart 5B summarizes the function-related pronouns.

5B. Summary of Spanish Function-Bound Pronouns

Subject	Prepositional	Direct	Indirect	Reflexive
yo	para mí	me	me	me
tú	para tí	te	te	te
usted (Ud.)	para Ud.	lo/la	le	se
él	para él	lo	le	se
ella	para ella	la	le	se
nosotros/as	para nosotros/as	nos	nos	nos
vosotros/as	para vosotros/as	os	os	os
ustedes (Uds.)	para Uds.	los/las	les	se
ellos	para ellos	los	les	se
ellas	para ellas	las	les	se
	conmigo contigo consigo			para sí

Subjects and objects in preposition pronoun sets are identical except for first and second person singular forms.

Subject pronouns **él/ella/ellos/ellas** are generally used only to refer to human beings in contexts of contrast or emphasis. Prepositional pronouns **él/ella/ellos/ellas** can refer to anything.

Direct, indirect, and reflexive object pronoun sets are identical except in third person. Third person direct object pronouns mark gender and number, while indirect object pronouns lose the gender distinction, and reflexive pronouns lose both the gender and number distinction.

Subjects and pronouns. A situation generally requires at least one entity; that entity is the subject of the statement. The predicate of the sentence (that is, the verb phrase) is the part of the sentence that "says something about the subject." There are two major differences between Spanish and English with respect to subjects:

1. English subjects generally precede the verb. Spanish subjects may precede or follow the verb, but the subject's position subtly affects the meaning. In Spanish, the information "focus" is at the end of the sentence unless that focus is specifically altered. The two Spanish translations of the following English sentence are not exactly synonymous:

Two men entered.	a. **Dos hombres entraron.**
	b. **Entraron dos hombres.**

In the first Spanish sentence, the verb or action is the focus; the sentence answers the implied question *What happened?* In the second sentence **dos hombres** is the focus, and the implied question is *Who entered?*

2. English requires a subject in each sentence. In Spanish, the verb endings give sufficient information about the subject so that, once mentioned, subject nouns and pronouns are not necessary and are repeated only to clarify or emphasize the subject.

Peter is ill.	**Pedro está enfermo.**
He is ill.	**Él está enfermo./Está enfermo.**

Even when there is no logical subject, English requires a pronoun — *it* or *there* — to fill the position of the subject. Spanish permits no subject in these cases.

It is raining.	**Llueve.**
There are two problems.	**Hay dos problemas.**

In fact, Spanish severely limits the use of subject pronouns. They are generally used only to refer to human subjects. (For this reason they are often called personal pronouns.)

Veo a un hombre.	**(Él) lleva una camisa roja.**
Veo un perro.	**Come un hueso.**
Veo un árbol.	**Está detrás del cerco.**

Secondly, Spanish subject pronouns are used primarily to emphasize, contrast, or clarify subjects:

Hay un hombre y una mujer.   *Él* **lee un diario y** *ella* **escucha la radio.**

Predicate nouns and pronouns. A predicate object is a noun (or noun phrase) that follows the verb **ser**. This verb is called a *copula* or *linking verb* because it is a structural verb which "couples" or "links" elements. In the case of predicate nouns, the copula **ser** links the subject to the predicate noun that serves to identify, label, or classify the subject noun.

Subject	Copula	Predicate object
The train	is	a means of transportation.
El tren	**es**	**un medio de transporte.**

The predicate noun (or noun phrase) is neither a subject nor a direct object; it is a special kind of noun phrase with its own properties. Consequently, when it is pronominalized the results can be somewhat peculiar. Study the following examples:

¿Quién es la profesora nueva? ⇒ **Yo *lo* soy.** (no agreement)
Who is it? ⇒ It is me. **¿Quién es?** ⇒ **Soy yo.**

Direct objects and pronouns. Next to the subject, the most frequently encountered entity in a situation is the direct object. The direct object is the entity that "receives or undergoes the action of the verb." For example:

Susan opened *the door.* **Susana abrió *la puerta.***
Arthur bought himself *a horse.* **Arturo se compró *un caballo.***

Unlike English, Spanish human direct objects are generally preceded by the preposition **a**.

She saw *an old friend.* **Ella vio *a una vieja amiga.***
We know *many people there.* **Conocemos *a mucha gente allí.***
The kids visited *their teacher.* **Los niños visitaron *a su maestro.***

The direct object pronoun replaces the direct object noun. In most dialects of Spanish, the direct object noun and pronoun are not used simultaneously.

Either: **Buscamos al niño.** Or: **Lo buscamos.** Not: **Lo buscamos al niño.**

Indirect objects and pronouns. Another important entity that may occur in a situation is the indirect object. In both English and Spanish, the indirect object is generally the entity that "receives the direct object" and is generally marked by the English preposition *to* (sometimes *for*) or the Spanish preposition **a**.

I sent the flowers *to Melissa.* **Mandé las flores *a Melisa.***

However, a true indirect object in English must also be able to appear in a second type of sentence as the following pair shows. A true indirect object in Spanish permits (or requires in most dialects) an indirect object pronoun in addition to the prepositional phrase.

I sent the flowers *to Melissa.* ⇒ I sent Melissa the flowers.
Le mandé las flores *a Melisa.* ⇒ **Le mandé *a Melisa* las flores.**

Notice that not all *to* + noun or **a** + noun phrases are indirect objects.

Correct:	Incorrect:
I suggested the book *to Melissa*. ➝	I suggested Melissa the book.
Mandé las flores *a Canadá*. ➝	Le mandé las flores a Canadá.

A major difference between Spanish and English is that the English indirect object can have only one meaning (or role), that of "receiver" of the direct object. In Spanish, the indirect object can play a number of additional roles. These roles are summarized in Chart 6.

6. The Role(s) of the Spanish Indirect Object

Receiver of the direct object:	
Mary gave the book *to me*.	María *me* regaló el libro (*a mí*).
Did you send the letter *to him*?	¿*Le* mandaste la carta?
Source or loser of the direct object:	
They asked *us* for advice.	*Nos* pidieron consejos (*a nosotros*).
I took the book *from* Mary.	*Le* quité el libro (*a María*).
Beneficiary of what happens to the direct object:	
We will arrange it *for you*.	*Te* lo arreglamos.
I washed the car *for you* (pl).	*Les* lavé el coche (*a Uds.*).
Victim of what happens to the direct object:	
I switched the books *on Mary*.	*Le* cambié los libros (*a María*).
I broke the bike *on Mary*. ⎤	
I broke *Mary's* bike. ⎦	*Le* rompí la bicicleta (*a Maria*).
Experiencer:	
Skiing is not pleasing *to Julia*.	*A Julia* no *le* gusta esquiar.

Notice that in all roles except receiver and experiencer, the Spanish indirect object pronoun is used where English requires a full prepositional phrase (not an indirect object).

Unlike the case of direct objects, both the indirect object pronoun and the related indirect object noun can appear in the same sentence. As previously indicated, the pronoun is generally required, while the noun phrase is optionally included for emphasis, contrast, or clarity. Remember: Third person indirect object pronouns change form from **le** or **les** to **se** when they precede third-person direct object pronouns.

Le preparé la comida. ⇒ *Se* **la preparé.**
Les rompí la bicicleta. ⇒ *Se* **la rompí.**

Prepositional object noun and pronouns. Any additional entity must be introduced into the situation by a relational element called a preposition. The noun that accompanies this preposition is its object. As you will see, prepositional phrases generally function as modifiers of:

- Nouns (adjectival): **El profesor** *de matemáticas* **es un genio.** (¿Cuál?)
- Verbs (adverbial): **El profesor se fue** *después de la clase.* (¿Cuándo?)

You have noted that the set of subject pronouns and prepositional object pronouns are similar. Subject pronouns, however, generally refer only to human beings, while there is no such limitation on prepositional object pronouns. Study the following example:

El árbol   **Veo** *un árbol* **en la distancia.**
Subject: **Es muy bonito.**
               Él **es muy bonito.** incorrect (*él* cannot = el árbol.)
Object of Preposition: **Hay un río detrás de** *él.* (él = el árbol.)

Comparative terms and pronouns. Noun phrases can also function as entities in three kinds of comparisons:

- Similarity/Likeness   He eats like a *pig*.
                          Come como un *cerdo.*
- Equality: He is as smart as *Alfred*.
                          Es tan inteligente como *Alfredo.*
- Inequality: He is bigger than *Alfred*.
                          Es más grande que *Alfredo.*

Unlike English, in Spanish only subject pronouns are used in comparatives, because they represent what is left of an abbreviated sentence:

Soy más sincera que María. ⇒ **Soy más sincera que** *ella* (es).

Reflexive Objects and Pronouns

The basic meaning of the reflexive structure (**se**/-*self*) in both Spanish and English is that the subject acts upon itself as an object. Additionally, the Spanish reflexive has acquired a wide range of semantic/syntactic functions that have little to do with the basic meaning of reflexives. The following classification should help you to understand the Spanish reflexive. There are four basic uses of the word **se** in Spanish:

1. *The phoney reflexive "se"*. Although this **se** looks like a reflexive pronoun, it is not. It is the result of the fact that the indirect object pronouns **le** and **les** change to **se** when used before the direct object pronouns **lo, la, los,** and **las**.

   Yo le di el libro. ⇒ Yo *se* lo di.
   Tú les dijiste la verdad. ⇒ Tú *se* la dijiste.

2. *True reflexive*. A true reflexive pronoun indicates that the subject acts upon itself as an object. With a true reflexive, it does not sound odd to add the emphasizing phrase **a sí mismo/a**.

   Pedro se golpeó (*a sí mismo*).
   Antonio se escribió una carta (*a sí mismo*).

3. *Reciprocal reflexive.* In sentences with plural subjects the reflexive pronoun can have "reciprocal" meaning.

   The boxers *hit each other* hard. **Los boxeadores** *se golpearon* **duro.**

4. *Dummy Object Reflexive.* A major difference between English and Spanish is that many transitive verbs in Spanish require an object; however, their English counterparts may be used either transitively (with a direct object) or intransitively (without a direct object).

	English: *Sink*	Spanish: **Hundir**
Transitive:	The enemy *sank* the ship.	El enemigo *hundió* el barco.
Intransitive:	The ship *sank*. (no object)	El barco *se hundió*.

   If the reflexive is not present in the Spanish intransitive example, a native speaker of Spanish will feel that the sentence is incomplete (that is, that the direct object is missing). The tendency would be to ask, "What did the ship sink?" In order to use a verb like **hundir** intransitively, the reflexive pronoun must be present to satisfy the need for an object without introducing a new entity into the context. We might call this a "dummy" reflexive, since it does not have the meaning of a "true reflexive"; that is, it sounds odd to add the emphasizing phrase **a sí mismo** to a sentence containing the dummy object reflexive. It is important to recognize this use of the reflexive because a large number of common Spanish verbs function just like **hundir;** to name a few: **abrir, cerrar, romper, derretir** (to melt), **calentar, levantar** (to raise, to rise), **bañar,** and **acostar.**

5. *Dummy subject se:* **Se** is also used to make general statements referring to an indefinite, human subject. To understand this function of the reflexive pronoun, compare the following examples.

Peter understands the lesson.	**Pedro entiende la lección.**
He understands the lesson.	**Entiende la lección.**
	(Peter is understood as the subject.)
One understands the lesson.	*Se* **entiende la lección.**
The lesson is understandable.	
The lesson is understood.	

In Spanish, the tendency is to generally omit the subject with the assumption that it is specifically understood. **Se** is used as a subject filler to generalize the meaning of a statement to mean "everyone in general" or "no one in particular."

Some things to note about the indefinite, human **se:**

- **Se** always refers to an indefinite *human* agent of the action. As a result, se sentences are more limited than the passive sentences that are used to indicate both indefinite human agents and non-human causes:

Passive:	The garden was destroyed by the wind/the children.
	El jardín fue destruido por el viento/los niños.
Dummy subject **se:**	(Some kind of human being) destroyed the garden.
	Se **destruyó el jardín.**

- Since **se** is a very indefinite subject, the verb normally agrees with the direct object.

(A human being) sold the flowers.	*Se* **vendieron las flores.**

INFINITIVES AS COMPLEMENTS

There are at least two major differences between English and Spanish with respect to the use of infinitives as complements; that is, infinitives that function as nouns. First, English frequently uses the present participle form in cases where the Spanish infinitive is required. Second, English frequently permits or requires infinitive structures where Spanish permits or requires a full clause.

Infinitives vs. Present Participles (Gerunds)

In English, the present participle form (-*ing*) can be used like a noun; that is, it can perform most of the functions of a noun (subject, direct object, etc.). However, the corresponding Spanish participles (-*ndo*) can never be used in this way. In Spanish, only the infinitive form of the verb may function like a noun. Compare English and Spanish in the examples in Chart 7.

7. Infinitives vs. Present Participles (Gerunds)

Subject: It bothers me *to waste* time. *Wasting* time bothers me. It is important *to eat* right. *Eating* right is important.	Me molesta *mal gastar* el tiempo. *Mal gastar* el tiempo me molesta. Es importante *comer* bien. *Comer* bien es importante.
Predicate object: Happiness is *having* money. His goal is *to win* the match. His goal is *winning* the match.	La felicidad es *tener* dinero. Su meta es *ganar* el partido.
Direct object: I prefer *to drink* juice. I prefer *drinking* juice. We hate *to miss* a class. We hate *missing* a class.	Prefiero *tomar* jugo. Odiamos *perder* una clase.
Object of a Preposition: He left without *paying*.	Se fue sin *pagar*.

Infinitives vs. Full Clauses

English often requires an infinitive where Spanish requires a full **que**-clause. This occurs most frequently when in English the verb attracts the subordinate subject (other than first person) to the position of direct object of the main verb. Compare the following sentences.

Full clause:	Infinitive:
(No correct English structure.)	I want *to leave*.
(No correct Spanish structure.)	**Yo quiero** *irme*.
(No correct English structure.)	I want Arthur *to leave*.
	(Arthur = object of I want)
Quiero que Arturo se vaya.	(No correct Spanish structure.)

This example shows that in both languages the infinitive is used if the subject of both the main clause and the subordinate clause are identical. However, when the subjects are different, the languages behave differently. A rule of thumb is that whenever the main and subordinate clauses have different subjects, a full clause is used in Spanish. See the section on the subjunctive for more examples of this structure.

The Passive Construction: *Ser* + Past Participle

Ser is used with the past participle of the verb to produce a structure called the passive voice. The function of the passive voice is to direct attention away from the subject of the event and focus it on the event itself. The passive voice in both English and Spanish turns the direct object into the subject of the sentence and turns the original subject into the object of a preposition (*by* or **por**). The *by* or **por** phrase can easily be omitted.

Active Sentence:	Passive Sentence:
Alf sold *the house*.	*The house* was sold (by Alf).
Alfredo vendió *la casa*.	*La casa* **fue vendida** (por Alfredo).
The mechanic fixed *the car*.	*The car* was fixed (by the mechanic).
El mecánico arregló *el coche*.	*El coche* **fue arreglado** (por el mecánico).

Notice that the past participle functions as an adjective; that is, it agrees in number and gender with the subject (the former direct object in the active structure).

A major difference between English and Spanish is that English frequently permits an indirect object to become the subject of a passive sentence. Spanish never allows this.

Active sentence:
Alf gave flowers to Anne.
Alfredo le dió flores a Ana.

Passive sentence:
Anne was given some flowers (by Alf).
(No correct Spanish structure.)

Modification: Adjectival and Adverbial Phrases

General

We perceive entities and events as having characteristics or attributes. Adjectives and adverbs refer to the attributes of entities and events respectively. We say that adjectives modify nouns (*fat man*/**hombre gordo**) and adverbs modify verbs (*run fast*/**correr rápido**). Adverbs can also refer to the attributes of attributes; that is, adverbs can modify adjectives and other adverbs (*very fat*/**muy gordo**). A special class of adverb modifies entire sentences; These sentential adverbs are discussed in the section on conjunctions. Both adjectival and adverbial modifiers can take a number of forms:

- Affixes
  Adjective: **Es un hombre alt*ísimo*.** (muy alto)
  Adverb: **Lo hago inmediata*mente*.** (creates an adverb of manner)
- Words
  Adjective: **El muchacho *pequeño* se llama Antonio.**
  Adverb: **Lo hago *ahora*.**
- Prepositional or participial phrases
  Adjective: **El título *del artículo* es...** (prepositional phrase)
  Adjective: **El muchacho, *conocido de todos*,...** (past participal phrase)
  Adverb: **Se casó *después de veinte años*.** (prepositional phrase)
  Adverb: **El jefe entró *gritando como un loco*.** (present participal phrase)
- Clauses (a reduced sentence with a subject and verb)
  Adjective: **El candidato *que acaba de hablar* será el mejor lider.**
  Adverb: **Voy de compras *cuando tengo tiempo y dinero*.**

Adjectival Phrases

Adjective Classes

As Chart 8A shows, adjectival expressions usually modify nouns by adding one of the following types or subtypes of information; that is, they answer certain implicit questions.

8A. Meaning Classes of Adjectival Phrases

1. *Determination/identification:* ¿Qué X?, ¿Cuál X?
   a. (In)Definiteness: **un, algún, ningún, el, tal, semejante**
   b. Demonstration/Pointing out: **este, ese, aquel**
   c. Possession: **mi, tu, su, nuestro, vuestro, su**

2. *Quantification:* ¿Cuál/Cuánto X?
   a. Set/Order (*Which one/How much/many* of an implied set):
      **único, otro, cada, cada otro, ambos, todo, ningún,
      cualquier, primer, segundo, próximo, siguiente
      último, mejor, peor**
   b. Enumerate (*How many* in numeric terms):
      un (stressed), **dos, cien, ciento dos, quinientos, mil, un millón de**
   c. Estimate (*How much/many* in non-numeric terms):
      **demasiado(s), tanto(s), mucho(s), varios, bastante(s), poco(s),
      un poco de X.**

3. *Description:* ¿Cómo es/está?
   a. State: ¿Cómo está X?
      What state/shape/condition is X in compared to the same X at another point in time?:
      limpio, roto, borracho, cansado, casado, muerto, interesado, etc.
   b. Essence: ¿Cómo es X?
      What is X like compared to other possible X's?:
      rojo, grande, gordo, pobre, joven, inteligente, interesante, etc.

4. *Classification:* ¿Qué clase/especie/tipo de X?
   norteamericano, histórico, clásico, deportivo, universitario, etc.

Use of the Article

Spanish and English differ somewhat in their use of articles. Learners of Spanish tend to omit definite articles where they are required in Spanish and insert indefinite articles where none are necessary. Chart 9A summarizes the major differences between Spanish and English and provides examples. Note that the type of noun is relevant (count vs. non-count and singular vs. plural).

9A. Use of the Article in English and Spanish

Meaning	English	Spanish
Non-count:		
Specific unit	*The* water is dirty.	*El* agua está sucia.
Generalize/all	Water is essential.	*El* agua es esencial.
Generalize/all	I prefer water.	Prefiero *el* agua.
Quantify	I drank some water.	Tomé un poco de agua.
Classify	I usually serve water (and not wine).	Normalmente sirvo agua (y no vino).
Plural-count:		
Specific unit	*The* airplanes landed.	*Los* aviones aterrizaron.
Generalize/all	Airplanes are safe.	*Los* aviones son seguros.
Generalize/all	I hate airplanes.	Odio *los* aviones.
Quantify	I see *some* airplanes.	Veo *unos* aviones.
Classify	I see airplanes (not trains).	Veo aviones (no trenes).
Singular-count:		
Specific unit	I have *the* car.	Tengo *el* coche.
Quantify	I have *a* car.	Tengo *un* coche.
Classify	I have *a* car.	Tengo coche.
	Ralph is *an* artist.	Raúl es artista.
Singularity	Ralph is *a* great artist.	Raúl es *un* gran artista.

Both languages use the definite article to refer to a specific unit of entities. Unlike English, however, Spanish uses the definite article when the statement generalizes about an entity or class of entities. English uses no article when expressing generalizations.

The indefinite article in both languages is related to the number system (*a/one*, and **un/uno**) and is generally used to quantify or indicate a specific number/amount.

As in English, Spanish omits both definite and indefinite articles where the noun simply serves to name or "classify" the entity one is talking about, as opposed to some other "class" one might mention. In English, all singular-count nouns must have a determiner (a definite or indefinite article or other noun marker). This is not true in Spanish. For example, nouns following ser usually refer to a "class," so in Spanish one can regularly omit the indefinite article even before singular-count nouns referring to certain human classifications (social role, profession, nationality, political or religious affiliation) unless that class is modified. Modifiers generally draw attention to the "singularity" of the noun and, as a result, are associated with the presence of the indefinite article:

Raúl es artista.   vs.   **Raúl es *un* gran artista.**

As Chart 9B shows, there are a number of other cases where the use of the definite article in Spanish differs from its use in English.

9B. Other Differences in the Use of the Definite Article

Titles in indirect reference:
La señora Fernández acaba de regresar. Hola, Señora Fernández.
Allí está *el* profesor Gómez. Buenos días, Profesor Gómez.

"Obvious possessor" English uses the possessive pronoun while Spanish uses the definite article.

| Stick out *your* tongue! | ¡Saque *la* lengua! |

Certain phrases indicating places of generic activity:

The family is at church.	La familia está en *la* iglesia.
My father is at work.	Mi padre está en *el* trabajo.
We attend school in Seville.	Asistimos a *la* escuela en Sevilla.

The names of certain countries and cities:
la Argentina, el Brasil, el Canadá, el Cairo, El Ecuador, los Estados Unidos, la Florida, la Gran Bretaña, la Habana, el Paraguay, el Perú, el Uruguay, etc.
The names of most countries carry no article unless modified.

| **España es mi patria.**   vs. | ***La* España del siglo XVI fue poderosa.** |
| **Quiero viajar por Europa.** vs. | **Quiero viajar por *la* Europa central.** |

The names of languages:
No creo que *el* ruso sea más difícil que *el* español.
Article use is optional after active verbs (**hablar, leer, escribir**):
Yo sé leer *(el)* francés.   Hablan *(el)* japonés.
The article is generally not used after the prepositions **de/en**.
Es profesor de chino.   Compró un libro en árabe.

Nouns in a series:
Unless they form a tight conceptual unit, the article is used. English omits the article more frequently.
He lost his hat and gloves.   **Perdió** *el* **sombrero y** *los* **guantes.**

Time expressions:
Tengo que llegar para *las* tres y media.
El lunes no tuve clase aunque generalmente tengo clase *los* lunes.

Adjective Classes and Position of Adjectives

Adjectives almost always precede the noun in English. Futhermore, English permits a large number of adjectives to pile up in front of the noun:

The first two ugly little old broken soda *bottles*...

Spanish, on the other hand, generally restricts pre-modification to articles, demonstratives, possessives, quantifiers, and certain descriptive adjectives as discussed below:

Las primeras dos feas *botellas* **de soda viejas y rotas...**

Descriptive adjectives may precede or follow the noun. "Subjective" descriptive adjectives that refer to judgments and attitudes that may vary from observer to observer are more likely to precede the noun than "objective" adjectives that refer to measurable traits.

hermoso florero rojo	but not	*rojo* florero hermoso
vieja jarra rota	but not	*rota* jarra vieja
pequeño niño dormido	but not	*dormido* niño pequeño

Classifying adjectives never precede the noun in Spanish.

cerveza *alemana*	but not	*alemana* cerveza
problema *financiero*	but not	*financiero* problema

English permits nouns to modify other nouns in terms of classification, material, purpose/use, etc. Spanish never permits this; the modifying noun must be expressed either in a prepositional phrase, or a special noun or adjective must be used.

beer mug   **jarra para cerveza**
glass door   **puerta de vidrio**

ADVERBS AND ADVERBIAL EXPRESSIONS

Adverbs and adverbial expressions usually provide one of several types of information about an action, event, or attribute. As in the case of adjective classes, we can see how each adverb class answers an implicit question. Chart 10 summarizes these information types and gives a few examples.

10. Classes of Adverbial Expressions

1. *Time dimensions of an event:* ¿Cuándo?
   a. *Point in time/nowness/immediateness:*
      ¿Cuándo?, ¿A qué hora(s)?
      antes, ahora, ya, ahorita, ahora mismo, en seguida, cuanto antes, pronto, a las dos, el lunes, de hoy en ocho, etc.
   b. *Order/sequence/simultaneity:*
      después, luego, a la vez, al mismo tiempo, al entrar, a los X días, etc.
   c. *Completion/Non-completion:*
      ya (no), todavía (no), ahora (no), acabar de + infinitive, etc.
   d. *Duration:* ¿Cuánto tiempo hace que (present/imperfect)
      Hace dos horas que espero la llamada. (for two hours)
      Hacía seis años que trabajaba en esa fábrica. (for six years)
   e. *Interval:* ¿Cuánto tiempo hace que (preterite)?
      Cuánto tiempo *hace que te* graduaste? (how long ago?)
      Me gradué *hace tres años.* (three years ago)
   f. *Frequency/repetition:* ¿Con qué frecuencia?
      siempre, nunca, a menudo, a veces, cada otro X, todos los días, los jueves, otra vez, de nuevo, nuevamente, volver a + *infinitive*, etc.
2. *Spacial dimensions of an event:* ¿Dónde?
   a. *Location/Position:*
      aquí, allí, ahí, cerca/lejos, encima de/debajo de, a la derecha, etc.

APENDICE GRAMATICAL

b. *Movement/direction/destination/origin:*
¿Adónde?, ¿De dónde?
acá, allá, a/para/hacia + *destination*, de/desde + *origin*, etc.

3. *Mode of an event:* ¿Cómo? ¿De qué manera?
   a. *Manner:*
   rápidamente, con cuidado, a todo escape, de buena gana, etc.
   b. *Means:*
   con lápiz, por correo, por teléfono, mediante, por medio de, etc.

4. *Purpose/cause/agent of an event:* ¿Por qué?, ¿Para qué?
   a. *Cause:*
   porque, por, a causa de, etc.
   b. *Purpose:*
   para (que), con el fin de que, a fin de que, etc.

5. *Conditions/results of an event:* ¿Bajo qué condiciones?
   a. *Conditions:*
   con tal de que, a menos que, sin que
   b. *Result:*
   de modo que, de manera que, con el resultado de que

6. *Degree:* ¿Cuán(to)?, En qué grado?

Sarah is *extremely* stubborn.	Sara es *sumamente* testarruda.
You are *too* impatient.	Tu eres *demasiado* impaciente.
Ralph is *very* lazy.	Raul es *muy* perezoso.
Hubert is *rather* boring.	Humberto es *bastante* aburrido.
The class is *somewhat* difficult.	La clase es *un poco* difícil.
He is a *little-known* candidate.	Es un candidato *poco conocido*.

COMPARATIVES AND RELATED EXPRESSIONS

It is important to understand comparative structures because a fundamental way of describing something is to compare or contrast it with something else. There are three degrees of comparison:

1. Absolutive: **Einstein fue muy inteligente/inteligentísimo.**
2. Comparative: **Einstein fue más inteligente que yo/que nadie.**
3. Superlative: **Einstein fue el hombre más inteligente de nuesta época.**

The two basic comparative structures are:
1. Comparisons of equality: tan(to)...como
2. Comparisons of inequality: más/menos...que

Comparative structures can function as either adjectives (modifying a noun) or adverbs (modifying an adjective, an adverb, or a verb). Chart 11 illustrates these functions with examples.

11. Spanish Comparative Structures

Modify noun:	Alejandro tiene más *dinero* que yo.
	Tiene menos *tiempo* que yo.
	Tiene tantos *problemas* como yo.
Modify adjective:	Tu perro es más *feo* que el mío.
	Es menos *inteligente* que el mío.
	No es tan *grande* como el mío.
Modify adverb:	El tigre corre más *rapido* que el rinoceronte.
	La encina crece menos *rápido* que el manzano.
	Las chicas gritan tan *fuerte* como los chicos.
Modify verb:	Pedro *estudia* más que yo.
	Lidia *sale* menos con los chicos que Catalina.
	Catalina no *trabaja* tanto como Pedro.

The expressions **más/menos joven/viejo** refer to the age of things. When referring to the relative age of people...

mayor is preferable to **más viejo**:   Julio es *mayor* que Paco.
menor is equivalent to **más joven**: Soy *menor* que Marcos.

When comparing quantities or amounts, use **de**, not **que**. Amounts may appear either as numbers or as more abstract expressions (using **de lo que**):

Antonio lleva *más de* cien dólares en su billetera. (number)
Los clientes compraban menos *de lo que* esperábamos. (abstract)

Note that **que** may also be used before numbers or expressions of amount, but the meaning is different:

Antonio tiene *más de* cien dólares. (He has an amount greater than $100.)
Antonio tiene *más que* cien dólares. (He has other things besides $100.)

Comparisons can be made with a number of expressions in addition to the comparative structures listed previously. They include:
- como + X: Adela canta *como* un pájaro.
- igual que + X (like)/a diferencia de X (unlike):
  Marisela trabaja en un banco, *igual que* Pedro.
  A *diferencia* de Pedro, Marisela gana un montón de dinero.
- ser semejante a/parecido a vs. ser distinto a/diferente de:
  Una avispa *es semejante* a una abeja, pero es *distinto a* una mosca.
- parecerse a (to look alike):
  Antonio *se parece* mucho a su padre.
- también/tampoco vs. pero X sí/no:
  Arturo va a la fiesta y yo (voy) *también*.
  Arturo no va a la fiesta y yo (no voy) *tampoco*.
  Arturo va a la fiesta pero yo *no* (voy).
  Arturo no va a la fiesta pero yo *sí* (voy).

Relationships: Prepositional Phrases and Conjunctions

In addition to entities, states and events, and attributes, we also perceive and report relationships that occur between and among these categories. Two language forms that establish relationships by connecting other parts of speech are prepositions and conjunctions.

Prepositional Phrases

General

Prepositions are forms that relate entities and events to other entities and events in terms of time, space or some abstract relation. They are called prepositions because they are "pre-posed" to (before) nouns. In fact, any noun in a statement other than the subject, predicate noun, or direct object must be preceded by a preposition that indicates how its object is related to the event.

Time:	I left *after* the party.	Me fui *después de* la fiesta.
Space:	We are *behind* the house.	Estamos *detrás de* la casa.
Abstract:	I opened the door *with* a key.	Abrí la puerta *con* una llave.

There are two basic structural classes of prepositions in Spanish:
1. Simple (one-word) prepositions:
   I left the suitcase *under* the table.   Dejé la maleta *bajo* la mesa.
   I put the letter *on* the desk.   Puse la carta *en* el escritorio.
2. Compound prepositions with **de** (or sometimes a):
   I left it *underneath* the table.   La dejé *debajo de* la mesa.
   I put it *on top of* the desk.   La puse *encima del* escritorio.

Prepositional phrases function like adjectives or adverbs; that is, they modify nouns and verbs.

Noun: The man *with the gun* was nervous. (What man?)
       El hombre *con el revólver* estaba nervioso.
       I wrote *an adventure* story. (What kind of story?)
       Escribí un cuento *de aventuras*.
Verb: I left the key *under the rug*. (Where?)
       Dejé la llave *debajo de la alfombra*.
       We are leaving *after the party*. (When?)
       Nos vamos *después de la fiesta*.

Simple Prepositions

Charts 12A and 12B list and give examples of the most frequently used simple and compound prepositions in Spanish. Wherever possible, examples are given in all three basic meaning domains: space, time, or abstract meaning.

12A. Simple Prepositions

A		
Space:	We live two kilometers from here.	Vivimos *a* dos kilómetros de aquí.
Time:	We arrived *at* 2:00 o'clock.	Llegamos *a* las dos.
Abstract:	I came (in order) *to* work.	Vine *a* trabajar.
Ante		
Space:	He stopped *before* the door.	Se paró *ante* la puerta.
Abstract:	Above all, don't give up.	*Ante* todo, no te rindas.
Bajo		
Space:	The cat is *under* the table.	El gato está *bajo* la mesa.
Abstract:	We did it *under* orders.	Lo hicimos *bajo* órdenes.

Con
Abstract:	I live *with* my uncle.	Vivo *con* mi tío.

Contra
Space:	The shovel is *against* the wall.	El palo está *contra* la pared.
Abstract:	They fought *against* inequality.	Lucharon *contra* la desigualdad.

De
Space:	The train arrived *from* Madrid.	El tren llegó *de* Madrid.
Time:	It was 3:00 *in* the afternoon.	Eran las tres *de* la tarde.
Abstract:	The book is Maurice's.	El libro es *de* Mario.
	They talked *about* the matter.	Hablaron *del* asunto.

Desde
Space:	I ran *from* here to there.	Corrí *desde* aquí hasta allí.
Time:	I have been here *since* May.	Estoy aquí *desde* mayo.

Durante
Time:	He slept *during* class.	Durmió *durante* la clase.
	He slept *for* three hours.	Durmió *durante* tres horas.

En
Space:	It is *in/on* the box.	Está *en* la caja.
	He/She is *at* the office.	Está *en* la oficina.
Time:	We will arrive *in* two hours.	Llegamos *en* dos horas.
Abstract:	We thought *about* the case.	Pensamos *en* el caso.

Entre
Space:	I am sitting *between* them.	Estoy sentado *entre* ellos.
	We are *among* friends.	Estamos *entre* amigos.
	She was playing *amid* the snow.	Jugaba *entre* la nieve.

Hacia
Space:	They headed *towards* downtown.	Se fueron *hacia* el centro.
Time:	The train leaves *around* 9:00.	El tren sale *hacia* las nueve.

Hasta
Space:	Go *up to/as* far as the street.	Vaya *hasta* la calle.
Time:	We work *until* 5:00.	Trabajamos *hasta* las cinco.
Abstract:	*Even* Antonio knows the truth.	*Hasta* Antonio sabe la verdad.

Mediante		
Abstract:	She/He communicated it *through* a friend.	Lo comunicó *mediante* un amigo.
Para		
Space:	She/He heads *towards* the street.	Se dirige *para* la calle.
Time:	The homework is *for* Monday.	La tarea es *para* el lunes.
Abstract:	I work *for* the city.	Trabajo *para* la ciudad.
	I live (in order) *to* eat.	Vivo *para* comer.
Por		
Space:	She/He walks *through* the plaza.	Anda *por* la plaza.
	He/She walks *around* the plaza.	Anda *por* la plaza.
Time:	We worked *for* two hours.	Trabajamos *por* dos horas.
	We worked *in* the morning.	Trabajamos *por* la mañana.
Abstract:	They called me *by* phone.	Me llamaron *por* teléfono.
	I didn't do it *out of* laziness.	No lo hice *por* pereza.
	I sold it *for* ten dollars.	Lo vendí *por* diez dólares.
	They took me *for* a Mexican.	Me tomaron *por* mexicano.
Según		
Abstract:	*According to* the newspaper...	*Según* el periódico...
Sin		
Abstract:	I left *without* a jacket.	Salí *sin* chaqueta.
	I bought an unpainted house.	Compré una casa *sin* pintar.
Sobre		
Space:	The plane is *over* the sea.	El avión está *sobre* el mar.
Time:	I arrived *around* 4:00.	Llegué *sobre* las cuatro.
Abstract:	The poet writes *about* love.	El poeta escribe *sobre* el amor.
Tras		
Space:	He/She hid *behind* the curtain.	Se escondió *tras* la cortina.
Time:	I arrived *after* two hours.	Llegué *tras* dos horas.
	He/She studies hour *after* hour.	Estudia hora *tras* hora.
Abstract:	*Besides* being intelligent, he is attractive.	*Tras* ser inteligente, es muy guapo.

12B. Some Common Compound Prepositions:

Acerca de		
Abstract:	It is a book *about* the Civil War.	Es un libro *acerca de* la Guerra Civil.
Alrededor de		
Space:	We ran *around* the swimming pool.	Corrimos *alrededor de* la piscina.
Time:	He/She leaves *around* 3:00.	Se va *alrededor de* las tres.
Al lado de		
Space:	The garage is *beside* the house.	El garaje está *al lado de* la casa.
A lo largo de		
Space:	He/She walked *along* the river.	Caminó *a lo largo del* río.
Time:	*Through(out)* the years...	*A lo largo de* los años...
Antes de		
Time:	He/She left *before* supper.	Se fue *antes de* la cena.
A través de		
Space:	She/He sailed *across* the lake.	Navegó *a través del* lago.
Time:	*Through(out)* the years...	*A través de los* años...
Cerca de		
Space:	I live *near* my parents.	Vivo *cerca de* mis padres.
Time:	I stayed *for about* two hours.	Me quedé *cerca de* dos horas.
Debajo de		
Space:	The cat is *underneath* the car.	El gato está *debajo del* coche.
Delante de		
Space:	The table is *in front of* the sofa.	La mesa está *delante del* sofá.
Dentro de		
Space:	The gift is *inside* the box.	El regalo está *dentro de* la caja.
Time:	I will arrive *within* two hours.	Llego *dentro de* dos horas.

Después de Time:	*After* arriving, we ate.	*Después de* llegar, comimos.
Detrás de Space:	I hid *behind* the tree.	Me escondí *detrás del* árbol.
Enfrente de Space:	The car is *in front of* the house.	El coche está *enfrente de* la casa.
Encima de Space:	I put the box *on top of* the table.	Puse la caja *encima de* la mesa.
Frente a Space:	I sat *opposite* the television set.	Me senté *frente al* televisor.
Fuera de Space: Abstract:	I live *outside* of town. *Besides* that, there is no problem.	Vivo *fuera de* la ciudad. *Fuera de* eso, no hay problema.
Junto a Space:	The garage is *adjacent* to the house.	El garaje está *junto a* la casa.
Lejos de Space:	I don't live *far from* here.	No vivo *lejos de* aquí.
Más allá de Space:	The town is *beyond* the river.	El pueblo queda *más allá del* río.

As the examples in Charts 12A and 12B show, Spanish simple prepositions frequently have a wider range of meaning than their apparent English counterparts:

- The Spanish preposition **a** means *to* or *at* (only in clock time expressions).
- The Spanish preposition **en** means *in, on,* or *at* (in terms of space).
- The Spanish preposition **entre** can mean *between, among,* or *amid(st)*.

Por and **para** are two prepositions that may confuse you, since both can translate as the English preposition *for* in certain contexts. Notice that each Spanish preposition has a variety of possible meanings (space, time, and abstract) as well as other translations in addition to *for*.

- **Por** means *around* in the sense of a vague position/location or aimless movement. Spanish **alrededor de** means *around* in the sense of *around the circumference*:

The children are *around* here.	Los niños están *por* aquí.
We walked *around* the park.	Caminamos *por* el parque.
They ran *around* the table.	Corrieron *alrededor* de la mesa.

- The English compound preposition *in order to* is frequently abbreviated to *to*. The Spanish preposition *para* is required in corresponding Spanish sentences.

  | I came here (*in order*) *to* forget. | Vine acá *para* olvidar. |

English compound prepositions frequently permit the deletion of the second preposition *of*. In corresponding Spanish prepositions, however, the **de** cannot be omitted:

| The gift is *inside (of)* the box. | El regalo está *dentro de* la caja. |
| We live *outside (of)* the city. | Vivimos *fuera de* la ciudad. |

Certain Spanish prepositions are related to each other in terms of form. This may cause some confusion:

- The compound Spanish prepositions **cerca de** (space: *near*, time: *about*) and **acerca de** (abstract: *about*) are not synonymous.
- The Spanish prepositions **delante de, enfrente de,** and **frente a** are not synonymous. The morpheme **frente** implies a face or principle side to an object. Compare the following sentences:

The dog is *in front of* the tree.	El perro está *delante del* árbol.
	(between speaker and the tree)
The car is *in front of* the house.	El coche está *enfrente de* la casa.
	(at the house's front/main side)
I am seated *opposite* the TV.	Estoy sentado *frente al* televisor.
	(I am facing the TV)

Chart 12C presents and contrasts a set of related Spanish prepositons and adverbs that you should be aware of because their frequency and similarity in form can lead to confusion about meaning and use.

12C. A Comparison of Related Prepositions/Adverbs

Simple	Compound	Adverbs
	fuera (de) *outside (of)*	afuera *outside, outdoors, outward(s)*
	dentro (de) *inside (of)*	adentro *inside, indoors, inward(s)*
	encima (de) *on top (of)*	arriba *above, overhead, upstairs, upward(s)*
bajo *below, under*	debajo (de) *underneath*	abajo *below, downstairs, downward(s)*
tras (space/time) *behind, after*	detrás (de) *in back (of)*	atrás *back, backward(s)*
ante *before* (space)	delante (de) *in front (of)*	adelante *ahead, forward(s)*
	antes (de) *before* (time) después (de) *after* (time)	antes *earlier* (time) después *later* (time)

The three sets differ with respect to both form and meaning:

Form. Simple prepositions must always be followed by an explicit object.

The birds are *above* the house.   Los pájaros están *sobre* la casa.

If the object (the point of reference) is not stated, then an adverb is required:

The birds are *above*.   Los pájaros están *arriba*.

Compound prepositions always imply a specific point of reference but their object may either be explicit or implicit. If the object is stated (explicit) the preposition **de** must be used. If the object is understood, no noun or noun phrase is required after these prepositions and **de** is not used.

El pájaro está *encima de* la casa. (la casa specifically stated)
Veo la casa y hay un pájaro *encima*. (la casa specifically understood)

The adverbs in the third column of Chart 12C are not followed by an explicit (stated) reference object.

The children are *inside*. Los niños están *adentro*.

Meaning. Simple prepositions tend to be more general in their meaning and use than compound prepositions. In some cases, simple prepositions can refer to both concrete and abstract relationships, while their compound counterpart is restricted to concrete physical location. Study the following:

— *Concrete:*
The cat played *under* the chair. The cat was *underneath* the chair.
El gato jugaba *bajo* la silla. El gato estaba *debajo de* la silla.

— *Abstract:*
The soldier did it *under* orders.
El soldado lo hizo *bajo* órdenes. (No equivalent with **debajo de**)

— *Concrete:*
He stopped *before* the door. He stopped *in front of* the door.
Se paró *ante* la puerta. Se paró *delante de* la puerta.

— *Abstract:*
He appeared *before* the court. (**Delante de** would refer to physical
Apareció *ante* el tribunal. location; **ante** implies the
 social position of being judged.)

Adverbs generally indicate one of two things:

1. motion toward a position (the adverb is frequently aided by the preposition **hacia**)
2. vague position (the point of reference is usually understood as either the speaker or the subject of the sentence)

    arriba: Vamos arriba. (*up*)
                    Los buitres circulaban *arriba*. (*above, overhead*)
    abajo: Eché una mirada hacia *abajo*. (*downward*)
                    El río parece una cinta *abajo* en el valle. (*below*)
    adelante: El general mandó *adelante* a un mensajero. (*foward*)
                    Más *adelante* acampaba el enemigo. (*ahead*)
    atrás: El caminante siempre miraba (hacia) *atrás*. (*backward*)
    adentro: El barco navegaba mar *adentro*. (*sea-inward, out to sea*)
                    Cuando llueve, los niños se quedan *adentro*. (*inside, indoors*)
    afuera: El juez mandó que el jurado (*jury*) saliera *afuera*. (*out*)
                    Afuera hacía mucho frío. (*outside, outdoors*)

CONJUNCTIONS

Conjunctions are forms that join together or "con-join" other language forms. That is, they allow us to express subtler shades of meanings by combining units of language into larger and more complex units. There are two ways of conjoining structures: coordination and subordination. We will take each in turn.

Coordination

Coordinating conjunctions combine two language forms of a given type into a larger unit of the same type. For example, a coordinating conjunction could combine two adjectives into a larger adjective phrase.

A basic set of coordinating conjunctions is: **y** *(and)*, **o** *(or)*, **pero** *(but)*, **y X y Y** *(both* X and Y*)*, **o X o Y** *(either* X or Y*)*, **ni X ni Y** *(neither* X *nor* Y*)*, and **tanto X como Y** (X *as well as* Y).

Here are how coordinating conjunctions function with other language forms:

Nouns:	Juan *y* María son amigos míos.
	Tanto Juan *como* María sabe tocar la guitarra.
Verbs:	Julio *ni* come *ni* duerme cuando está nervioso.
Adjectives:	Quiero ser rico *y* famoso.
	No somos *ni* ricos *ni* famosos.
Adverbs:	Por favor, salgan rápida *pero* tranquilamente.
Preposition:	Llámame *o* antes de las 6:00 *o* después de las 9:00.
Sentence:	Alicia estudió anoche *pero* yo fui al cine.

The conjunctions **pero** and **sino** (**que**) are often misused, since they both can translate into English as *but*. The differences between the two are summarized in Chart 13.

APENDICE GRAMATICAL

13. Pero vs. Sino (que)

1. **Pero** is used to make an additional commentary; it means something like *but (nevertheless/anyway)*.

   Santiago tiene un montón de dinero *pero* quiere más.
   Tomás no sabe nada *pero* habla como si fuera un genio.

2. **Sino (sino que)** is used to make a contrastive commentary; it means something like *but (rather)* and suggests the substitution of elements (not X but rather Y).

Nouns:	Susana no toma cerveza *sino* ginebra.
Adjectives:	Alberto no es rubio *sino* moreno.
Adverbs:	Ramón no anda rápido *sino* muy lento.
Infinitives:	No queremos dormir *sino* mirar la televisión.

   - **Sino que** is used when two clauses, each with its own conjugated verb, are contrasted.

     Tom wasn't waiting for the bus *but rather* he was resting on the bench.
     Tomás no esperaba el bus *sino que* descansaba en el banco.

   - **Sino** can also mean *nothing but*, as in the following examples:

Este bellaco no es *sino* un ladrón.	(He is nothing but a thief)
Este curso no me da *sino* problemas.	(It gives me nothing but problems)
No comemos *sino* comida natural.	(We don't eat anything but natural food)

3. **Sino** can only follow a negative verb. **Pero** can follow a negative verb, but does not mean the same thing as **sino**. Compare these sentences:

   No tomo cerveza *sino* leche.
   No tomo cerveza, *pero* me gustaría probarla.
   Eduardo no estudia, *sino que* juega a las cartas todo el día.
   Eduardo no estudia, *pero* va a pasar el examen de todos modos.

Subordination

Subordinating conjunctions introduce secondary or subordinate sentences (called clauses) into the main sentence. Each subordinate clause has its own subject and verb. The most common subordinating conjunction is that (**que**).

Complement clauses. Subordinate clauses can function like nouns; they can be direct objects or objects of prepositions, as in the following examples. These are called noun or complement clauses.

Everyone knows (that) *Maurice tells malicious lies.*
Todo el mundo sabe *que Mauricio dice mentiras maliciosas.*
Let's clean the apartment *before the guests arrive.*
Limpiemos el apartamento *antes de que lleguen los invitados.*

A major difference between the languages is that Spanish requires the conjunction **que** in the previous sentences, but English does not require *that*.

Relative clauses. Subordinate clauses can also function like adjectives; that is, they can modify nouns. They are called adjective or relative clauses since the noun is "related" to a description. Relative clauses are connected to the nouns they modify by relative pronouns. Again, unlike English, the relative pronoun cannot be omitted in Spanish.

The car *(that) you sold me yesterday* has bad brakes.   (Which car?)
El coche *que tú me vendiste ayer* **tiene frenos malos.**   (¿Cuál coche?)

There are two basic types of relative clauses:

1. restrictive clauses generally "restrict" attention to a specific entity, answering the question "Which one(s)?"
2. non-restrictive clauses that add information about the entity and are separated from the noun by a comma

Furthermore, relative clauses can be classified according to their functional relationship between the modified noun and the verb phrase in the relative clause (subject, object). Study the following examples:

13B. Functional Relationships between Nouns and Relative Clauses

Modified noun = subject of the verb in the relative clause
Restrictive: **El niño** *que escribió el poema* **es un genio.** (not quien)
Non-restrictive: **El niño,** *que/quien escribió un poema,* **es un genio.**

Modified noun = direct object of the verb in the relative clause
Restrictive: El niño *que conocimos ayer* es un poeta. (not quien)
Non-restrictive: El niño, *que conocimos ayer*, es un poeta.

Modified noun = indirect object of the verb in the relative clause
Restrictive: La maestra *a quien mandó el poema* estaba enferma.
Non-restrictive: La maestra, *a quien mandó un poema*, estaba enferma.

Modified noun = object of a preposition in the relative clause
Restrictive: El bolígrafo *con que escribió el poema* está allí.
Non-restrictive: El bolígrafo, *con el cual escribió un poema*, está allí.

English often permits a relative clause to end with a preposition (except in formal speech); Spanish never permits this.

The pen which he wrote the poem *with* is over there.
El bolígrafo con que escribió el poema está allí.

Use of relative pronoun: The Spanish relative pronouns are **que, quien, el que** and **el cual,** and the possessive **cuyo.** The choice of which relative pronoun to use in Spanish is a subtle matter involving factors such as 1. the type of relative clause (restrictive or non-restrictive), 2. the reference of the modified noun (human/non-human), 3. the functional relationship (subject, object) between the modified noun and the relative clause, and 4. the type of preposition in the case of prepositional relative clauses. Here is a rough guide to usage.

- Unlike English, the relative pronoun can never be omitted in Spanish relative clauses:

  The man (*that*) you met is my cousin. El joven *que* conoció es mi primo.

- Students tend to overuse the Spanish relative pronoun **quien** as an equivalent of the English *who*. The English *who* may be used in restrictive relative clauses and must be used in non-restrictive clauses when the referent is human. The key observation is that the Spanish **que** (not **quien**) is generally required in restrictive relative clauses when the modified noun is the subject or direct object of the verb in the relative clause. The Spanish **que** is also frequently used in non-restrictive clauses involving a human referent. Study these examples:

Restrictive Clauses:
I met the man *who* helped you yesterday.
Conocí al hombre *que* (not quien) le ayudó ayer.
The young man *that* you met is my cousin.
El joven *que* conociste es mi primo.

Non-Restrictive Clauses:
The young man, *who* says he met you last year, will arrive soon.
El joven, *que* dice que te conoció en año pasado, llegará pronto.

- In prepositional relative clauses, the choice of a relative pronoun is roughly a function of the specificity or precision of the preposition. As a rule of thumb, two-syllable or compound prepositions tend to be more specific or precise; as a result, they tend to occur with the longer and more precise relative pronouns.

There is the desk *on which* the president signed the decree.
Allí está el escritorio *en que/el que* el presidente firmó el decreto.
There is the desk *(over) which* we were haggling (over).
Allí está el escritorio *sobre el que/el cual* regateamos.
There is the desk *on top of which* we left the packages.
Allí está el escritorio *encima del cual* dejamos los paquetes.

In order to develop a feeling for the use of relative pronouns, you should observe the speech used by native speakers and in authentic readings.

Sentential Adverbs

Finally, there is a set of adverbial expressions that modifies whole sentences or statements. Sentential adverbs often appear at the beginning of a sentence and are set off by commas:

Según el periódico, **las escuelas van a estar cerradas el lunes.**

These adverbials relate 1. one idea to another, or 2. the speaker to the idea. Sentential adverbs are similar to conjunctions (**pero/sino**) and to phrases that follow the form **es** + adjective + **que** (**Es interesante/curioso que...**). It is important to build a repertoire of these adverbs. Chart 14 gives some examples of sentential adverbs.

14. Sentential Adverbs

1. *Order or relationship among ideas:*
   - Sequence of ideas: **primero, en primer lugar, luego, entonces, por fin, mientras tanto**, etc.
   - Opposition or contrast of ideas: **sin embargo, no obstante, en cambio, por un lado...por el otro**, etc.
   - Cause/effect-result: **por eso, como resultado, consecuentemente, como consecuencia, de ahí, por consiguiente, por lo tanto**, etc.
   - Example: **por ejemplo**
   - Addition or extension of an idea: **además, también, es más**, etc.
   - Summary of ideas: **para resumir, en resumen, en fin, o sea**, etc.

2. *Speaker/Writer Opinion/Attitude/Judgment or Perception*
   - Generality of an idea: **generalmente, por lo general, normalmente**, etc.
   - Affirmation/attribution of source: **de verdad, por supuesto, probablemente, posiblemente, a lo mejor, según X**, etc.
   - Obviousness/appearance: **obviamente, por lo visto, aparentemente**, etc.
   - Opinion/attitude: **afortunadamente, desafortunadamente, desgraciadamente, curiosamente, para mí, a mi modo de ver, francamente**, etc.

DE LECTOR A ESCRITOR

Text Credits

Unit 1	"El correo del amor" by Dick Syatt, *El Mundo*, February 25-March 2, 1988; reprinted by permission from the author.
	"Preámbulo a las instrucciones para dar cuerda al reloj" by Julio Cortázar, from *Historia de cronopios y de famas*, Ediciones Minotauro, Buenos Aires, 1966.
	"Canning y Rivera" excerpted from "Aguafuertes porteñas" by Roberto Arlt; reprinted by permission from Carlos Lohlé S.A., Buenos Aires.
Unit 2	"Humor gráfico" from *El Hispano*, No. 29, December 14, 1988; reprinted by permission from Aaron López, *El Hispano*.
	"Una carta de Túnez"; reprinted by permission from the author.
	"Teruel y sus amantes" by Pedro Massa, *La Prensa*, October 4, 1986; reprinted by permission from *La Prensa*, Buenos Aires.
Unit 3	"El audaz lechero de las minivacas", *El Mundo*, No. 833, August 8-24, 1988; reprinted by permission from *El Mundo*, Cambridge, MA.
	"Preocupa en Paraguay la invasión de tierras por campesinos: PC"; *Excelsior*, México D.F.
	"A la Malinchi, discreta, pero sincera devoción" by Roberto Sosa, *Excelsior*, June 25, 1989.
	"Inventor de la guitarra" by A.M.F., *Hoy*, No. 516, June 8-14, 1987; reprinted by permission from *Hoy*.
Unit 4	"La historia oficial" by Ezequiel Barriga Chávez, *Excelsior*, México D.F.
	"El lector tiene la palabra" by Mercedes Sánchez E., *Hoy*, No. 586, October 10-16, 1988; reprinted by permission from *Hoy*.
	"Debaten públicamente sus diferencias los Hispánicos" by Frank del Olmo, *Los Angeles Times*, June 4, 1989; reprinted by permission from the *Los Angeles Times* Syndicate.
	"Irangate: traición a la patria" by Luis G. Basurto, *Excelsior*, June 1, 1987; reprinted by permission from Excelsior Cia. Editorial, S.C.L.
Unit 5	"Hirohito" by Alvaro Valverde, *ABC*, November 14, 1987; reprinted by permission from *ABC*.
	"Dalí, figura emblemática del siglo XX" by Julia Sáez-Angulo, *Razón y Fé*, March, 1989; reprinted by permission from the publisher.
	"El nuevo cine violento: exacerbación o catarsis" by Francisco Moreno; reprinted by permission from Rafael de Andrés, S.I., Centro Loyola de Publicaciones.